Datenanalyse mit SPSS für Windows

Von
Professor Dr. Andreas Pfeifer
und
Dipl.-Math. Marco Schuchmann

Zweite, neu bearbeitete Auflage

R. Oldenbourg Verlag München Wien

Die Informationen in dieser Dokumentation wurden mit Sorgfalt erstellt. Trotzdem können Fehler nicht ausgeschlossen werden. Für fehlerhafte Angaben und deren Folgen werden weder juristische Verantwortung noch irgendeine Haftung übernommen. Für eine Mitteilung eventueller Fehler sind die Autoren dankbar.

Die Deutsche Bibliothek - CIP-Einheitsaufnahme

Pfeifer, Andreas:
Datenanalyse mit SPSS für Windows / von Andreas Pfeifer und Marco Schuchmann. - 2., neubearb. Aufl. - München ; Wien : Oldenbourg, 1996
1. Aufl. u.d.T.: Pfeifer, Andreas: Datenanalyse mit SPSS-PC+ 4.0
ISBN 3-486-23827-2
NE: Schuchmann, Marco:

Gesamtherstellung: R. Oldenbourg Graphische Betriebe GmbH, München

ISBN 3-486-23827-2

Vorwort

Dieses Buch gibt einen Einstieg in das Statistikprogramm SPSS 6.0 und 6.1 für Windows. Zielsetzung dieser Einführung ist es, den Leser zu befähigen, selbständig statistische Auswertungen mit SPSS durchführen zu können. Alle in diesem Buch beschriebenen Möglichkeiten werden durch kommentierte Beispiele und SPSS-Ergebnisausgaben dargestellt. Dieses Buch eignet sich sowohl zum selbständigen Einstieg in SPSS als auch als Begleitbuch zu Kursen und Seminaren.

Natürlich können in dieser kompakten Dokumentation nicht alle Möglichkeiten von SPSS für Windows beschrieben werden; dafür wird auf die Original-Handbücher von SPSS verwiesen. Jedoch werden in diesem Buch die wichtigsten Eigenschaften ausführlich mit Beispielen und Ergebnisinterpretationen erläutert. Ebenso werden der statistische Hintergrund und die notwendigen Voraussetzungen der benutzten Verfahren dargestellt.

Kapitel 1 schneidet die Problematik bei der Anwendung von Statistik-Software an und gibt eine Übersicht über die Möglichkeiten von SPSS für Windows. Im zweiten Kapitel wird die Planung einer empirischen Studie bis zur Eingabe der Daten in SPSS anhand einer Fragebogenauswertung geschildert. Kapitel 3 beschreibt das Datenmanagement mit SPSS. Wie Sie zu ersten deskriptiven Statistiken und Graphiken gelangen, wird in den Kapiteln 4 und 5 beschrieben.

Kapitel 6 geht auf statistische Tests näher ein. Im nächsten Kapitel werden einfache Methoden der schließenden Statistik erläutert. Kapitel 8 geht dann auf komplexere Methoden der Statistik, wie Varianz- und Kovarianzanalyse oder Faktoren- und Clusteranalyse ein.

Den Anhang bilden ein Verzeichnis englischer Ausdrücke, eine Tabelle der benutzten mathematischen Zeichen und Abkürzungen sowie das Literaturverzeichnis.

Andreas Pfeifer, Marco Schuchmann

Inhaltsverzeichnis

1 Übersicht

1.1 Vorsicht bei Statistik-Programmpaketen

Bei statistischen Auswertungen und Datenanalysen werden Statistik-Programmsammlungen eingesetzt, um die benötigten statistischen Verfahren nicht selbst programmieren zu müssen. Sie brauchen für eine Datenanalyse keine Kenntnisse in einer Programmiersprache und auch kaum Kenntnisse der statistischen Verfahren, die Sie verwenden wollen.

Statistik-Programmsammlungen verhalten sich wie ein "schwarzer Kasten". Auf der einen Seite kommen die Daten und wenige Steueranweisungen hinein, auf der anderen Seite erhalten Sie die fertigen Ergebnisse. Dabei können Sie viel falsch machen, wenn Sie nicht ungefähr wissen, was der schwarze Kasten macht. Dies soll an einem einfachen Beispiel verdeutlicht werden:

Jemand möchte testen, ob er übernatürliche Fähigkeiten besitzt. Dazu geht er folgendermaßen vor:

Zunächst läßt er fünfzig Personen mit einem ganz normalen, symmetrischen Würfel würfeln. Dann nimmt er die Würfelergebnisse von zehn Personen, die besonders wenig Augenzahlen hatten:

1, 1, 1, 1, 1, 2, 1, 1, 1 und 2. (Mittelwert: 1,2)

Diese Personen bittet er nun zu sich und spricht zu ihnen einen Zauberspruch. Er behauptet, daß wenn diese Personen jetzt nochmals würfeln, sie kein solches Pech mehr haben. Folgende Ergebnisse liegen nach dem zweiten Würfeln dieser zehn Personen vor:

4, 2, 6, 2, 1, 5, 3, 5, 6 und 3. (Mittelwert: 3,7)

Jetzt testet er mit einem Statistikprogramm, ob durch den Zauberspruch die Augenzahl erhöht wurde; genauer ausgedrückt, er gibt die beiden obigen Zahlenreihen mit den Würfelergebnissen in den Computer ein und führt einen t-Test durch, um signifikante Mittelwertsunterschiede nachzuweisen, d.h. um nachzuweisen, daß er übernatürliche Fähigkeiten besitzt. Diesen Test kann er mit dem Statistikpaket SPSS durchführen. Der Test wird bei diesem Beispiel signifikante Unterschiede "mathematisch" bestätigen. Doch diese Vorgehensweise ist aus mehreren Gründen falsch:

Ein Fehler liegt darin, daß die Testpersonen nicht zufällig ausgewählt wurden. Es wurden nämlich nur diejenigen zum Testen gewählt, die schlechte Testergebnisse (d.h. niedrige Augenzahlen beim erstmaligen Würfeln) hatten. Ein anderer Fehler kommt dadurch zustande, daß der t-Test als eine Voraussetzung benötigt, daß die beiden Stichproben aus normalverteilten Grundgesamtheiten stammen. Dies ist nicht gegeben.

An diesem Beispiel sollen Sie folgendes erkennen: Jedes Testverfahren benötigt gewisse Voraussetzungen. Wenn nun diese Voraussetzungen nicht erfüllt sind, dürfen Sie den Test nicht durchführen. Aber Statistik-Programmpakete überprüfen die Voraussetzungen nicht automatisch. Daher können Sie mit Programmpaketen in Statistik alles "beweisen", wenn Sie die Voraussetzungen nicht beachten. Bei dem Beispiel hier sieht sicherlich jeder, wo Fehler liegen. Im allgemeinen ist es nicht so leicht, Fehler zu finden.

Fehler in den Voraussetzungen können und sollten aber auch von Nicht-Statistikern erkannt werden. Dazu ist es nicht notwendig, den theoretischen Hintergrund des benutzten Tests genau zu kennen. Sie sollten aber wissen, welche Voraussetzungen gebraucht werden, um den jeweiligen Test sinnvoll anzuwenden. Deshalb sind statistische Grundkenntnisse unbedingt erforderlich.

Grundkenntnisse in Statistik können beispielsweise durch das Studium der Bücher von Bortz (1993), Hartung (1995), Sachs (1992) oder Zöfel (1988) erworben werden. Bibliographische Angaben sind im Anhang zu finden.

1.2 SPSS und andere Programme zur Datenanalyse

SPSS hat modularen Aufbau und besteht aus einem Grundpaket (SPSS Base System) und zahlreichen Zusatzpaketen. Damit können fast alle Standardverfahren der Statistik durchgeführt werden. Manche "Zusatzpakete" sind auch ohne das Basispaket lauffähig.

Es gibt aber auch eine Vielzahl anderer Programme für statistische Auswertungen, wie beispielsweise BMDP (Hersteller: BMDP) CSS (Hersteller: Statsoft), Danet-Statistik (DMB), Micro TSP (QMS), NCSS (Dr. Hintze /USA), PlotIT (ICS, S.P. Eisensmith), P-STAT (P-STAT), SAS (SAS Institute), STASY-500 (PIC), Statgraphics (STSC), Systat (Systat, SPSS), Unscrambler (Camo).

Dies sind nur einige der vielen Statistikprogramme für Mikrocomputer. Die Qualität dieser Programme ist sehr unterschiedlich. Übersichten über die Leistungsfähigkeiten verschiedener Programme werden regelmäßig in Computerzeitschriften veröffentlicht; doch sie veralten relativ schnell, da das Angebot an Software und an verschiedenen Versionen sehr stark wächst.

Aber nicht nur "reine" Statistikprogramme, sondern auch andere Software-Produkte können bei einer statistischen Auswertung sinnvoll angewandt werden. Die Software, mit deren Hilfe statistische Auswertungen durchgeführt oder unterstützt werden, kann grob in vier Gruppen eingeteilt werden:

- Tabellenkalkulationsprogramme,
- Datenbankprogramme,
- Grafikprogramme und die "eigentlichen"
- Statistikprogramme.

Es gibt eine Vielzahl sogenannter "integrierter" Software-Pakete, in denen mehrere der oben genannten Gruppen integriert sind. Oftmals können z.B. auch mit einem Tabellenkalkulationsprogramm Grafiken erstellt werden. Eine klare Einordnung eines Software-Produktes in eine der vier Gruppen läßt sich deshalb nicht immer durchführen. Trotzdem ist diese Gruppeneinteilung sinnvoll, um einen Überblick über die vorhandene Software, die sich auch für statistische Auswertungen eignet, zu geben.

Tabellenkalkulationsprogramme dienen zum mühelosen Erstellen von Tabellen, Berichten und Statistiken. Sie ermöglichen, eine Vielzahl von aufeinander bezogenen Rechenvorgängen ablaufen zu lassen. Das kann sicherlich auch mit einem Taschenrechner bewältigt werden. Das Besondere an einem Tabellenkalkulationsprogramm besteht aber darin, daß es zwischen dem Rechenweg und den eingegebenen Zahlen unterscheidet. Der große Vorteil liegt darin, daß - sobald eine Zahl geändert wird - automatisch alle nachfolgenden Rechenschritte mit dem neuen Wert ausgeführt werden. Der Umgang mit einem Tabellenkalkulationsprogramm ist sehr einfach. Bezüglich statistischer Auswertungen können jedoch meist nur wenige Kenngrößen - wie beispielsweise Mittelwerte und Standardabweichungen - berechnet werden.

Datenbank-Software dient hauptsächlich dazu, Datenbestände zu erstellen, zu verwalten und geeignet auszugeben. Auch komplexe Datenstrukturen können bei solchen Programmen im Gegensatz zu Statistik-Paketen berücksichtigt werden.

Grafikprogramme dienen zwar hauptsächlich zum Erstellen von Zeichnungen. Allerdings lassen sich auch manchmal einige Statistiken (Prozentzahlen, Häufigkeiten oder lineare Regressionen) erzeugen. Für statistische Auswertungen sind diese Programme jedoch nur eingeschränkt tauglich.

1.3 Was leistet SPSS?

Mit SPSS können die meisten Standardverfahren in der Statistik durchgeführt werden. SPSS besteht aus dem Grundpaket "SPSS Base System" und zahlreichen Zusatzpaketen, die Module genant werden.

Das Grundpaket "SPSS Base System" enthält sehr gute Möglichkeiten zur Dateneingabe und -bearbeitung, zur tabellarischen Darstellung der Daten und zur Berechnung von vielen statistischen Kennzahlen und Tests.

Das Zusatzmodul "Professional Statistics" enthält Verfahren zur Klassifikation von Daten (Clusteranalyse, Diskriminanzanalyse, Faktorenanalyse), zur Messung von Ähnlichkeiten und Unterschieden in den Daten und viele weitere Verfahren.

Im Zusatzmodul "Advanced Statistics" sind u.a. Verfahren zur logistischen Regression, zur nichtlinearen Regression mit Nebenbedingungen, zur Probit-Analyse und zur Überlebensanalyse enthalten.

Die in diesem Buch beschriebenen Verfahren beziehen sich auf das Grundpaket und diese beiden Statistik-Module.

Ferner gibt es noch andere Module, die in diesem Buch aber nicht beschrieben werden:

Das Zusatzmodul "Tables" dient zum Erstellen von "druckreifen" Tabellen. Der statistische Funktionsumfang wird fast auch durch im Grundpaket enthaltene Prozeduren abgedeckt, Tables ermöglicht jedoch eine flexiblere Gestaltung von Struktur und Inhalt einer Tabelle. Es besteht auch die Möglichkeit der Auswertung und der Darstellung von Fragen mit Mehrfach-Antworten.

Das Zusatzmodul "Trends" dient zur Zeitreihenanalyse. Es enthält u.a. viele Methoden zur Kurvenanpassung, verschiedene Verfahren zur exponentiellen Glättung, zur Saisonkomponentenzerlegung, zur Regression bei autokorrelierten Fehlern, zur 2SLS-Regression, zur Box-Jenkins-Analyse (ARIMA) und zur uni- und bivariaten Spektralanalyse.

Das Modul "CHAID" steht für *CHi-squared Automatic Interaction Detection*. Es wird in der Marktforschung eingesetzt und bietet auf der Basis von statistischen Prozeduren einen automatisierten Ansatz, um Fragen zur Prognose, zur Segmentierung und zur Gestaltung von beispielsweise Preis und Produkt zu finden.

Das Modul "Categories" dient zur Conjoint-Analyse und zur Korrespondenzanalyse.

Mit dem Modul "Exact Test" können exakte p-Werte bei Kreuztabellen und nichtparametrischen Verfahren errechnet werden, auch wenn der Stichprobenumfang klein ist.

Mit dem Modul "LISREL 7" können lineare Strukturgleichungsmodelle analysiert werden.

Das Modul "Data Entry für DOS" dient zur bequemen Dateneingabe und zu Plausibilitätsprüfungen. In der Windows-Version des Grundpakets SPSS Base ist eine bequeme Dateneingabe - wie bei einem Tabellenkalkulationsprogramm - schon enthalten. Mit Data Entry können Sie unter DOS große Datenmengen über selbst entworfene Eingabemasken oder über den Daten angepaßte Tabellen zeilen- oder spaltenweise eingeben. Data Entry ermöglicht es, nicht benötigte Felder bei der Eingabe zu überspringen. Beispielsweise, wenn bei der Frage nach dem Studentsein "nein" eingegeben wird, werden alle Felder, die sich nur auf Studenten beziehen, übersprungen.

Damit SPSS 6.1 für Windows verwendet werden kann, müssen folgende Voraussetzungen erfüllt sein:

- Dos 3.1 oder höher
- Windows 3.1 oder höher
- 80386-Prozessor oder höher
- mindestens 4 Megabyte Arbeitsspeicher (RAM)
  Zum sinnvollen Arbeiten mit SPSS sind mindestens 8 Megabyte zu empfehlen.
- Festplatte mit mindestens 20 Megabyte freiem Plattenplatz.
  Damit kann nur das Base System installiert werden.
- 3 1/2" Diskettenlaufwerk hoher Dichte
- Graphikadapter mit Mindestauflösung von 640 × 480 (VGA)
- Microsoft Win32s. Dieses System wird von der SPSS-Setup-Prozedur automatisch installiert. Es ist erforderlich für die Ausführung von SPSS 6.1 für Windows.

Weitere Informationen zu SPSS erhalten Sie bei:

SPSS GmbH Software,
Rosenheimerstr. 30,
D-81669 München,

Tel.: 089/489074-0

2 Planung einer empirischen Studie an einem Beispiel

2.1 Problemstellung und Konzeption des Fragebogens

Bevor ein Fragebogen konzipiert wird, sollte geklärt werden, welche Statistiken bzw. welche Informationen aus den Daten benötigt werden. Somit wird sichergestellt, daß nicht eine Menge von Fragen gestellt werden, die Sie bei der Auswertung nicht mehr benötigen. Außerdem wird ein nicht zu umfangreicher Fragebogen eher ausgefüllt.

Ein weiteres Problem sind Fragen mit freien Antworten, sogenannte offene Fragen. Bei diesen Fragen werden keine Antwortmöglichkeiten vorgegeben. Hierauf sollte weitgehend verzichtet werden, denn diese können später so gut wie nicht statistisch ausgewertet werden. Allerdings bieten freie Antwortmöglichkeiten den Personen, die einen Fragebogen ausfüllen, die Chance, eigene Ideen einzubringen. Fragen mit freien Antworten können deshalb auch sinnvoll sein.

Mit dem in Abb. 2-1 angegebenen Fragebogen wurde eine Umfrage bei 21 Teilnehmern einer Vorlesung durchgeführt.

Bei der Augenfarbe haben wir die Antworten "blau", "grün", "braun" und "grau" zugelassen. Bei diesen Antwortmöglichkeiten sind Mischfarben nicht vorgesehen. Diese "schlechte'" Konzeption wird dazu führen, daß die Frage nach der Augenfarbe nicht immer beantwortet wird. Dieser Fehler wurde trotzdem in diesem "Musterbeispiel" nicht beseitigt, um zu zeigen, welche Auswirkungen bereits die Gestaltung des Fragebogens auf die spätere statistische Auswertung haben kann.

Mit den Antworten auf Frage 13, kann überprüft werden, ob bestimmte Zahlen bevorzugt gewählt werden.

Bitte kreuzen Sie die zutreffenden Antworten an:

1. Sind Sie Studentin / Student ? ja ( ) 1
nein ( ) 2

2. Wenn ja, in welchem Semester ? _____

3. Zu welchem Fachbereich gehören Sie ? _____

4. Ihr Geschlecht ? männlich ( ) 1
weiblich ( ) 2

5. Ihr Gewicht (in kg) ? _____

6. Ihre Größe (in cm) ? _____

7. Ihr Alter ? _____

8. Rauchen Sie ? ja ( ) 1
nein ( ) 2

9. Rauch(t)en Ihr Vater oder Ihre Mutter oder beide ? ja ( ) 1
nein ( ) 2

10. Glauben Sie, daß rauchen Lungenkrebs verursacht ? ja ( ) 1
nein ( ) 2

11. Ihre Augenfarbe ? blau ( ) 1
grün ( ) 2
braun ( ) 3
grau ( ) 4

12. Welche Zeitung lesen Sie regelmäßig ?	ja	nein
12.1 Frankfurter Allgemeine Zeitung (FAZ)	( ) 1	( ) 2
12.2 Frankfurter Rundschau	( ) 1	( ) 2
12.3 Die Zeit	( ) 1	( ) 2
12.4 Die Welt	( ) 1	( ) 2
12.5 Süddeutsche Zeitung	( ) 1	( ) 2

13. Zum Schluß geben Sie bitte noch eine achtstellige Zahl an: _ _ _ _ _ _ _ _

Vielen Dank!

Abb. 2-1

2.2 Festlegung der Variablen und der Kodierung

Zunächst muß ein sogenannter Codeplan erstellt werden. Hierbei wird jeder Frage eine Variable zugewiesen, in der später die jeweilige Antwort gespeichert wird. Um jederzeit anhand des Variablennamens die Frage erkennen zu können, kann es sinnvoll sein, jede Variable mit der Nummer der Frage zu kennzeichnen (z.B. V5 für Frage Nr. 5).

Bei der Festlegung des Variablennamens ist außerdem folgendes zu beachten:

(1) Am Anfang eines Variablennames darf niemals eine Zahl stehen.

(2) Ein Variablennamen darf nicht mehr als 8 Zeichen beinhalten.

(3) Es dürfen keine Sonderzeichen wie "=" oder "!" verwendet werden.

(4) Als Variablennamen darf nur ein zusammenhängendes Wort verwendet werden.

Sind die Variablennamen festgelegt, müssen die Antworten kodiert werden. Bei den Fragen, bei denen die Studierenden eine Zahl als Antwort eintragen können, wie z.B. bei der Frage nach der Größe oder nach dem Alter, ist dies nicht nötig, denn die Zahl wird in den Computer eingegeben.

Betrachten wir nun die erste Frage. Die Antwort auf diese Frage wird später in der Variable, die wir mit V1 bezeichnen, gespeichert. Diese Frage hat nun zwei mögliche Antworten, nämlich die Antwort "ja" oder "nein". Da der Wert einer Variable auch ein Wort sein darf, könnten wir nun "ja" und "nein" als Wert der Variable zulassen. Um aber die Eingabe der Daten zu vereinfachen, kodieren wir die Antwort "ja" mit "1" und die Antwort "nein" mit "2". Somit hat die Variable V1 die zwei möglichen Ausprägungen 1 und 2. Die Abb. 2-2 zeigt den kompletten Codeplan für unseren Fragebogen.

Falls die Daten später nicht direkt in SPSS, sondern mit einem anderen System erfaßt werden, sollte ein Wert für fehlende Antworten definiert werden. Dies sollte ein Wert sein, der sich vom Code der anderen Antworten unterscheidet. Z.B. könnte der Wert "99" oder auch "-1" für fehlende Antworten verwendet werden. Diese fehlenden Werte (Missing Values) können später in die von SPSS typischen Kommas, für fehlende Werte, umgewandelt werden. Dies könnte z.B. mit der Rekodierung (Kapitel 3.3) getan werden. Ansonsten können bei der Eingabe in SPSS die fehlenden Werte weggelassen werden, da SPSS automatisch das vom System typische Komma für fehlende Werte einsetzt.

Frage	Variablenname	Kodierung der Antworten
1	V1	ja = 1; nein = 2
2	V2	
3	V3	
4	V4	männlich = 1; weiblich = 2
5	V5	
6	V6	
7	V7	
8	V8	ja = 1; nein = 2
9	V9	ja = 1; nein = 2
10	V10	ja = 1; nein = 2
11	V11	blau = 1; grün = 2; braun = 3; grau = 4
12.1	V12_1	ja = 1; nein = 2
12.2	V12_2	ja = 1; nein = 2
12.3	V12_3	ja = 1; nein = 2
12.4	V12_4	ja = 1; nein = 2
12.5	V12_5	ja = 1; nein = 2
13	V13	

Abb. 2-2

Bei den Antworten, die frei von den Personen eingegeben werden können, wie z.B. die Körpergröße, müssen die Antwortmöglichkeiten nicht kodiert werden. Es muß nur festgelegt werden, ob z.B. das Körpergewicht in Kilogramm oder in Gramm erfaßt werden soll. Wie auf dem Fragebogen in Abb. 2-1 zu sehen ist, haben wir den jeweiligen Code für die Antwortmöglichkeiten mit abgedruckt. Dies erleichtert später die Datenerfassung, da nicht bei jeder Antwort im Codeplan nachgelesen werden muß, was in den Computer einzugeben ist. Es hat aber den Nachteil, daß der Fragebogen unübersichtlicher wird.

In Abb. 2-3 sind die Antworten der 21 Personen in einer Tabelle dargestellt, die als sogenannte Datenmatrix bezeichnet wird. Über jeder Spalte steht der gewählte Variablenname. Die Daten werden auch Rohdaten genannt.

V1	V2	V3	V4	V5	V6	V7	V8	V9	V10	V11	V12_1	V12_2	V12_3	V12_4	V12_5	V13
1	6	16	2	63	169	24	1	1	2	4	1	2		1	1	12345678
1	4	18	2	59	168	25	2	2	1	3	2	2	2	2	2	98730032
1	7	17	1	71	189	30	2	1	1	1	2	1	2	2	2	14847464
1	10	6	2	80	176	27	1	1	2	4	1	2	1	1		46202825
1	5	16	2	56	164	25	2	1	1	2						45873210
1	9	14	1	73	177	24	2	2	2	2	1	2	2	1	1	43672382
2		16	1	77	178	21	1	2	2	1	1	1	1	1	1	87204353
2		16	1	82	181	23	1	1	1		1	1	2	1	2	26252424
1	8	17	2	54	159	23	1	2	2	3	2	1	2	2	2	12345678
				74	171	27	2	1	1		2	1	1	1	1	23456789
1	8	15	2	67	170	21	2	2	1		1	1	2	2	2	99999999
1	14	16	1	75	175	28	2	2	1		1	1	1	1	1	34612854
2		14	2	49	161	31	2	2	1		1	1	2	1	1	28473028
2		16	2	61	169	26	2	1	1	4	1	1		1	1	45439282
1	18	16	1	85	179	27	2	2		3	1	2	1	2	1	30289262
1	7	25	1	75	182	24	1	2	2		1	1	1	1	2	26438226
1	7	18	1	63	165	24	2	1	1		1	1	1	1	2	27389282
1	6	16	2	53	177	23	2	1	1		2	1	2	2	2	11111111
1	8	7	1	70	180	22	2	1	2	1	2	1	1	1	1	56776556
1	8	7	1	72	180	25	2	1	2		2	1	2	1	2	00700700
2		7	1	70	175	45	1	2	2	3	2	1	2	1		00700700

Abb. 2-3 Daten: FRAGEBOG

2.3 Deklaration der Variablen in SPSS

Nun starten Sie SPSS für Windows. Sie erhalten den Eröffnungsbildschirm von SPSS für Windows wie in Abb. 2-4 dargestellt. In der oberen weißen Zeile stehen alle Menüpunkte von SPSS. Darunter befindet sich ab Version 6.1 eine neue Symbolleiste. Diese ermöglicht einen direkten schnellen Zugriff auf spezielle Funktionen von SPSS. Unterhalb der Symbolleiste befindet sich ein Dateneditor, in dem Sie, nachdem Sie die Variablen deklariert haben, die Daten erfassen werden. Hinter dem Datenfenster befinden sich zwei weitere Fenster. Das eine ist das Ausgabefenster (in dem sich später die Ergebnisse von Auswertungen befinden) und das andere das Syntaxfenster (in das SPSS-Programme eingegeben werden können, falls Sie programmieren möchten). Zwischen den Fenstern können Sie mit dem Menüpunkt "Fenster" wechseln.

Bevor Sie die Daten eingeben, definieren Sie erst die Variablen. Um nun die erste Variable zu deklarieren, klicken Sie mit der Maus doppelt (also zweimal schnell hintereinander auf das Feld mit der Inschrift "var", über der ersten (linken) Spalte, vgl. Abb. 2-4. Sie erhalten dann das Fenster in Abb. 2-5.

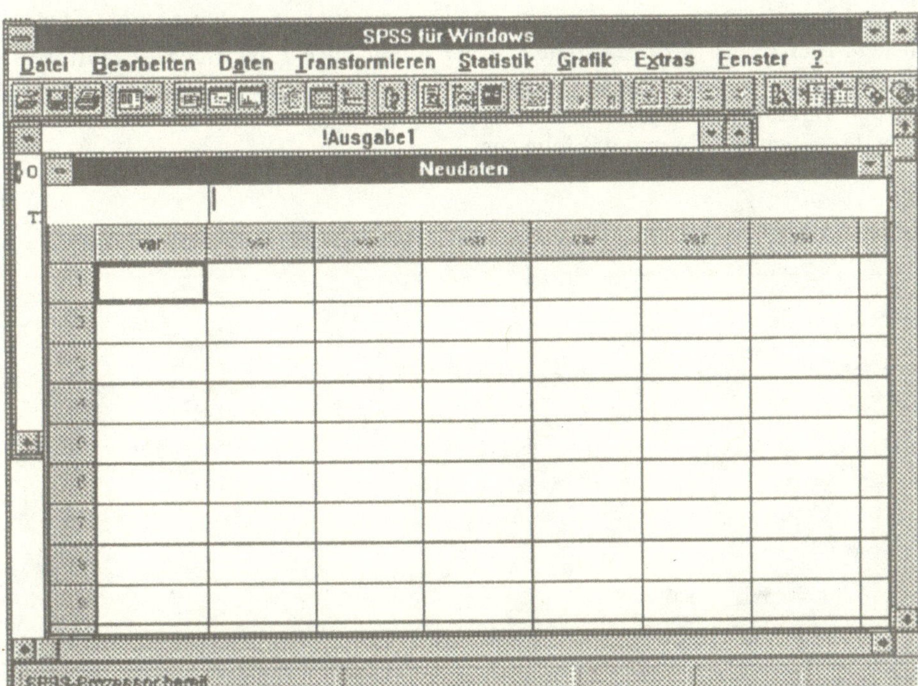

Abb. 2-4

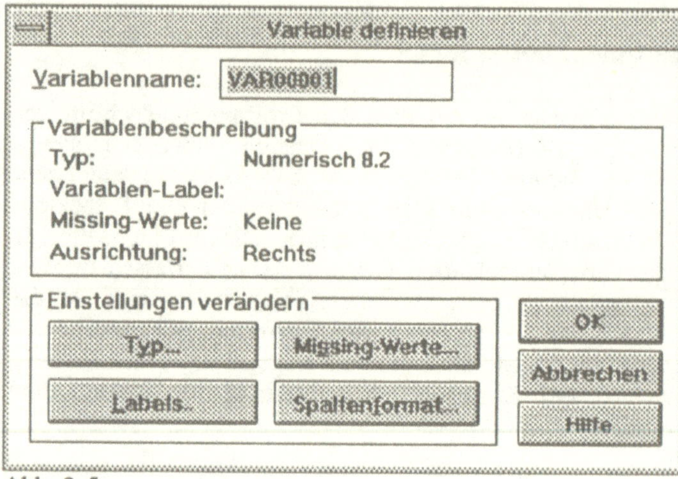

Abb. 2-5

SPSS schlägt als Variablennamen die Bezeichnung "VAR00001" vor. Hier tragen wir "V1" als Namen der ersten Variablen ein.

Im nächsten Schritt legen wir das Format der Variablen fest, indem wir auf Typ klicken. Hier tragen wir bei "Breite" 4 (hier könnte auch 1 als Breite gewählt werden. Nur dann wird die Spalte standardmäßig so schmal am Bildschirm angezeigt, daß der Variablenname nicht mehr vollständig lesbar ist) und bei "Dezimalstellen" 0 ein. Das Fenster sieht nun wie folgt aus:

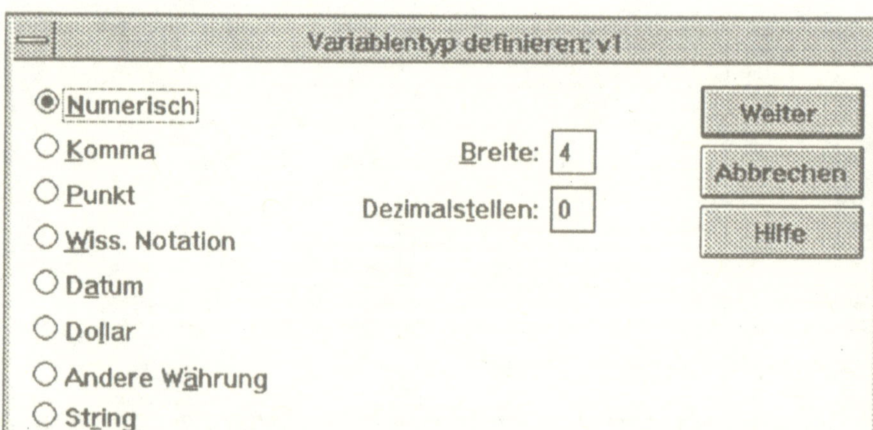

Abb. 2-6

Wie zu erkennen ist, stehen eine Menge von verschiedenen Formaten zur Verfügung, die wir im folgenden erklären:

Numerisch:
Festlegung von Dezimalzahlen, wobei "Breite" die gesamte Länge einschließlich der Nachkommastellen angibt (max. 40) und "Dezimalstellen" die Anzahl der Dezimalstellen (max. 16). Bei der Eingabe wird hier auch die wissenschaftliche Notation akzeptiert (z.B. 1E + 1).

Komma:
Festlegung ebenfalls von Dezimalzahlen, nur wird hier ein Komma als Trennzeichen zwischen je drei Stellen verwendet. Als Trennzeichen für Dezimalstellen wird ein Punkt verwendet (z.B. 235,123.23).

Punkt:
Festlegung ebenfalls von Dezimalzahlen, nur wird hier ein Punkt als Trennzeichen zwischen je drei Stellen verwendet. Als Trennzeichen für Dezimalstellen wird ein Komma verwendet (z.B. 235.123,23).

Wiss. Notation:
Festlegung von Dezimalzahlen in Exponentialdarstellung (z.B. 12 = 1,2E+01).

Datum:
Festlegung einer Datumsvariablen, wobei unter mehreren Darstellungen gewählt werden kann (z.B. tt-mmm-jjjj, mm/tt/jj, usw.).

Dollar:
Festlegung der US-Währung, wobei unter verschiedenen Darstellungen gewählt werden kann.

Andere Währung:
Festlegung einer beliebigen Währung in verschiedenen Darstellungen.

String:
Festlegung einer Variablen zur Eingabe von Texten mit beliebiger (bis max. 255 Zeichen) Länge.

Sie wählen nun "Weiter".

Als nächstes legen wir die Labels fest. Hierzu klicken Sie auf "Labels...". Sie erhalten das Fenster aus Abb.2-7.

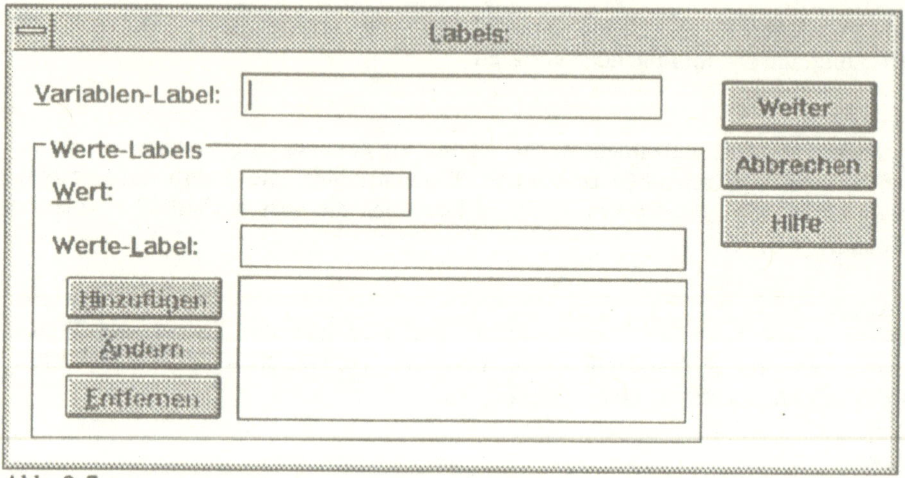

Abb. 2-7

Hier können Sie unter "Variablen-Label" (auch Variablen-Etikett genannt) eine Bemerkung zur Variablen eintragen. Somit erscheint bei der späteren Auswertung in der Ergebnisausgabe nicht nur der Variablenname, sondern auch die hier eingetragene Bemerkung bzw. das hier eingetragene Label. Als Variablen-Label wählen Sie beispielsweise den jeweiligen Fragetext, wobei dieser notfalls abgekürzt werden muß, da hier maximal 40 Zeichen (inklusive Leerzeichen) erlaubt sind. Sie tragen also ein "Sind Sie Studentin/Student ?".

Bei den Fragen, bei denen die Antwort kodiert wurde, können Sie nun auch zu jedem Wert eine Bemerkung eintragen. Hierzu tragen Sie unter "Wert" 1 ein und unter "Werte-Label" tragen Sie "ja" ein. Danach wählen Sie "Hinzufügen", und das Label wird vom System übernommen. Analog für den Wert 2 geben Sie "nein" an.

Sie erhalten das Fenster aus Abb. 2-8.

Klicken Sie nun auf "Weiter" und dann auf "OK". Danach können Sie die restlichen Variablen auch mit Labels versehen.

Hinweis:

Falls Sie einmal nicht wissen sollten, wie SPSS zu bedienen ist, verwenden Sie doch einfach das Hilfe-System in SPSS. Es ist weitgehend selbsterklärend. Sie erreichen das Hilfe-System über das Menü "Hilfe" oder durch Anklicken der Schaltfläche "Hilfe", die in jeder Dialog-Box verfügbar ist. Sie können auch die Funktionstaste <F1> benutzen, um Hilfe zu erhalten.

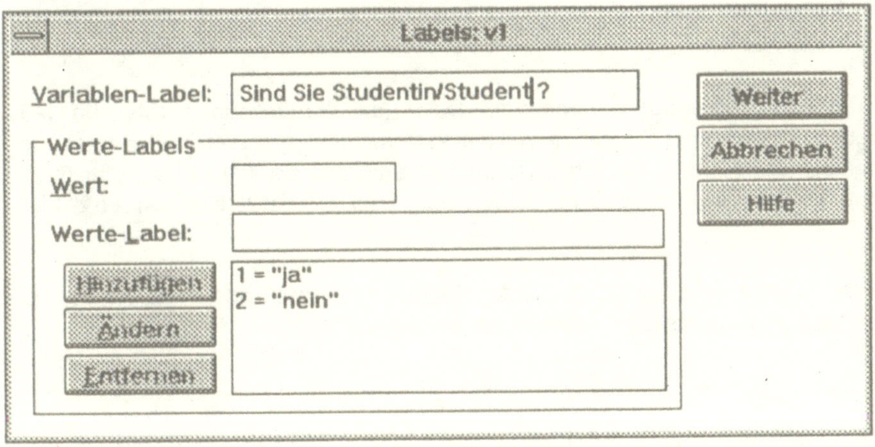

Abb. 2-8

Anstatt die Variablen wie oben beschrieben über die Menüs zu deklarieren und den Typ bzw. das Format zu definieren, können Sie auch die Variablen und ihre Ausprägungen durch ein SPSS-Programm mit Labels versehen. Hierzu müssen Sie aus dem Menü "Fenster" und hier "Syntax" wählen.

Dort können Sie das folgende Programm über die Tastatur eingeben:

```
VARIABLE LABELS V1 'Sind Sie Studentin/Student ?'
              / V2 'Wievieltes Semester ?'
              / V3 'Welcher Fachbereich ?'
              / V4 'Geschlecht'
              / V5 'Gewicht'
              / V6 'Größe'
              / V7 'Alter'
              / V8 'Rauchen Sie ?'
              / V9 'Rauch(t)en Eltern ?'
              / V10 'Erzeugt rauchen Lungenkrebs ?'
              / V11 'Augenfarbe'
              / V12_1 'FAZ'
              / V12_2 'Frankfurter Rundschau'
              / V12_3 'Die Zeit'
              / V12_4 'Die Welt'
              / V12_5 'Süddeutsche Zeitung'
              / V13 'Achtstellige Zahl' .

VALUE LABELS V1 V8 V9 V10 V12_1 V12_2 V12_3 V12_4 V12_5
1 'ja' 2 'nein'
           / V4    1 'männlich' 2 'weiblich'
           / V11   1 'blau' 2 'grün' 3 'braun' 4 'grau' .
```

Wenn Sie dieses Programm eingegeben haben, müssen Sie es markieren und "Ausführen" wählen.

Sind alle Variablen definiert, können die Daten (aus der Datenmatrix in Abb. 2-3) eingegeben werden. Bei fehlenden Werten wird nichts eingegeben. SPSS setzt hier automatisch ein Komma ein. Dies ist das SPSS-Format für fehlende Werte (engl. Missing Values), welche bei einer Auswertung vom System unberücksichtigt bleiben.

Nach der Dateneingabe erhalten Sie den folgenden Bildschirm (ab SPSS-Version 6.1.2 erscheint oben zusätzlich eine Symbolleiste):

SPSS für Windows - [d:\buch\k2\fragebog.sav]

Datei Bearbeiten Daten Transformieren Statistik Grafik Extras Fenster ?

1:v1 1

	v1	v2	v3	v4	v5	v6	v7	v8	v9	v10	v11	v12_1
1	1	6	16	2	63	169	24	1	1	2	4	1
2	1	4	18	2	59	168	25	2	2	1	3	2
3	1	7	17	1	71	189	30	2	1	1	1	2
4	1	10	6	2	80	176	27	1	1	2	4	1
5	1	5	16	2	56	164	25	2	1	1	2	.
6	1	9	14	1	73	177	24	2	2	2	2	1
7	2	.	16	1	77	178	21	1	2	2	1	1
8	2	.	16	1	82	181	23	1	1	1	.	1
9	1	8	17	2	54	159	23	1	2	2	3	2
10	.	.	.	.	74	171	27	2	1	1	.	2
11	1	8	15	2	67	170	21	2	2	1	.	1
12	1	14	16	1	75	175	28	2	2	1	.	1
13	2	.	14	2	49	161	31	2	2	1	.	1

SPSS Prozessor bereit

Abb. 2-9

Nun speichern Sie die Daten, indem Sie unter dem Menüpunkt "Datei" "Speichern unter" wählen. Unter "Dateinamen" tragen Sie "Fragebog.sav" ein und klicken auf "OK".

Alle SPSS-Datenfiles tragen die Endung "sav".

3 Datenmanagement mit SPSS

3.1 Berechnung neuer Variablen

In der Praxis kommt es manchmal vor, das aus einer oder mehreren Variablen eine neue Variable erzeugt werden muß, deren Werte sich aus arithmetischen Verknüpfungen der anderen Variablen ergeben. In unserem Beispiel Fragebogen wollen wir einen Index berechnen, der sich aus dem Quotient des Gewichts durch das Quadrat der Körpergröße (in Metern) ergibt.

Hierzu wählen Sie unter dem Menüpunkt "Transformieren" "Berechnen" und geben unter dem Punkt "Zielvariable" den Namen "INDEX" und unter "Numerischer Ausdruck" die Formel aus Abb. 3-1 ein.

Wie in der Abb. 3-1 zu sehen ist, bietet SPSS eine Reihe von Funktion zur Berechnung neuer Variablen an.

Mit dem Button "Type & Label..." unter der "Zielvariable" können zusätzlich Typ und Label für die neu zu berechnende Variable festgelegt werden. Mit dem Button "Falls..." können außerdem restriktive Bedingungen für die Berechnung der neuen Variable definiert werden.

Es soll eine neue Variable mit dem Namen INDEX erzeugt werden. Sie soll folgendermaßen berechnet werden:

$$\text{INDEX} = \frac{\text{V5}}{(\text{V6}/100)^2}$$

Geben Sie nun, wie in Abb. 3-1 angegeben, als "Zielvariable" die neu zu berechnende Variable INDEX ein und unter "Numerischer Ausdruck" die entsprechende Formel:

```
V5/((V6/100) ** 2)
```

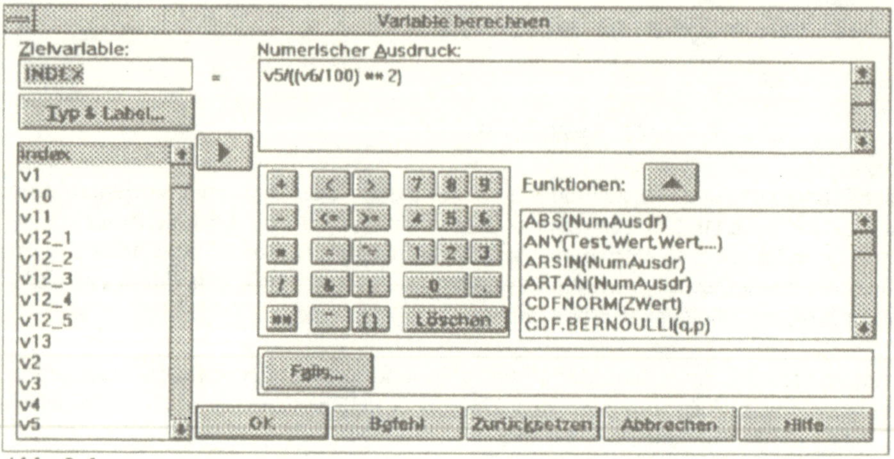

Abb. 3-1

Danach wählen Sie "OK". Nun wird die neue Variable "INDEX" wie angegeben aus den Variablen V5 und V6 berechnet.

Das folgende **SPSS-Programm** führt zum gleichen Ergebnis:

```
COMPUTE INDEX = V5/((V6/100) ** 2) .
EXECUTE .
```

Bemerkung

Fehlt bei einem Fall ein Wert, so weist die erzeugte Variable bei diesem Fall ebenfalls einen fehlenden Wert (Missing Value) auf.

Hier einige Operationen und Funktionen, die in SPSS zur Verfügung stehen:

Folgende arithmetische Operatoren können im arithmetische Ausdruck verwendet werden: + (für die Addition), – (Subtraktion), * (Multiplikation), / (Division) und ** (Potenzierung, Exponentiation). Es können runde Klammern, nämlich (und), verwendet werden. Als Funktionen stehen u.a. zur Verfügung:

ABS	Absoluter Wert, Beispiel: ABS(–2,9) = 2,9.
ARSIN	Arkussinus, Beispiel: ARSIN(1) ist etwa 1,57.
ARTAN	Arkustangens, Beispiel: ARTAN(1) ist etwa 0,79.
COS	Kosinus, Beispiel: COS(1) ist etwa 0,54.

EXP	Potenzierung zur Basis e, d.h. die Zahl e wird mit dem Argument der Funktion potenziert, Beispiel: EXP(2) ist gerundet gleich 7,39.
LAG	Wert eines vorangehenden Falls vor dem aktuellen Fall. Die ersten Fälle sind dadurch nicht definiert und ergeben einen systemdefinierten fehlenden Wert. Beispiel: LAG(Gewicht,2) verschiebt die Werte mit den Größenangaben um zwei Fälle, beispielsweise hat dann Fall 10 den Wert des Falles 8 vorher.
LG10	Logarithmus zur Basis 10, Beispiel: LG10(1) = 0.
LN	natürlicher Logarithmus, also Logarithmus zur Basis e, Beispiele: LN(1) = 0, LN(2,71828) = 1.
MISSING	ergibt 1 bei benutzer- oder systemdefinierten fehlenden Werten, sonst 0.
MOD10	Teilungsrest, Beispiel: MOD10(23,9) = 3,9; das Argument wird durch zehn geteilt, der Teilungsrest ist dann das Ergebnis.
NORMAL	normalverteilte Zufallszahlen, Beispiel: NORMAL(4) ergibt für jeden Fall eine Zufallszahl aus einer normalverteilten Grundgesamtheit mit dem Mittelwert 0 und der Standardabweichung 4.
RND	Rundung des absoluten Werts auf eine ganze Zahl und Hinzufügen des Vorzeichens, Beispiel: RND(–2,9) = –3
SIN	Sinus, Beispiel: SIN(1) ist etwa 0,84.
SQRT	Quadratwurzel, Beispiel: SQRT(4) = 2.
SYSMIS	ergibt 1 bei systemdefinierten fehlenden Werten, sonst 0.
TRUNC	Abschneiden, Beispiel: TRUNC(–2,9) = –2.
UNIFORM	gleichverteilte Zufallszahlen, Beispiel: UNIFORM(10) ist Zufallswert aus einer zwischen 0 und 10 gleichverteilten Grundgesamtheit.
VALUE	Benutzerdefinierte fehlende Werte werden als gültige Wert genommen.
YRMODA	Datumsfunktion, sie gibt die Anzahl der Tage an, die seit dem 15. Oktober 1582 vergangen sind. Beispiel: YRMODA(1990,12,30) = 149096.

Alle Funktionen - bis auf die Funktion LAG - sind nur für numerische Werte anwendbar.

Der arithmetische Ausdruck wird in folgender Reihenfolge ausgewertet: Zunächst die Funktionen, dann die Potenzierung, dann die Multiplikation und Division, dann die Addition und Subtraktion. Operatoren gleicher Priorität werden von links nach rechts abgearbeitet. Sie können die Reihenfolge durch Klammersetzung ändern. Klammern dürfen auch geschachtelt sein.

3.2 Filterung von Fällen

Wollen Sie nur bestimmte Datensätze aufgrund einer Ausprägung einer Variablen (z.B. alle Personen, die größer als 180 cm sind) auswählen, so kann ein Filter verwendet werden. SPSS erzeugt daraufhin eine Filtervariable, die bewirkt, daß die übrigen Fälle zwar nicht gelöscht werden, aber bei einer Auswertung vom System unberücksichtigt bleiben.

Wir wollen nun in unserem Beispiel Fragebogen nur die Frauen auswählen, die 25 Jahr alt oder älter sind. Hierzu wählen Sie unter dem Menüpunkt "Daten" "Fälle auswählen...". Danach klicken Sie auf "Falls Bedingung zutrifft" und auf "Falls...". Hier geben Sie die Formel aus Abb. 3-2 ein:

(v4=2) & (v7>=25)

Wie in der Abb. 3-2 zu sehen ist, bietet SPSS auch eine Reihe von Funktionen zur Definition einer Bedingung für einen Filter an. Der senkrechte Strich neben dem &-Symbol (UND-Symbol) ist das Symbol für das logische ODER. Hier könnte also auch eine ODER-Verknüpfung definiert werden. Somit könnten z.B. die Fälle ausgewählt werden, die bei der Variablen V5 einen Wert kleiner 70 oder bei der ,Variablen V6 einen Wert kleiner als 170 aufweisen (Anweisung: (V5 >70) oder (V6 < 170). Bei der UND-Anweisung muß jede Bedingung erfüllt sein, während bei der ODER-Anweisung die eine oder die andere Bedingung erfüllt sein kann.

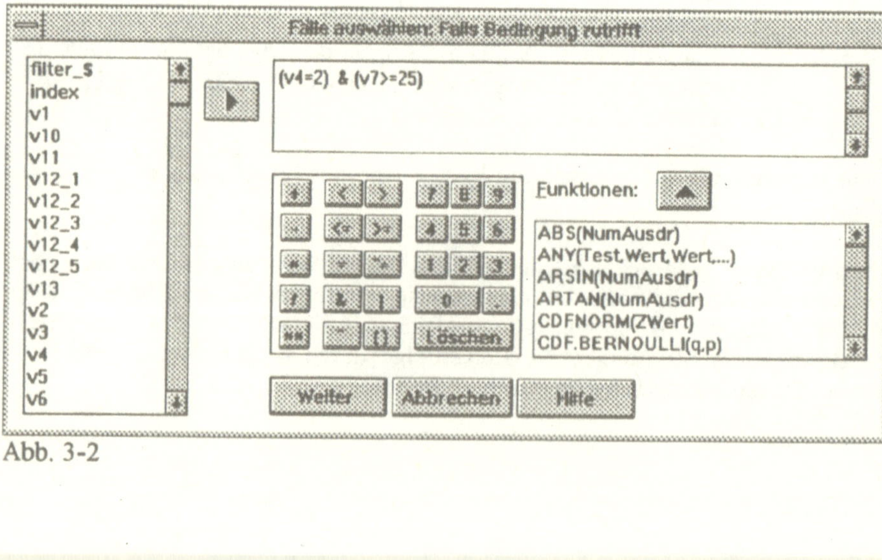

Abb. 3-2

Danach klicken Sie auf "Weiter" und dann auf "OK". Nun wird von SPSS eine neue Variable mit dem Namen "Filter_$" erzeugt, die bei jedem ausgewählten Fall den Wert 1 und sonst den Wert 0 hat.

SPSS - Programm:

```
USE ALL.
COMPUTE filter_$=((v4=2)  & (v7>=25)).
VARIABLE LABEL filter_$ 'v4=2  & v7>=25 (FILTER)'.
VALUE LABELS filter_$  0 'Nicht ausgewählt' 1
'Ausgewählt'.
FORMAT filter_$ (f1.0).
FILTER BY filter_$.
EXECUTE .
```

Wichtige Bemerkung:

Wird die Filtervariable gelöscht, so ist der Filter aufgehoben. Gelöscht werden kann eine Variable, indem Sie im Datenfenster von SPSS auf den Variablennamen klicken, wobei in der ganzen Spalte ein schwarzer Hintergrund erzeugt wird, und danach auf die Entfernen-Taste klicken.

3.3 Rekodierung

Bei der Rekodierung kann jeder Ausprägung einer Variablen ein neuer Wert zugeteilt werden. Hier könnten z.B. jede 1 in eine 5 umgewandelt werden. Die Änderung kann dann in der gleichen oder, falls die ursprüngliche Variable nicht verändert werden soll, in einer anderen Variable gespeichert werden.

Das ist zum Beispiel bei der Dichotomisierung von Variablen notwendig, wobei einem bestimmten Wertebereich einer Variablen (z.B. allen Werten zwischen 0 und 5) eine 0 und allen anderen eine 1 zugewiesen wird. Dies kann aber auch notwendig sein, wenn bestimmte Kategorien einer Variable zu gering besetzt sind.

Rekodieren Sie nun im Beispiel Fragebogen die Variable V6 (Körpergröße), indem Sie unter dem Menüpunkt "Transformieren" "Umkodieren" und dann "In andere Variablen..." wählen, um die ursprünglichen Werte nicht zu verändern. Sie erhalten das Fenster aus Abb. 3-3.

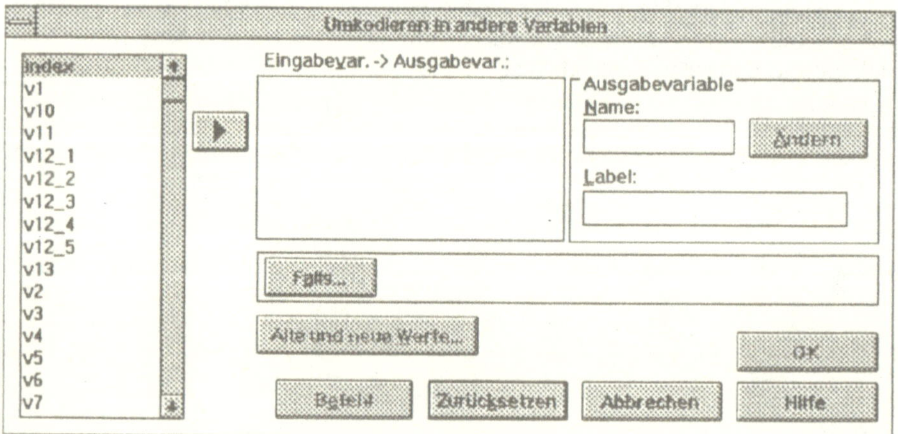

Abb. 3-3

Mit "Falls..." (vgl. Abb. 3-3) kann zusätzlich eine Bedingung angegeben werden, so daß die Rekodierung nur unter dieser Bedingung durchgeführt wird (z.B. nur für Frauen, also wenn V4 = 2)..

Wählen Sie nun die Variable V5 aus, indem Sie auf diese im linken Fenster klicken und danach auf den Button mit dem Pfeil klicken. Unter dem Feld "Name" tragen Sie KGK als Name für die neue Variable ein. Wie zu sehen ist, könnten Sie auch diese mit einem Label versehen. Danach wählen Sie "Ändern" und "Alte und neue Werte...", um eine Zuordnung für die Rekodierung zu definieren.

Sie erhalten das folgende Fenster:

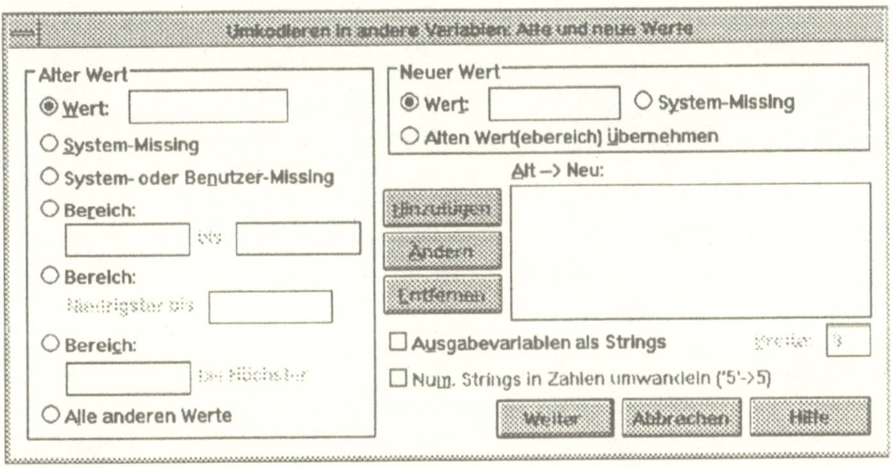

Abb. 3-4

Klicken Sie auf "Bereich" (unter dem Punkt "System- oder Benutzer-Missing") und tragen Sie in dem linken Kästchen darunter 150 und im rechten Kästchen 180 ein. Unter "Neuer Wert" wird 1 eingetragen. Danach drücken Sie auf "Hinzufügen". Hiermit weist die Variable KGK bei den Personen, die zwischen 150cm und 180cm groß sind, den Wert 1 auf. Analog weisen Sie dem Bereich vom 181 bis 200 eine 2 zu. Ihr Fenster sieht dann wie folgt aus:

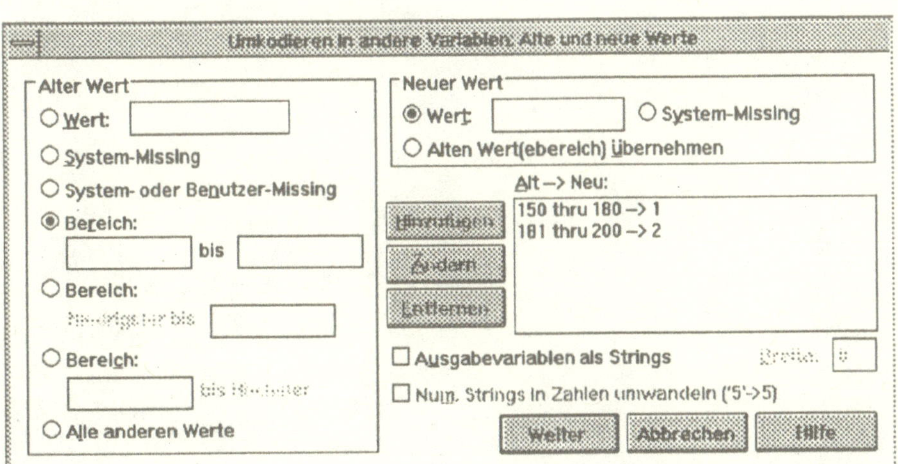

Abb. 3-5

Jetzt klicken Sie auf "Weiter" und auf "OK", und die neu Variable KGK wird automatisch erzeugt.

SPSS - Programm:

```
RECODE v6
  (150 thru 180=1)  (181 thru 200=2)  INTO  KGK .
EXECUTE .
```

3.4 Ergänzen einer SPSS-Datei mit Fällen aus anderer SPSS-Datei

Wir erzeugen nun zwei SPSS-Dateien mit den Namen DAT1.SAV und DAT2.SAV aus den Datenmatrizen aus den Abbildungen 3-6 und 3-7.

V1	V2	V3
1	2	3,8
1	5	4,5
2	8	8,9

Abb. 3-6

V1	V2	V3
1	8	1,6
2	1	4,2

Abb.3-7

Die oberen Dateien soll nun zusammengefügt und in der neuen Datei DAT3.SAV gespeichert werden, so daß diese die Fälle aus beiden Dateien enthält.

Hierzu öffnen Sie die Datei DAT1.SAV und wählen unter dem Menüpunkt "Daten" "Dateien zusammenfügen" und dort "Fälle hinzufügen...". Unter dem Punkt Dateinamen müssen Sie nun DAT2.SAV eintragen und "Weiter" und danach "OK" wählen.

Nun werden die Fälle aus der Datei DAT2.SAV hinzugefügt. Diese neue Datei kann dann unter dem Namen DAT3.SAV gespeichert werden.

SPSS-Programm:

```
ADD FILES /FILE=*
 /FILE='D:\BUCH\K3\DAT2.SAV'.
EXECUTE.
```

3.5 Ergänzung einer SPSS-Datei mit Variablen aus anderer SPSS-Datei

Erzeugen Sie eine neue SPSS-Datei mit dem Namen DAT4.SAV aus der Datenmatrix in Abb. 3-8.

V4	V5
5,3	1,5
5,8	4,1
5,0	3,2

Abb. 3-8

Nun öffnen Sie die SPSS-Datei mit dem Namen DAT1.SAV aus Kapitel 3.4.

Diese Datei soll nun mit den Variablen aus der Datei DAT4.SAV ergänzt werden. Hierzu öffnen Sie die Datei DAT1.SAV und wählen unter dem Menüpunkt "Daten" "Dateien zusammenfügen" und dort "Variablen hinzufügen...". Unter dem Punkt Dateinamen müssen Sie nun DAT5.SAV eintragen und "Weiter" und danach "OK" wählen.

Nun werden die Variablen V4 und V5 aus der Datei DAT5.SAV hinzugefügt.

SPSS-Programm:

```
MATCH FILES /FILE=*
 /FILE='D:\BUCH\K3\DAT5.SAV'.
EXECUTE.
```

3.6 Sortieren von Daten

Wir werden nun die Fälle der Datei aus dem Beispiel Fragebogen nach der Körpergröße der Personen (aufsteigend) sortieren. Hierzu müssen Sie zuerst die Datei FRAGEBOG.SAV öffnen.

Wählen Sie nun unter dem Menüpunkt "Daten" "Fälle sortieren...". Klicken Sie dann im linken Fenster auf die Variable V6, unter der die Körpergröße gespeichert ist, und wählen Sie diese mit dem Button, auf dem ein Pfeil nach rechts zeigt, aus.

Das Fenster sieht hiernach wie folgt aus:

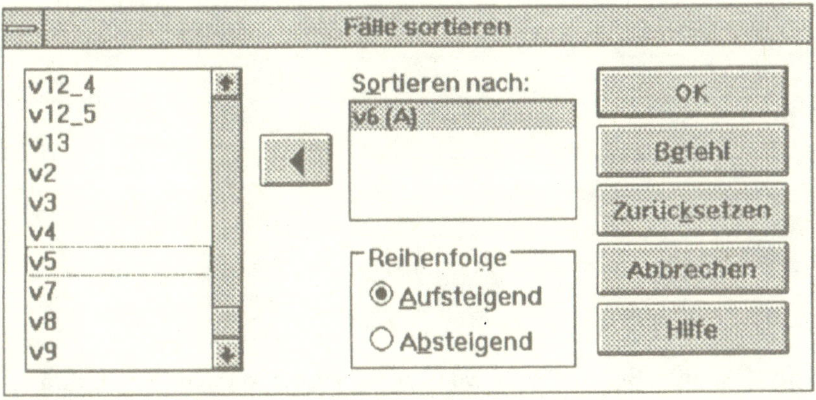

Abb. 3-9

Klicken Sie danach auf "OK". Die Fälle der Datei werden nun nach der Körpergröße sortiert.

SPSS-Programm:

```
SORT CASES BY
  v6 (A) .
```

3.7 Import von Datendateien

SPSS bietet die Möglichkeit, Daten in einer Reihe verschiedener Formate einzulesen. Hierzu müssen Sie unter "Datei" "Öffnen" und dort "Daten" wählen. Sie erhalten dann das folgende Fenster:

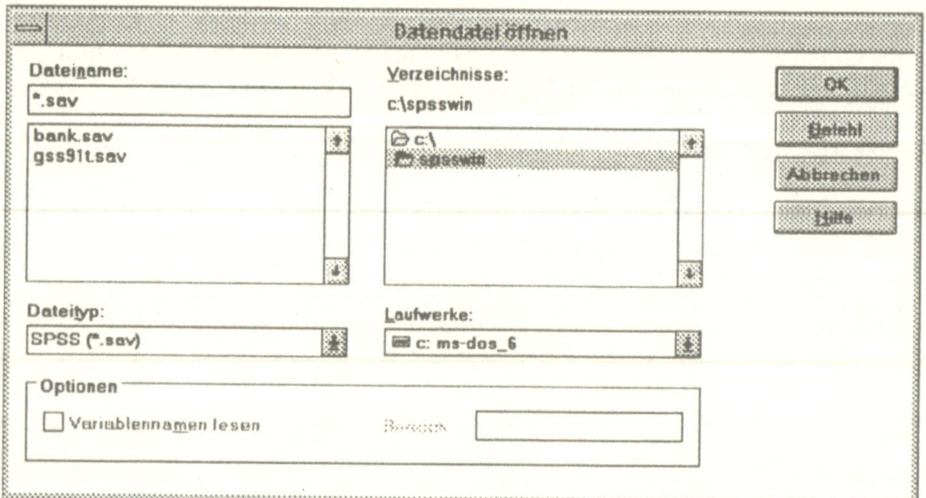

Abb. 3-10

Unter "Dateityp" können Sie eine Reihe von Datenformaten wählen (Excel, dBase, durch Tabulatoren getrennte ASCII-Files,...).

Wenn Sie ASCII-Files importieren wollen, bei denen die Variablenwerte nicht durch Tabulatoren getrennt sind, so müssen Sie unter dem Menüpunkt "Datei" "ASCII-Daten einlesen" wählen. Sie erhalten dann das folgende Fenster:

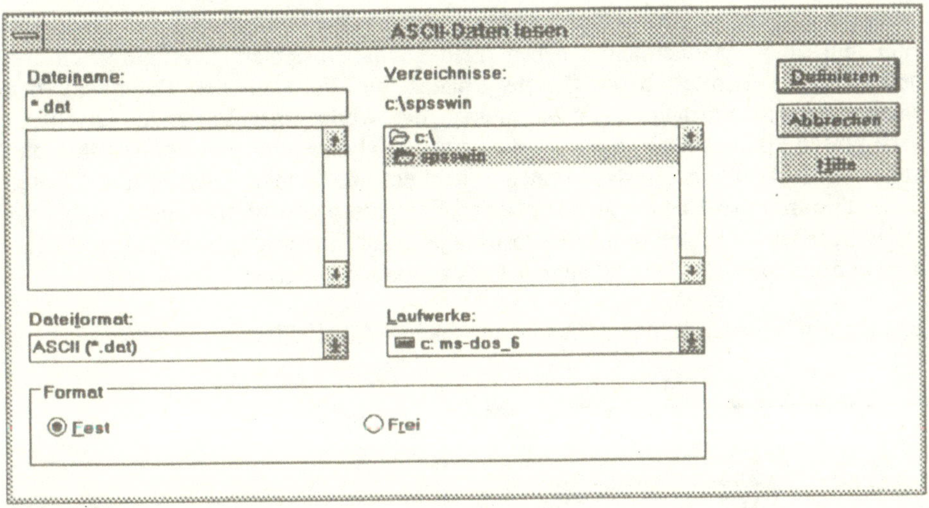

Abb. 3-11

Wenn Sie hier neben "Dateinamen" den Namen der zu importierenden Datei eingeben und "Definieren" wählen, erhalten Sie das folgende Fenster:

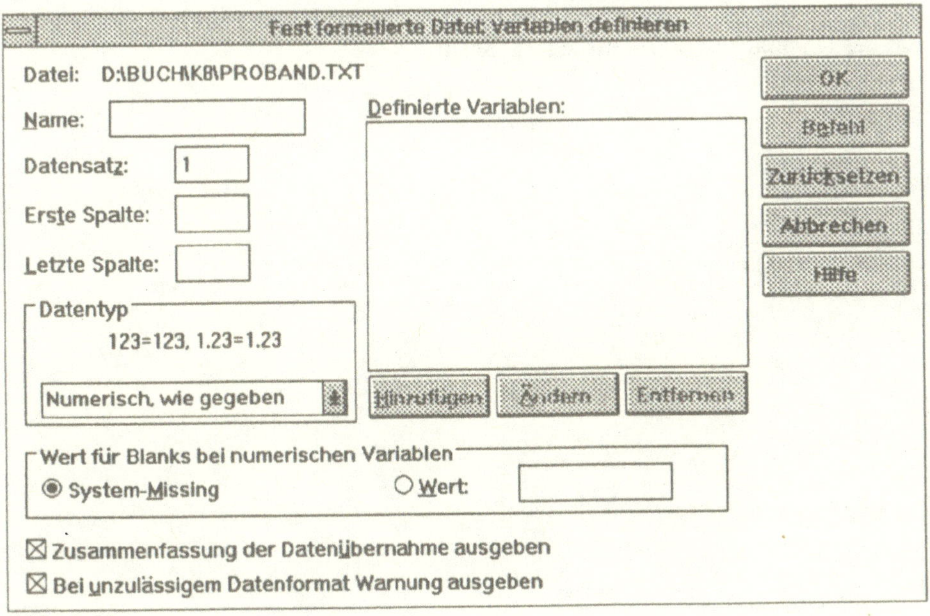

Abb. 3-12

Hier müssen Sie nacheinander neben "Namen" die Variablennamen eingeben und neben "Erste Spalte" bzw. "Letzte Spalte" die Position der Daten zu den entsprechenden Variablen. Hierbei müssen die Werte einer Variablen jeweils in bestimmten Spalte stehen, d.h. z.B. die erste Variable beginnt mit der Spalte 1 und endet bei der Spalte 5. Hierbei können in dem entsprechenden ASCII-File die Daten ohne Trennzeichen nebeneinander stehen. Vergessen Sie hierbei nicht, nach der Definition der Variablen und ihrer Position jeweils "Hinzufügen" zu wählen. Außerdem können Sie auch den Datentyp jeder Variablen definieren.

Es folgt ein Beispiel für den Aufbau eines solchen ASCII-Files:

```
         V1   V2    V3
Spalte:  123456789012345
         1152 1151  2225
         2255 123      3
```

Abb. 3-13

Die Variable V1 beginnt mit der 1. Spalte und geht bis zur 4. Spalte. Die Variable V2 beginnt mit der 6. Spalte und geht bis zur 9. Spalte und die Variable V2 beginnt mit der 12. Spalte und geht bis zur 15. Spalte.

4 Deskriptive Statistiken

4.1 Häufigkeitsauszählungen

Für einige Variablen aus dem Beispiel Fragebogen soll nun eine Häufigkeitsauszählung gemacht werden. Wir beginnen mit einer Häufigkeitsauszählung für die Variable V4, die das Geschlecht repräsentiert. Zusätzlich stellen wir die relativen Häufigkeiten in einem Balkendiagramm dar.

Hierzu wählen Sie unter dem Menüpunkt "Statistik" "Deskriptive Statistik" und dort "Häufigkeiten..." (Abb. 4-1). Wählen Sie nun die Variable V4 aus, indem Sie im linken Unterfenster auf den Variablennamen und danach auf den Button mit dem Pfeil nach rechts klicken (Abb. 4-2), und drücken Sie danach auf "Grafiken...". Klicken Sie dort auf "Balkendiagramm(e)" und "Prozentwerte", um ein Balkendiagramm für die relativen Häufigkeiten zu erhalten. Sie erhalten das in Abb. 4-3 dargestellte Fenster. Wählen Sie "Weiter" und danach "OK".

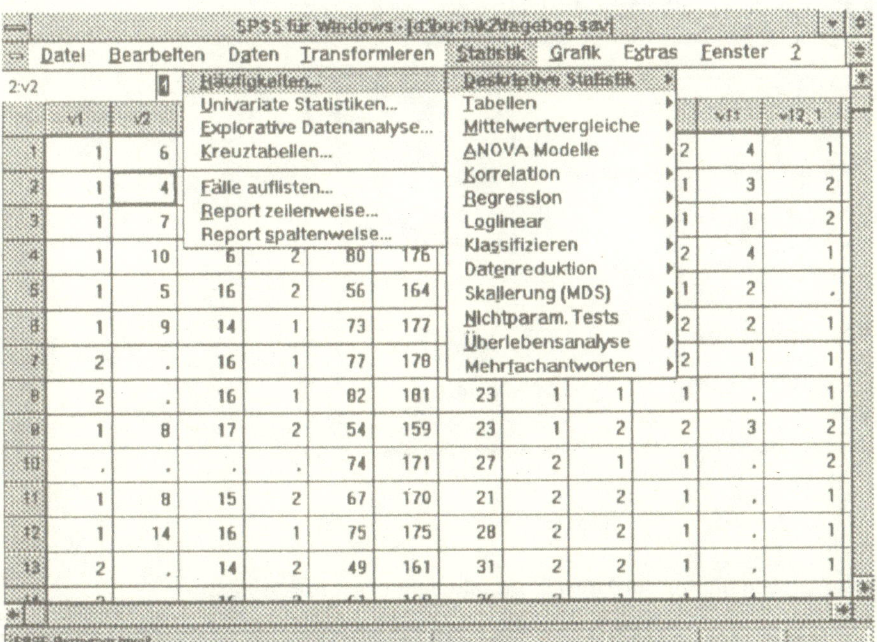

Abb. 4-1

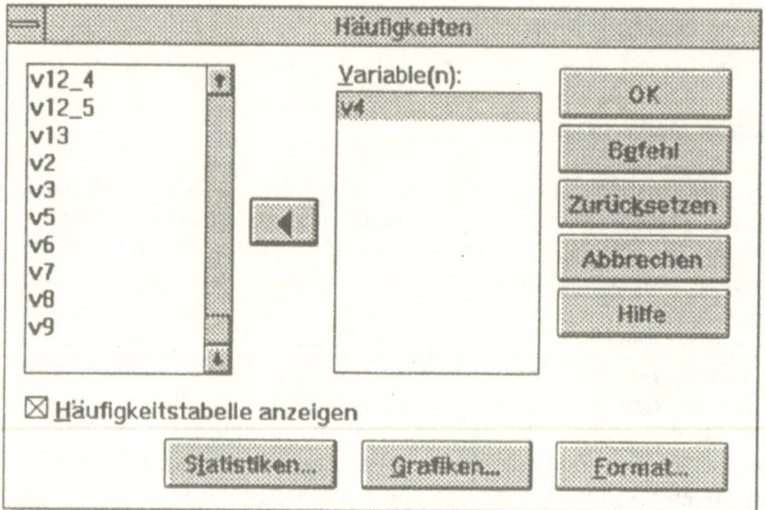

Abb. 4-2

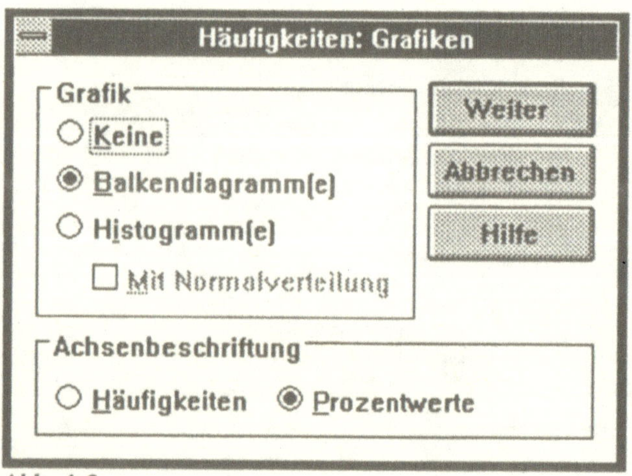

Abb. 4-3

Nun erhalten Sie im Output-Fenster die folgende Ergebnisausgabe:

```
V4          Ihr Geschlecht ?
                                                 Valid      Cum
Value Label     Value  Frequency   Percent   Percent  Percent
männlich            1         11      52,4      55,0     55,0
weiblich            2          9      42,9      45,0    100,0
                    ,          1       4,8   Missing
                         -------   -------   -------
                Total         21     100,0     100,0

Hi-Res Chart    # 1:Balkendiagramm von ihr geschlecht ?

Valid cases        20      Missing cases        1
```

In der ersten Zeile der Ergebnisausgabe steht der Variablenname und das zugehörige Label. Unter Value Label stehen die Label der Ausprägungen der Variable V4 und daneben unter Value die jeweiligen Ausprägungen 1 und 2. Unter Frequency stehen die absoluten Häufigkeiten. Hier ist zu erkennen, daß 11 Personen männlich und 9 Personen weiblich sind, wobei eine Person keine Angabe bei dieser Frage gemacht hat.

Unter Percent stehen die relativen Häufigkeiten, unter Berücksichtigung der fehlenden Werte. Unter Valid Percent stehen die relativen Häufigkeiten ohne Berücksichtigung von fehlenden Werten. Daneben unter "Cum Percent" stehen die kumulierten relativen Häufigkeiten.

Unter der Häufigkeitsauszählung befindet sich ein Hinweis darauf, daß ein Balkendiagramm erzeugt wurde. Wenn Sie nun unter "Fenster" "Grafik-Karussell" wählen, erhalten Sie das folgende Balkendiagramm:

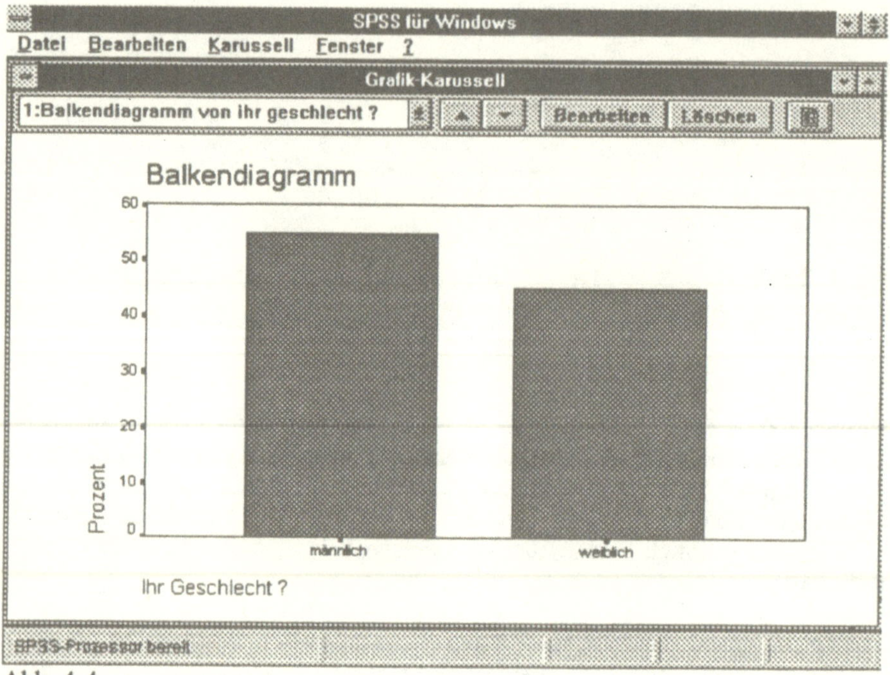

Abb. 4-4

Um das Grafik-Karussell zu verlassen, wählen Sie unter dem Menüpunkt "Fenster" wieder die Datendatei "fragebog.sav" aus.

SPSS-Programm:

```
FREQUENCIES
  VARIABLES=v4
  /BARCHART  PERCENT.
```

Im nächsten Schritt soll für die Variable V7 (Alter) eine Häufigkeitsauszählung durchgeführt, sowie die Quartile und der Mittelwert berechnet werden.

Hierzu wählen Sie wieder unter dem Menüpunkt "Statistik" "Deskriptive Statistik" und dort "Häufigkeiten...". Wählen Sie nun die Variable V7 aus und klicken Sie danach auf "Statistiken...". Klicken Sie dort auf "Quartile" und "Mittelwert". Ihr Fenster sieht nun wie in Abb. 4-5 aus.

Wählen Sie dann "Weiter" und "OK".

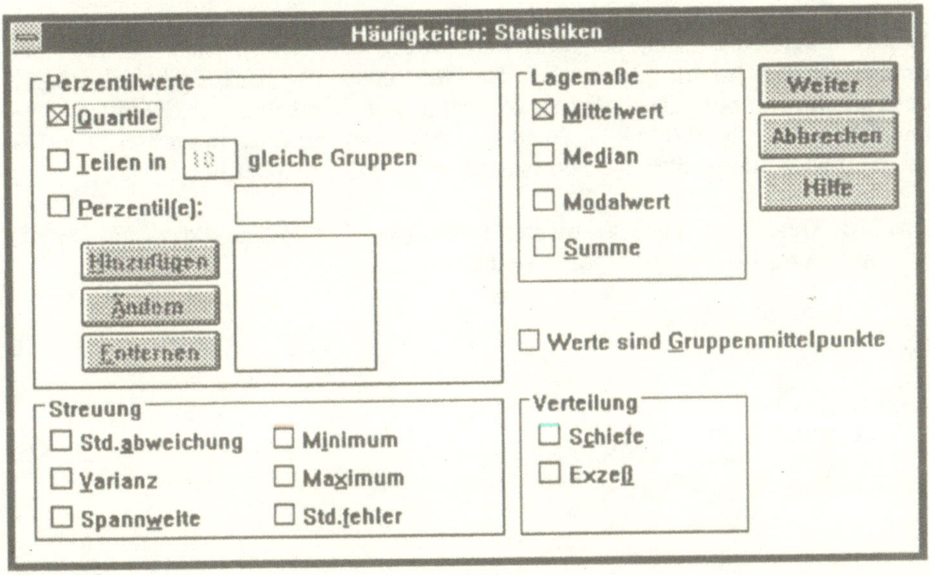

Abb. 4-5

Wenn Sie nun in das Ausgabefenster gehen, erhalten Sie die folgende Ergebnisausgabe:

```
V7          Ihr Alter ?
                                                  Valid     Cum
Value Label      Value  Frequency  Percent  Percent  Percent

                    21          2      9,5      9,5      9,5
                    22          1      4,8      4,8     14,3
                    23          3     14,3     14,3     28,6
                    24          4     19,0     19,0     47,6
                    25          3     14,3     14,3     61,9
                    26          1      4,8      4,8     66,7
                    27          3     14,3     14,3     81,0
                    28          1      4,8      4,8     85,7
                    30          1      4,8      4,8     90,5
                    31          1      4,8      4,8     95,2
                    45          1      4,8      4,8    100,0
                           -------  -------  -------
                 Total         21    100,0    100,0

Mean             25,952

Percentile Value      Percentile Value      Percentile Value
  25,00     23          50,00     25          75,00       27

Valid cases        21      Missing cases       0
```

Wie zu erkennen ist, liegt der Mittelwert (Mean) bei ca. 26 Jahren. Darunter befinden sich die Quartile (Percentiles). Der Wert eines p%-Quartils gibt an, daß p% der Fälle kleiner oder gleich diesem Wert sind. Wie zu erkennen ist, liegt das 25%-Quartil der Variable V7 bei 23. Somit sind 25% aller Personen in unserer Datei 23 Jahre alt oder jünger. 50% der Personen waren 25 Jahre alt oder jünger.

Das 50% Quartil wir auch als Median bezeichnet. Das 25% und das 75%-Quartil wird als oberes bzw. unteres Quartil bezeichnet.

SPSS-Programm:

```
FREQUENCIES
  VARIABLES=v7
  /NTILES=  4
  /STATISTICS=MEAN.
```

4.2 Berechnung statistischer Kenngrößen (univariate Statistik)

Für die Körpergröße (V6) und das Körpergewicht (V5) aus dem Beispiel Fragebogen sollen nun einige statistische Kenngrößen berechnet werden. Hier muß in der Praxis darauf geachtet werden, daß die Berechnung bestimmter statistische Größen nur bei bestimmten Variablen sinnvoll sind. Wird z.B. die Augenfarbe mit Zahlen kodiert, so ist es nicht sinnvoll, den Mittelwert zu berechnen; es ist eine Häufigkeitsauszählung angebracht.

Hier nun die statistische Kenngrößen, die in SPSS optional berechnet werden können (z.B. unter "Häufigkeiten..." oder "Univariate Statistiken..."), und ihre Bedeutung:

Mean	Mittelwert (arithmetisches Mittel) $\bar{x} = \frac{1}{n}\sum_{i=1}^{n} x_i$
Sum	Summe $\sum_{i=1}^{n} x_i = n \cdot \bar{x}$
Std. Dev. (Standard Deviation)	Standardabweichung (= Wurzel aus der Varianz) $s = \sqrt{\frac{1}{n-1} \cdot \sum_{i=1}^{n}(x_i - \bar{x})^2} = \sqrt{\frac{1}{n-1} \cdot \left(\sum_{i=1}^{n} x_i^2 - n \cdot \bar{x}^2\right)}$
Std. Err	Standardfehler (des Mittelwerts) $s / \sqrt{n}$ Gibt die Streuung des Mittelwerts an.
Variance	Varianz $s^2 = \frac{1}{n-1} \cdot \sum_{i=1}^{n}(x_i - \bar{x})^2 = \frac{1}{n-1} \cdot \left(\sum_{i=1}^{n} x_i^2 - n \cdot \bar{x}^2\right)$

Skewness	Schiefe $$\frac{\frac{1}{n}\cdot\sum_{i=1}^{n}(x_i-\bar{x})^3}{\sqrt{\left(\frac{1}{n}\cdot\sum_{i=1}^{n}(x_i-\bar{x})^2\right)^3}}$$ Ist die Schiefe einer eingipfligen Verteilung gleich Null, so ist die Häufigkeitsverteilung symmetrisch. Die Schiefe ist Null, wenn die beobachtete Verteilung die Normalverteilung ist. Diese Aussage kann zum Testen auf Normalverteilung verwendet werden.
Kurtosis	Wölbung (genauer zentrierte Wölbung), Exzeß $$\frac{\frac{1}{n}\cdot\sum_{i=1}^{n}(x_i-\bar{x})^4}{\left(\frac{1}{n}\cdot\sum_{i=1}^{n}(x_i-\bar{x})^2\right)^2}-3$$ Gibt an, ob (bei gleicher Varianz) das absolute Maximum der Häufigkeitsverteilung größer als bei der Dichte der Normalverteilung ist. Die Wölbung einer "Normalverteilung" ist gleich Null.
S.E. Skew	Standardabweichung der Schiefe (nähert sich für große n der Quadratwurzel aus 6/n) $$\sqrt{\frac{6\cdot n\cdot(n-1)}{(n-2)\cdot(n+1)\cdot(n+3)}}$$
Mode	Modalwert. Dies ist der am häufigsten auftretende Wert
Range	Spannweite (größter Wert minus kleinster Wert)
Minimum	Minimum, kleinster Wert
Maximum	Maximum, größter Wert

Wählen Sie nun aus dem Menüpunkt "Statistiken" "Deskriptive Statistik" und dort "Univariate Statistiken...". Wählen Sie dann die Variablen V5 und V6 aus und danach "Optionen...".

Klicken Sie auf "Summe", "Varianz", "Spannweite" und "Schiefe". Ihr Fenster sieht nun wie in Abb. 4-6 aus.

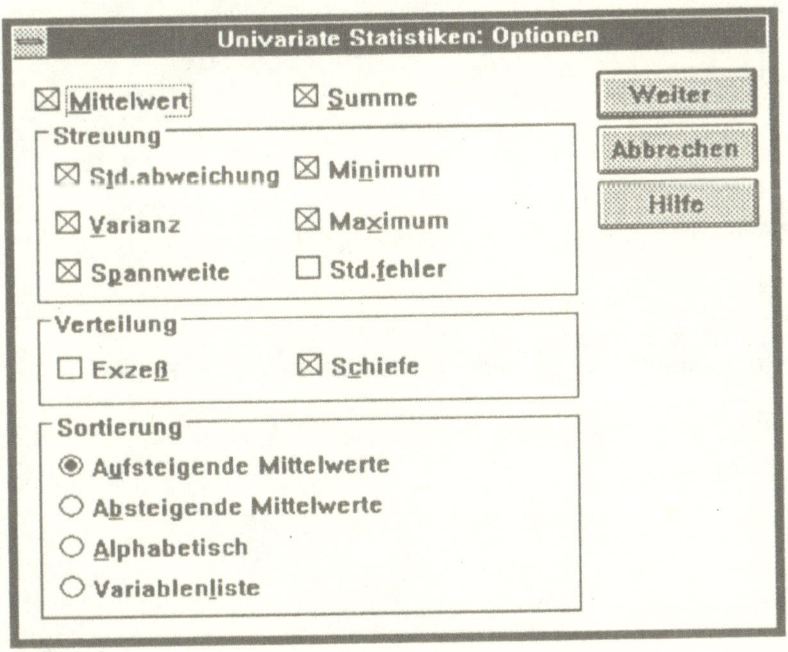

Abb. 4-6

Wählen Sie nun "Weiter" und "OK" und Sie erhalten die folgende Ergebnisausgabe:

```
Number of valid observations (listwise) =    21,00

Variable  V5

Mean            68,048          Std Dev             10,022
Variance       100,448          Skewness             -,278
S.E. Skew         ,501          Range               36,000
Minimum             49          Maximum                 85
Sum           1429,000

Valid observations -            21          Missing
observations -          0
```

```
- - - - - - - - - - - - - - - - - - - - - - - - - - - -

Variable  V6          Ihre Größe ?

Mean          173,571          Std Dev           7,606
Variance       57,857          Skewness          -,183
S.E. Skew        ,501          Range            30,000
Minimum           159          Maximum             189
Sum          3645,000

Valid observations -      21          Missing
observations -         0
```

SPSS-Programm:

```
DESCRIPTIVES
  VARIABLES=v5 v6
  /FORMAT=LABELS NOINDEX
  /STATISTICS=MEAN SUM STDDEV VARIANCE RANGE MIN MAX
SKEWNESS
  /SORT=MEAN (A) .
```

4.3 Statistische Kenngrößen unter Berücksichtigung von Gruppierungen

In unserem Beispiel Fragebogen werden wir nun einige statistische Kenngrößen für die Variable V6 (Körpergröße), getrennt für jedes Geschlecht, berechnen. Das Geschlecht ist in der Variable V4 gespeichert.

Hierzu wählen Sie unter dem Menüpunkt "Statistik" "Mittelwertsvergleiche" und dort "Mittelwerte...". Als abhängige Variable wählen Sie die Variable V6 und als unabhängige Variable V4, nach welcher gruppiert werden soll. Sie erhalten das folgende Fenster:

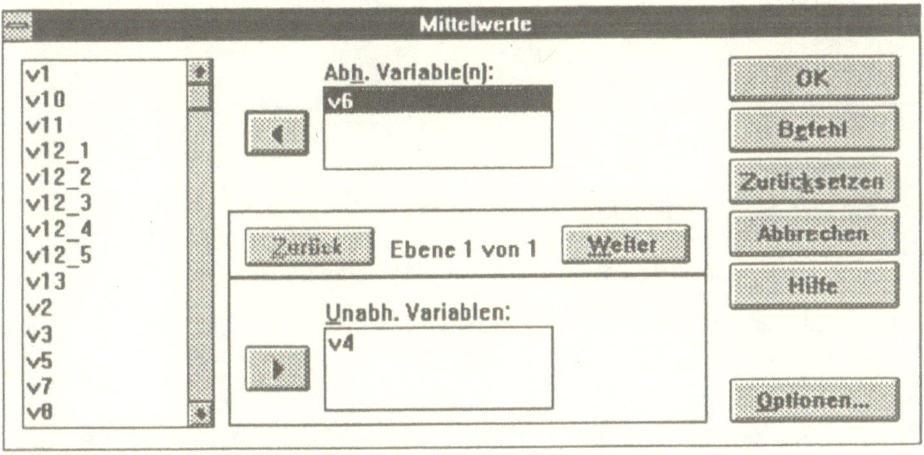

Abb. 4-7

Klicken Sie nun auf "Optionen..." und dann auf "Summe".

Ihr Fenster sieht nun wie jenes in Abb. 4-8 aus. Wählen Sie "Weiter" und danach "OK".

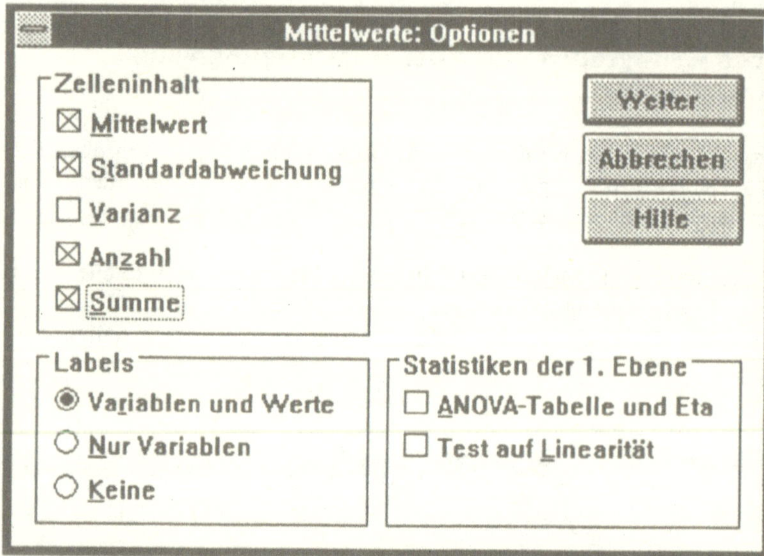

Abb. 4-8

Nun erhalten Sie die folgende Ergebnisausgabe:

```
          - - Description of Subpopulations - -

Summaries of     V6          Größe
By levels of     V4          Geschlecht


Variable   Value  Label       Sum        Mean   Std Dev   Cases

For Entire Population        3474    173,7000    7,7805      20

V4             1  männlich   1961    178,2727    5,8496      11
V4             2  weiblich   1513    168,1111    6,0919       9


  Total Cases = 21

Missing Cases = 1 or   4,8 Pct
```

In der Ergebnisausgabe befindet sich neben "Summaries of" die Variable, für die die Kennzahlen berechnet werden, und darunter unter "By levels of" die Variable, nach der gruppiert wird. Neben den Variablen befinden sich jeweils die Labels.

Neben "For Entire Population" wird eine Statistik für die gesamte Stichprobe ausgegeben. Hier ist u.a. zu erkennen, daß der Mittelwert der Körpergröße, bezogen auf alle Fälle (ohne Gruppierung), 173,7 cm beträgt.

Darunter kann der Mittelwert, getrennt für jedes Geschlecht, abgelesen werden. Hier werden für jede Ausprägung der unabhängigen Variable V4 (Geschlecht) Statistiken ausgegeben. Wie zu erkennen ist, beträgt die mittlere Größe bei den Männern 178,2727 cm und bei den Frauen 168,1111 cm. Ob diese Abweichung nur zufällig oder ob sie signifikant ist, werden wir später im Kapitel über die schließende Statistik untersuchen.

SPSS-Programm:

```
MEANS
  TABLES=v6  BY v4
  /CELLS MEAN STDDEV COUNT SUM
  /FORMAT= LABELS .
```

4.4 Kreuztabellen

Für die Variablen V4 (Geschlecht) und V1 (Student) soll eine Kreuztabelle erstellt werden, in deren Zellen die absoluten Häufigkeiten stehen.

Wir wählen unter dem Menüpunkt "Statistik" "Deskriptive Statistik" und dort "Kreuztabellen...". Die Zeilen der Kreuztabelle sollen das Geschlecht (V4) und die Spalten die Variable V1 repräsentieren. Wir wählen also unter "Zeilen" die Variable V4 und unter "Spalten" die Variable V1 aus. Dann erhalten wir das Fenster aus Abb. 4-9.

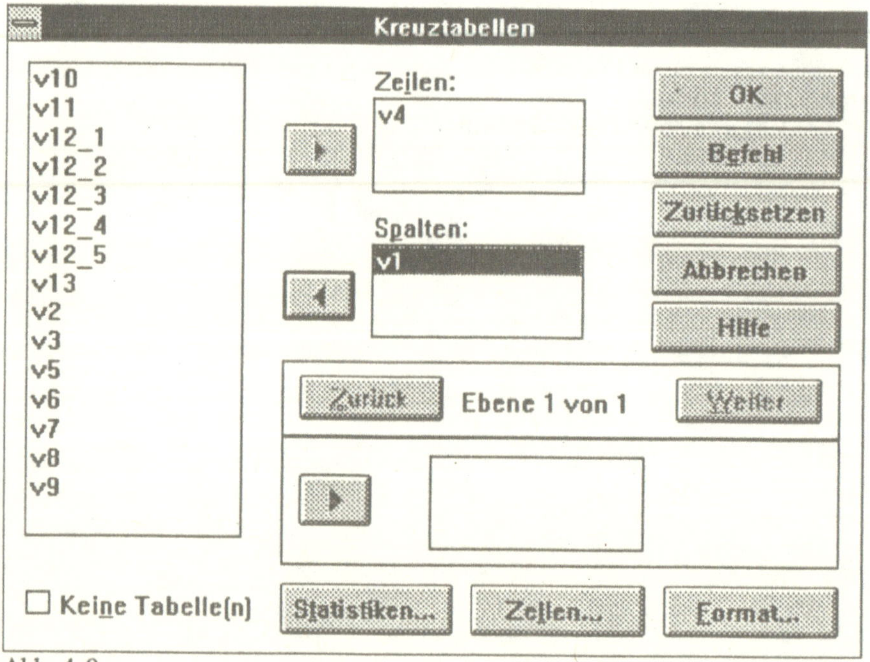

Abb. 4-9

Wenn Sie nun auf "OK" klicken, erhalten Sie die folgende Ergebnisausgabe:

```
V4  Geschlecht   by   V1   Sind Sie Student/Studentin ?

                        V1              Page 1 of 1
              Count   |
                      |ja        nein
                      |                        Row
                      |      1  |       2  |  Total
V4            --------+---------+----------+
                    1 |      8  |       3  |     11
  männlich            |         |          |   55,0
                      +---------+----------+
                    2 |      7  |       2  |      9
  weiblich            |         |          |   45,0
                      +---------+----------+
               Column       15          5       20
                Total     75,0       25,0    100,0

Number of Missing Observations:   1
```

Wie zu erkennen ist, sind unter den Personen 8 Studenten und 7 Studentinnen. 3 Männer und 2 Frauen sind keine Studenten bzw. Studentinnen.

Unter "Row Total" stehen die jeweiligen absoluten und relativen Zeilensummen. Wie zu sehen ist, haben 11 Männer (55%) und 9 Frauen (45%) die Frage 4 beantwortet. Analog hierzu stehen neben "Column Total" die Spaltensummen. Somit sind 15 Personen (75%) studierende und 5 (25%) nicht studierende. Eine Person hat bei mindestens einer dieser beiden Fragen (Frage 1 und 4) keine Antwort eingetragen (Missing Observation: 1).

SPSS-Programm:

```
CROSSTABS
  /TABLES=v4  BY v1
  /FORMAT= AVALUE NOINDEX BOX LABELS TABLES
  /CELLS= COUNT .
```

Im nächsten Schritt soll eine Kreuztabelle für die Variablen V8 (Raucher) und V4 (Geschlecht) erstellt werden. In deren Zellen sollen die absoluten Häufigkeiten, die relativen, bezogen auf die ganze Tabelle sowie die relativen Häufigkeiten - bezogen auf die Zeilen/Spalten - stehen.

Wählen Sie hierzu unter dem Menüpunkt "Statistik" "Deskriptive Statistik" und dort "Kreuztabellen...". Wenn hier noch Variablen aus der vorhergehenden Übung zu sehen sind, wählen Sie zuerst "Zurücksetzen". Unter "Zeilen" wählen Sie die Variable V8 und unter "Spalten" die Variable V4 aus. Klicken Sie danach auf "Zellen...".

Dort klicken Sie unter "Prozentwerte" auf "Zeilenweise", "Spaltenweise" und "Gesamt". Das aktivierte Fenster sieht nun wie folgt aus:

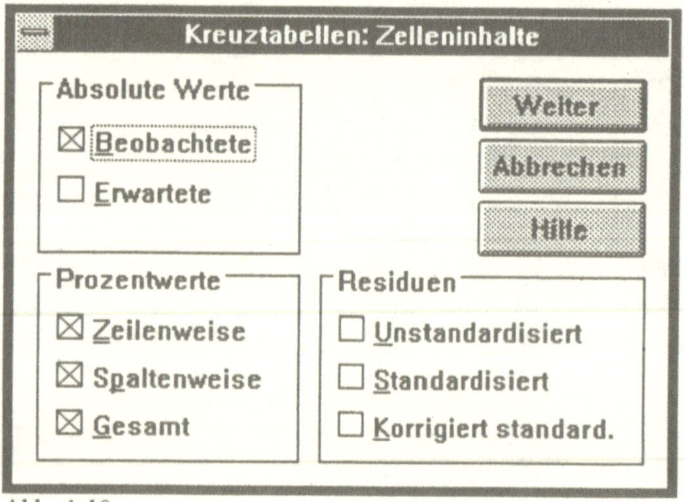

Abb. 4-10

Klicken Sie auf "Weiter" und "OK", und SPSS erzeugt die folgende Ergebnisausgabe:

```
V8  Rauchen Sie ?  by  V4  Geschlecht

                    V4              Page 1 of 1
             Count  |
           Row Pct  |männlich weiblich
           Col Pct  |                        Row
           Tot Pct  |     1  |      2  |  Total
V8         --------+--------+--------+
                 1  |     4  |      3  |      7
  ja                |  57,1  |   42,9  |   35,0
                    |  36,4  |   33,3  |
                    |  20,0  |   15,0  |
                    +--------+--------+
                 2  |     7  |      6  |     13
  nein              |  53,8  |   46,2  |   65,0
                    |  63,6  |   66,7  |
                    |  35,0  |   30,0  |
                    +--------+--------+
            Column       11         9        20
             Total     55,0      45,0     100,0

Number of Missing Observations:  1
```

In jeder Zelle stehen nun wieder die absoluten Häufigkeiten. Unter den Männer gab es also 4 Raucher und 7 Nichtraucher und bei den Frauen 3 Raucher und 6 Nichtraucher. Darunter stehen jeweils die relativen Häufigkeiten, bezogen auf die jeweilige Zeile (Zeilensumme). Hier ist zu erkennen, daß unter den Rauchern 57,1% Männer und 42,9% Frauen waren. Unter den Nichtrauchern gab es 53,8% Männer und 46,2% Frauen. Die nächste Zahl darunter repräsentiert die relative Häufigkeit, bezogen auf die Spalte (Spaltensumme). Somit waren 36,4% der Männer Raucher und 63,6% der Männer Nichtraucher. Der Raucheranteil unter den Frauen beträgt 33,3% bzw. der der Nichtraucher 66,7%. Die unterste Zahl in jeder Zelle gibt die relative Häufigkeit, bezogen auf die gesamte Tabelle (bzw. auf alle Fälle ohne Missing Values bei diesen Fragen), an. Somit gibt es insgesamt 20% männliche und 15% weibliche Raucher, sowie 35% männliche und 30% weibliche Nichtraucher.

SPSS-Programm:

```
CROSSTABS
  /TABLES=v8  BY v4
  /FORMAT= AVALUE NOINDEX BOX LABELS TABLES
  /CELLS= COUNT ROW COLUMN TOTAL .
```

4.5 Häufigkeitsauszählungen bei Mehrfachantworten

Sie können mit SPSS auch Mehrfachantworten auswerten. Dies ist z.B. sinnvoll, wenn Sie mehrere Antworten zu einer Frage zugelassen haben, welche Sie in mehreren Variablen speichern.

Im Beispiel Fragebogen haben wir danach gefragt, welche Tageszeitung gelesen wird. Hier hatten wir mehrere Tageszeitungen zur Auswahl angeboten, wobei von einer Person auch mehrere Tageszeitungen angekreuzt werden konnten.

Nun wollen wir untersuchen, wie viele Tageszeitungen insgesamt gelesen wurden. Es soll also eine Häufigkeitsauszählung bei Mehrfachantworten durchgeführt werden.

Zunächst wird eine neue (temporäre) Variable mit dem Namen ZEITUNG erzeugt, in der die Mehrfachantworten gespeichert werden. Wählen Sie aus diesem Grund unter dem Menüpunkt "Statistik" "Mehrfachantworten" und danach "Sets definieren...". Sie erhalten dann das Fenster aus der Abb. 4-11.

Wählen Sie hier die Variablen V12_1 bis V12_5 aus. Neben "Zu zählender Wert" muß eine 1 (für die Antwort "ja", d.h. damit die Anzahl der "ja" gezählt werden können) und neben "Name" der neue Variablenname ZEITUNG angeben werden. Klicken Sie danach auf "Hinzufügen" und "Schließen".

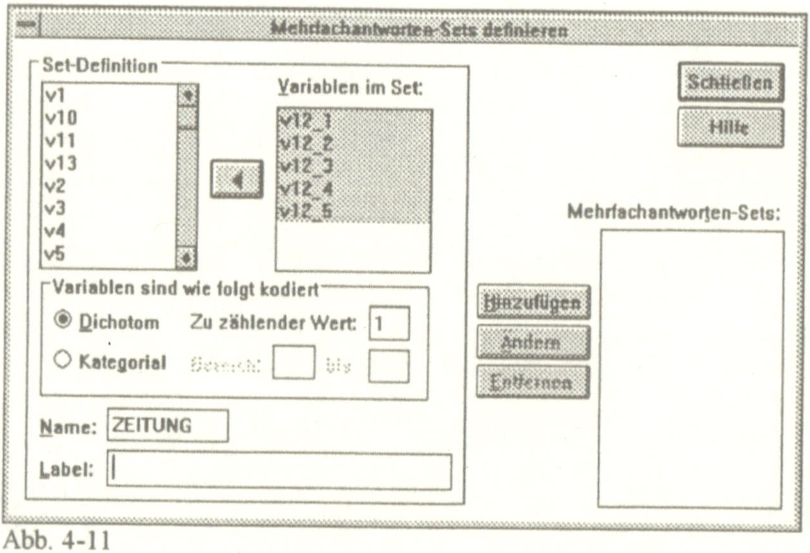

Abb. 4-11

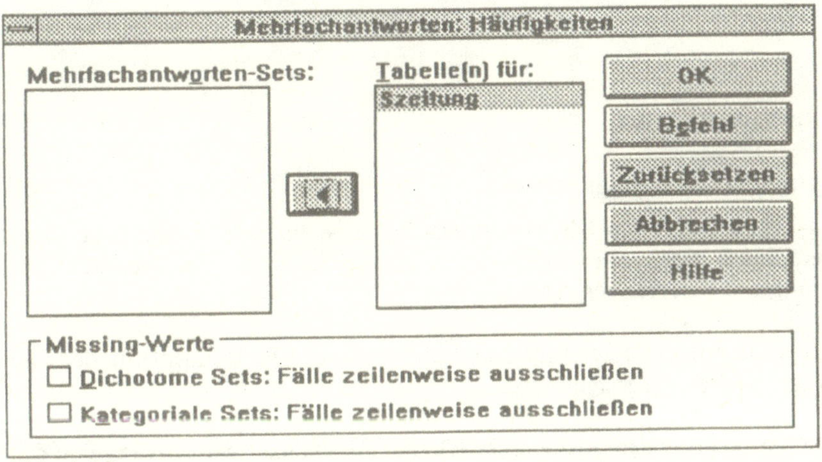

Abb. 4-12

Um nun die Häufigkeitsauszählung durchzuführen, wählen Sie unter dem Menüpunkt "Statistik" "Mehrfachantworten" und dort "Häufigkeiten..." (vgl. Abb. 4-12). Wählen Sie die Variable $ZEITUNG aus und danach "OK". Sie erhalten dann die folgende Ergebnisausgabe:

```
Group $ZEITUNG
     (Value tabulated = 1)

Pct of  Pct of
Dichotomy label             Name  Count  Responses  Cases

FAZ                         V12_1  12       20,7     63,2
Frankfurter Rundschau       V12_2  15       25,9     78,9
Die Zeit                    V12_3   8       13,8     42,1
Die Welt                    V12_4  14       24,1     73,7
Süddeutsche Zeitung         V12_5   9       15,5     47,4
                                  -----    -----    -----
           Total responses         58      100,0    305,3

2 missing cases;  19 valid cases
```

Wie zu sehen ist, werden unter "Count" die Häufigkeiten für jede Variable ausgegeben und neben "Total responses" die Gesamtzahl der gelesenen Tageszeitungen.

SPSS-Programm:

```
MULT RESPONSE
  GROUPS=$zeitung (v12_1 v12_2 v12_3 v12_4 v12_5 (1))
  /FREQUENCIES=$zeitung  .
```

5 Grafiken

5.1 Balkendiagramme

5.1.1 Einfache Balkendiagramme

Mit einem Balkendiagramm können die Häufigkeiten für jede Ausprägung einer Variable graphisch dargestellt werden. Somit können Sie sich einen Überblick über die Verteilung der Variable verschaffen.

Wir beginnen mit einem Balkendiagramm für die Variable V1 (Student), in dem die relativen Häufigkeiten dargestellt werden.

Wählen Sie hierzu unter dem Menüpunkt "Grafik" "Balken...". Sie erhalten nun das folgende Fenster:

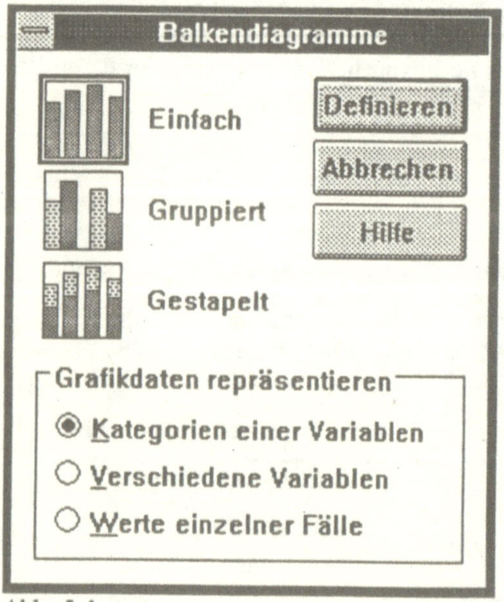

Abb. 5-1

Unter "Grafikdaten repräsentieren" gibt es mehrere Auswahlmöglichkeiten. Mit "Kategorien einer Variablen" können die Häufigkeiten der aufgetretenen Kategorien einer Variable in einem Balkendiagramm dargestellt werden.

Mit dem Punkt "Verschiedene Variablen" können einige statistische Kenngrößen mehrerer Variablen nebeneinander dargestellt werden. Z.B. können Sie den Mittelwert oder den Median von verschiedenen Variablen mit Balken darstellen. Unter "Werte einzelner Fälle" wird für jeden Wert bzw. Fall ein Balken erzeugt.

Da ein "einfaches" Balkendiagramm erstellt werden soll, klicken Sie auf "Definieren". Wählen Sie dann unter "Kategorienachsen" die Variable V1 aus und klicken Sie auf "% Fälle" unter "Bedeutung der Balken".

Ihr Fenster sieht nun wie folgt aus:

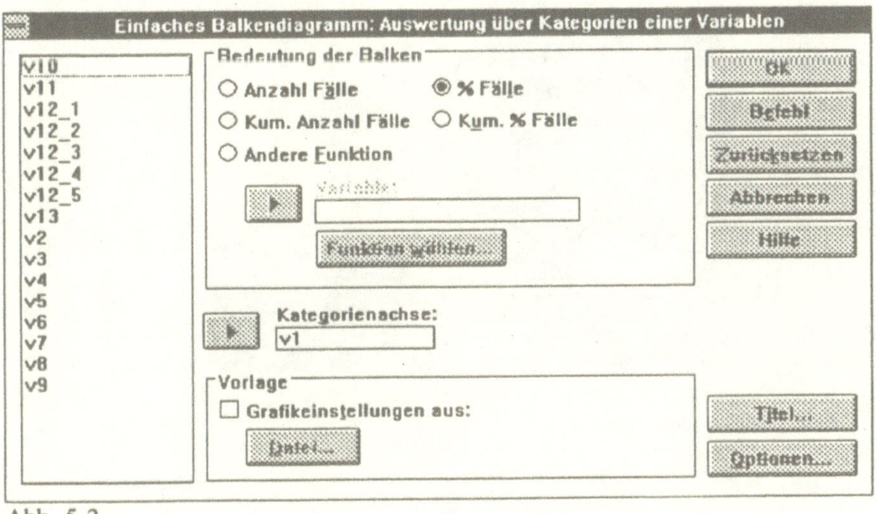

Abb. 5-2

Wenn Sie nun "Optionen..." wählen, erhalten Sie das folgende Fenster:

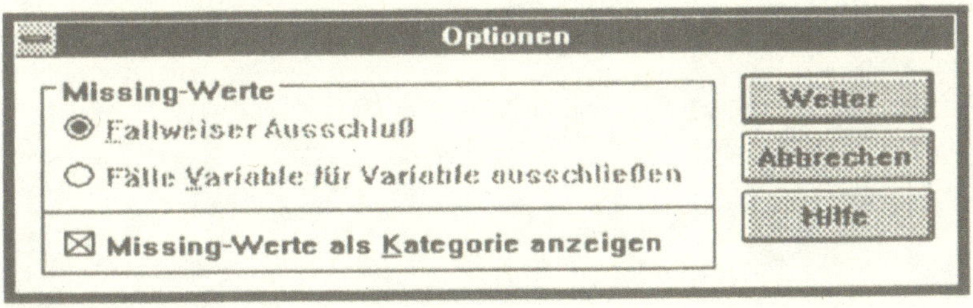

Abb. 5-3

Klicken Sie hier auf "Missing-Werte als Kategorie anzeigen". Somit wird das Kreuz im Kästchen entfernt, da wir die relative Anzahl der Missing-Werte nicht in unserer Grafik darstellen wollen. Die Missing Werte sind fehlende Werte, die zustande kommen, wenn eine Person bei einer Frage keine Antwort einträgt.

Wählen Sie dann "Weiter" und "OK".

Im Grafik-Fenster erhalten Sie die folgende Grafik:

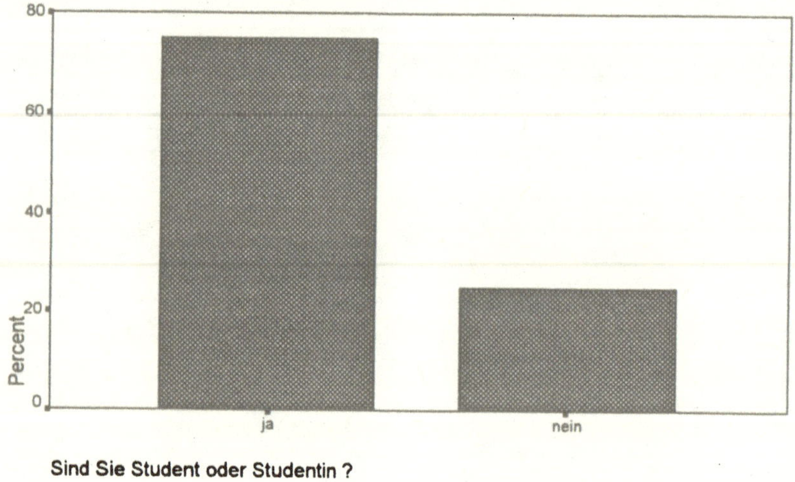

Abb. 5-4

Die Grafik zeigt, daß etwa 75 Prozent der Personen Studentinnen bzw. Studenten sind.

SPSS-Programm:

```
GRAPH
  /BAR(SIMPLE)=PCT BY v1 .
```

Im nächsten Schritt soll ein Balkendiagramm für die Variable V7 (Alter) erstellt werden. In diesem Balkendiagramm, soll die kumulierte relative Häufigkeit dargestellt werden.

Die Vorgehensweise ist dieselbe wie bei unserem ersten Balkendiagramm, nur muß in dem Fenster aus Abb. 5-2 unter "Bedeutung der Balken" auf "Kum. % Fälle" geklickt werden.

Sie erhalten dann die folgende Grafik:

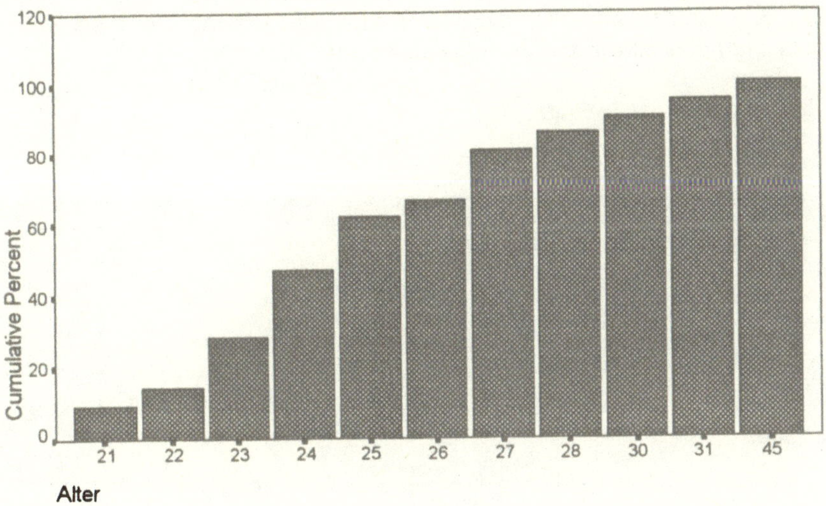

Abb. 5-5

In dieser Grafik kann nun zu jedem Alter abgelesen werden, wieviel Prozent der Personen dieses Alter hatten, einschließlich derer, die jünger sind. Bei einem Alter von 25 Jahren kann ca. 60% abgelesen werden. Somit waren 60% der Befragten 25 Jahre alt oder jünger.

SPSS-Programm:

```
GRAPH
  /BAR(SIMPLE)=CUPCT BY v7 .
```

Es soll nun ein Balkendiagramm erstellt werden, daß den Mittelwert für die Variable V6 (Körpergröße), getrennt für jedes Geschlecht (V4), darstellt.

Wählen Sie unter dem Menüpunkt "Grafik" "Balkendiagramm". Wählen Sie die Einstellungen wie in Abb. 5-1 und danach "Definieren". Wählen Sie unter "Kategorienachse" die Variable V4 aus. Klicken Sie unter "Bedeutung der Balken" auf "Andere Funktion" und wählen Sie darunter unter "Variable" die Variable V6 aus (siehe Abb. 5-6). Als andere Funktion wird automatisch Mean (Mittelwert) gewählt. Klicken Sie unter "Optionen..." wieder auf "Missing-Werte als Kategorie anzeigen", um dies zu verhindern, und danach auf "Weiter".

Sie erhalten das folgende Bild:

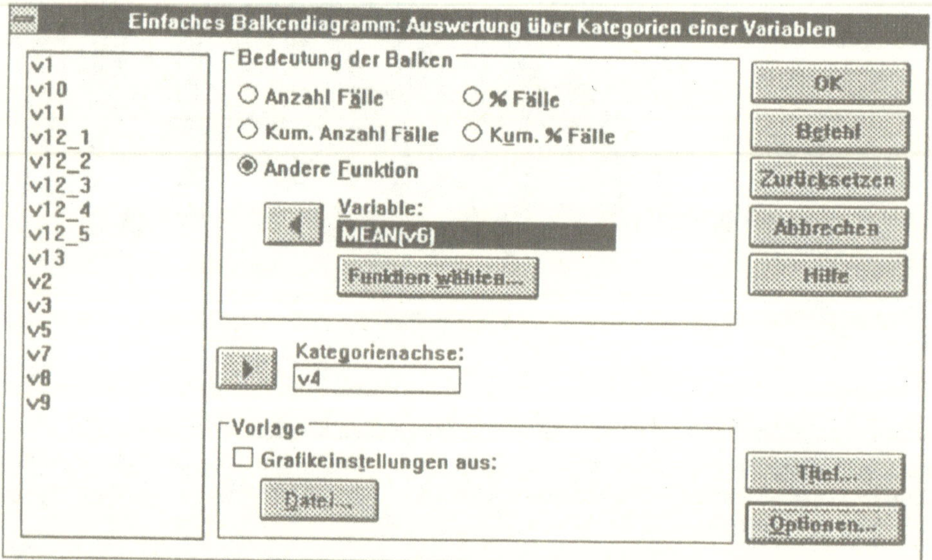

Abb. 5-6

Wenn Sie nun "OK" wählen, erhalten Sie die Grafik aus Abb. 5-7. Wie zu sehen ist, ist die mittlere Körpergröße der Männer um ca. 10 cm größer, als die der Frauen. Es ist zu beachten, daß die y-Achse mit dem Wert 166 beginnt.

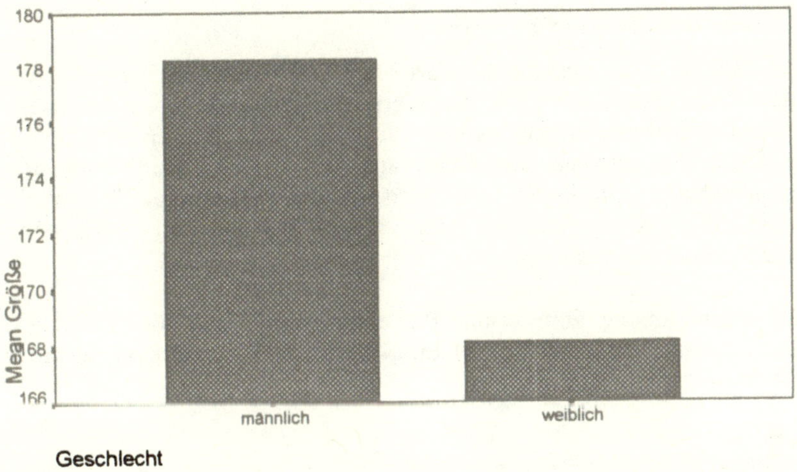

Abb. 5-7

SPSS-Programm:

```
GRAPH
  /BAR(SIMPLE)=MEAN(v6) BY v4 .
```

5.1.2 Gruppierte Balkendiagramme

Es soll ein Balkendiagramm für die Variable V8 (Rauchen Sie?) erstellt werden, wobei nach dem Geschlecht (V4) gruppiert wird. Dargestellt werden sollen die relativen Häufigkeiten. Hierzu wählen Sie unter dem Menüpunkt "Grafiken" "Balken..." aus. Sie erhalten das Fenster aus Abb. 5-1, wo Sie "Gruppiert" und "Definieren" wählen. Klicken Sie unter "Bedeutung der Balken" auf "% Fälle", und wählen Sie unter "Kategorienachse" die Variable V8 und unter "Gruppen Def. durch" die Variable V4 aus.

Verhindern Sie, analog zum ersten Balkendiagramm, daß die Missing-Werte angezeigt werden ("Optionen...", "Missing-Werte als Kategorie anzeigen"). Ihr Fenster sieht nun wie in Abb. 5-8 aus.

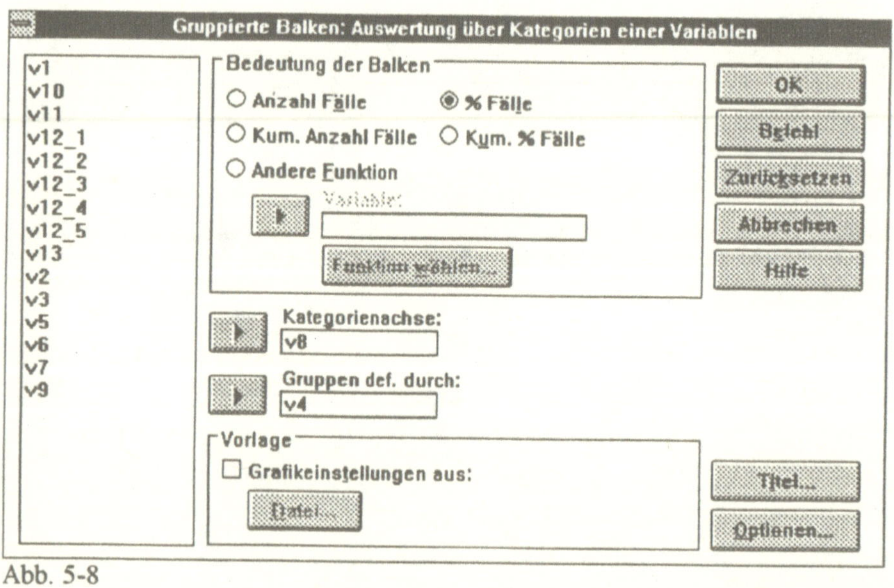

Abb. 5-8

Wählen Sie "OK" und Sie erhalten die folgende Grafik in Abb. 5-9. Wie in der Grafik zu erkennen ist, überwiegt bei den Männern die Zahl der Raucher. Insgesamt sind die Raucher in der Minderheit.

SPSS-Programm:

```
GRAPH
  /BAR(GROUPED)=PCT BY v8 BY v4 .
```

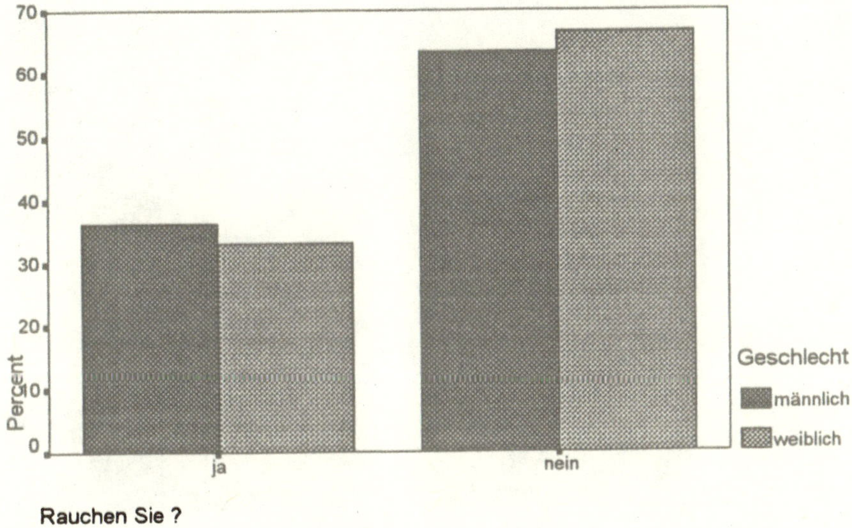

Abb. 5-9

5.1.3 Gestapelte Balkendiagramme

Wir wollen nun ein Balkendiagramm mit SPSS erzeugen, in dem die absoluten Häufigkeiten der aufgetretenen Augenfarben (V11) im Beispiel Fragebogen dargestellt werden. Die Balken sollen hierbei nach dem Geschlecht (V4) gestapelt werden, wobei an jedem Balken der Anteil der Frauen sowie der Anteil der Männer zu erkennen ist.

Wählen Sie nun unter dem Menüpunkt "Grafik" "Balken..." aus. Klicken Sie dort auf "Gestapelt" und unter "Grafikdaten repräsentieren" auf "Kategorien einer Variablen" (Abb. 5-1). Wählen Sie danach "Definieren". Wählen Sie unter "Kategorienachse" die Variable V11 und unter "Stapelvariable" die Variable V4 aus (Abb. 5-10). Die Voreinstellung "Anzahl der Fälle" unter "Bedeutung der Balken" belassen Sie, da wir die absoluten Häufigkeiten darstellen wollen. Um die Missing-Werte in unserer Grafik zu unterdrücken, wählen Sie "Optionen..." und klicken dort auf "Missing-Werte als Kategorien anzeigen", womit diese Voreinstellung entfernt wird. Wenn Sie danach "Weiter" und "OK" wählen, erhalten Sie die Grafik aus Abb. 5-11.

SPSS-Programm:

```
GRAPH
  /BAR(STACK)=COUNT BY v11 BY v4 .
```

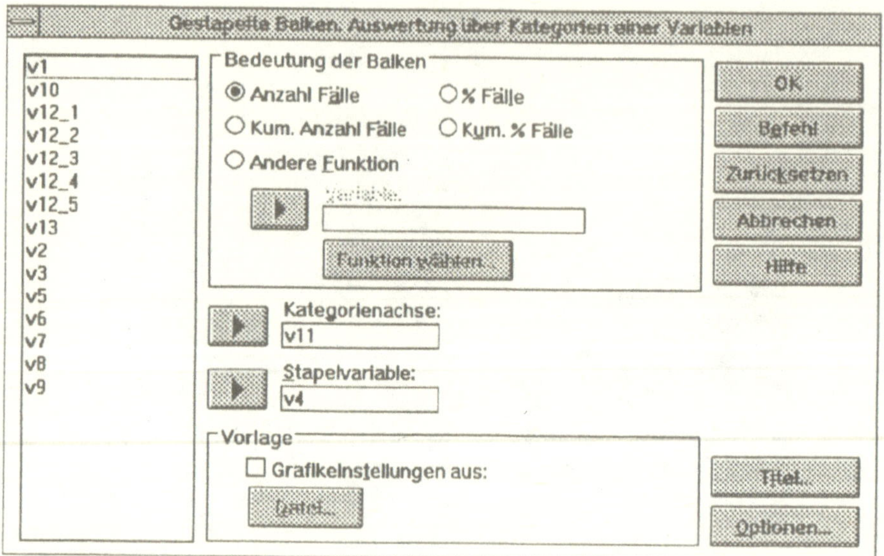

Abb. 5-10

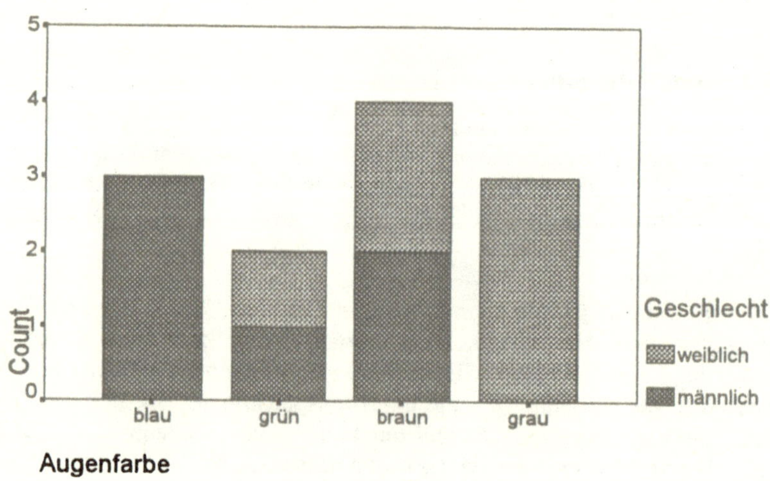

Abb. 5-11

Die Grafik zeigt, daß drei Männer blaue Augen haben, während keine Frau blaue Augen hat. Bei den Augenfarben grün und braun sind die Männer und Frauen zu gleichen Anteilen vertreten. Graue Augen haben in unserer Datei nur die Frauen.

5.2 Kreisdiagramme

Mit einem Kreisdiagramm können Sie sich einen Überblick über das Verhältnis der Kategorien einer Variable (bzgl. der Häufigkeiten) zueinander verschaffen. In einem Kreisdiagramm wird jeder Kategorie, entsprechend der relativen Häufigkeit mit der sie aufgetreten ist, ein Kreisausschnitt zugeteilt.

Wir wollen nun für die Variable V11 (Augenfarbe) ein Kreisdiagramm erzeugen. Hierzu wählen Sie unter "Grafik" "Kreis...". Sie erhalten das folgende Fenster:

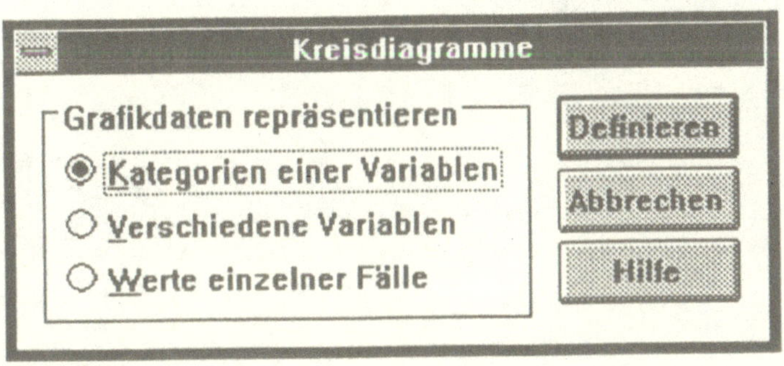

Abb. 5-12

Die Auswahlmöglichkeiten unter "Grafikdaten repräsentieren" entsprechen denen bei den Balkendiagrammen.

Wählen Sie "Definieren" und dann unter "Segmentvariable" V11 (Abb. 5-13). Klicken Sie dann "Optionen..." und dann auf "Missing-Werte als Kategorie anzeigen". Somit wird das Kreuz im Kästchen entfernt, da wir die relative Anzahl der Missing-Wert nicht in unserer Grafik darstellen wollen.

Wählen Sie dann "Weiter" und "OK", wird die Grafik aus Abb. 5-14 erzeugt.

In der Grafik ist zu erkennen, das die meisten Personen die Augenfarbe braun hatten. In etwa gleich viele Personen hatten die Augenfarbe blau und grau, während die wenigsten die Augenfarbe grün hatten.

SPSS-Programm:

```
GRAPH
  /PIE=COUNT BY v11 .
```

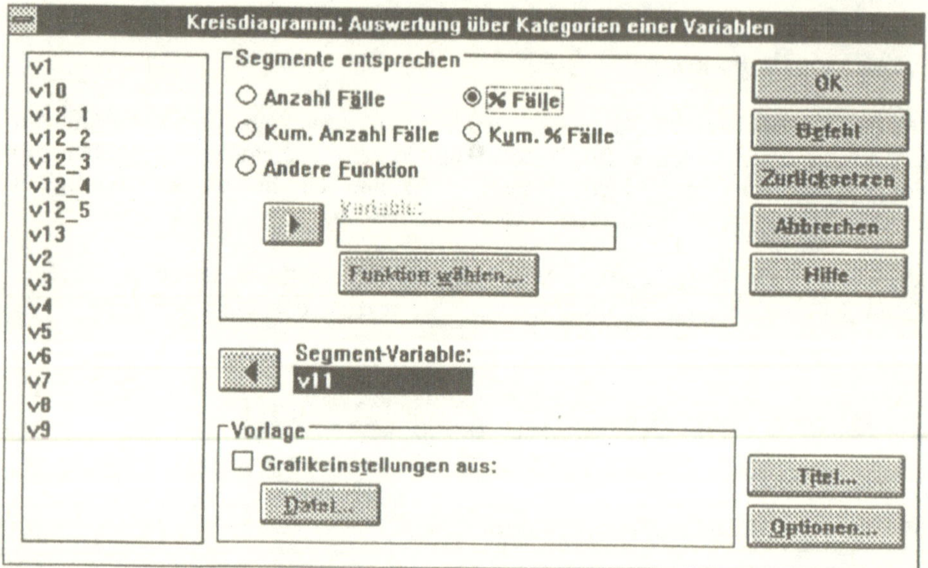

Abb. 5-13

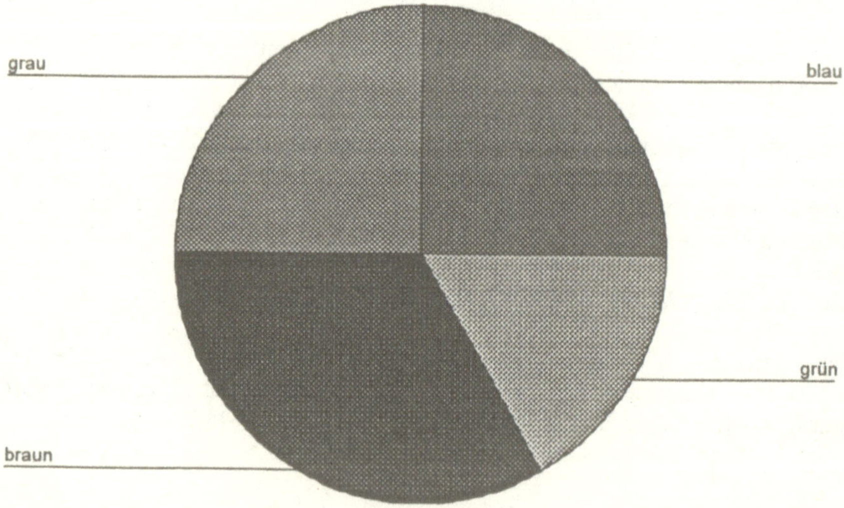

Abb. 5-14

Sie können das Kreisdiagramm auch mit zusätzlichen Beschriftungen (z.B. Prozentangaben) versehen. Dies können Sie mit dem im Kapitel 5.3 beschriebenen Garfik-Editor von SPSS tun (Doppelklick im Grafik-Editor auf die Beschriftung).

Falls Sie die Option "Missing-Werte als Kategorie anzeigen" nicht außer Kraft gesetzt haben, sieht Ihr Kreisdiagramm wie folgt aus:

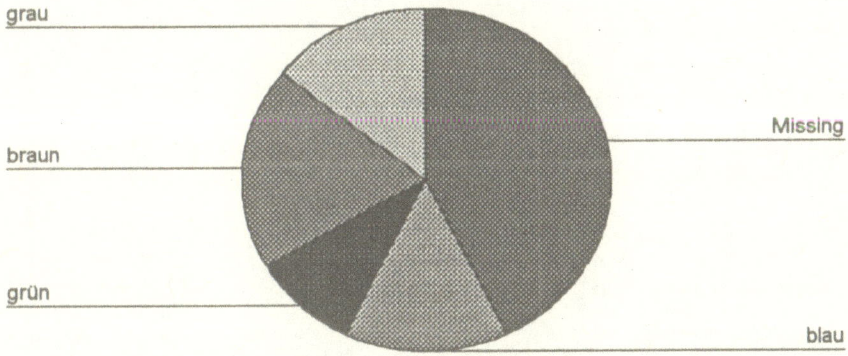

Abb. 5-15

Wie zu sehen ist, hat auf die Frage nach der Augenfarbe ein erheblicher Teil der Befragten keine Antwort angegeben. Dies liegt an den schlechten Anwortvorgaben, vgl. Kapitel 2.1.

Es soll nun ein weiteres Kreisdiagramm mit zwei Variablen erstellt werden. In diesem sollen die Standardabweichungen der Variablen V5 (Körpergröße) und V6 (Körpergewicht) gegenübergestellt werden.

Wählen Sie unter dem Menüpunkt "Grafik" "Kreis..." aus. Klicken Sie hier auf "Verschiedene Variablen" und auf "Definieren" (Abb. 5-12). Wählen Sie nun die Variable V5 aus und klicken Sie auf "Funktion wählen..." . Wählen Sie hier (Abb. 5-16) "Standardabweichung" und "Weiter". Wählen Sie danach die Variable V6 aus und legen Sie analog zur Variable V5 die Standardabweichung als Aggregierungsfunktion aus. Ihr Fenster sieht nun wie in Abb. 5-17 aus.

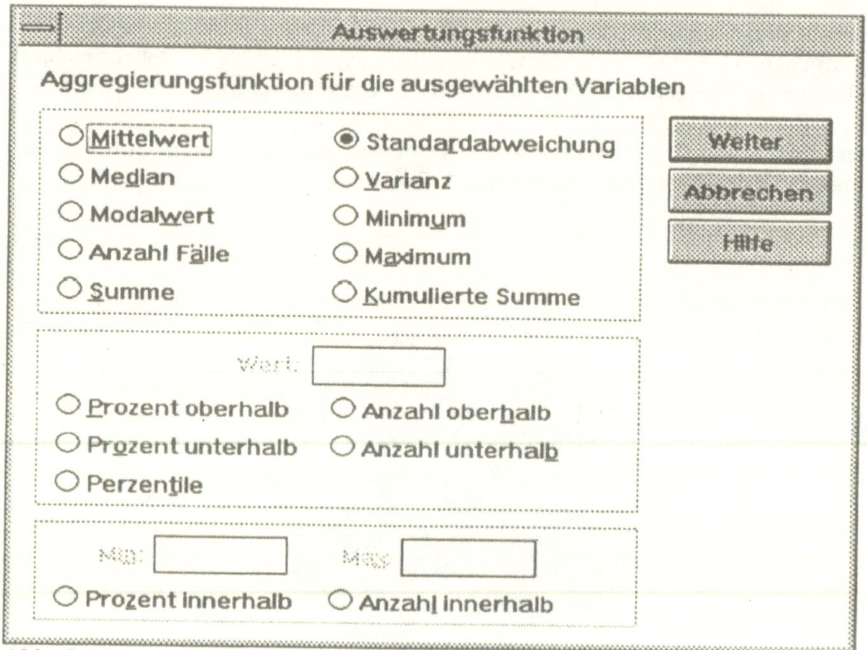

Abb. 5-16

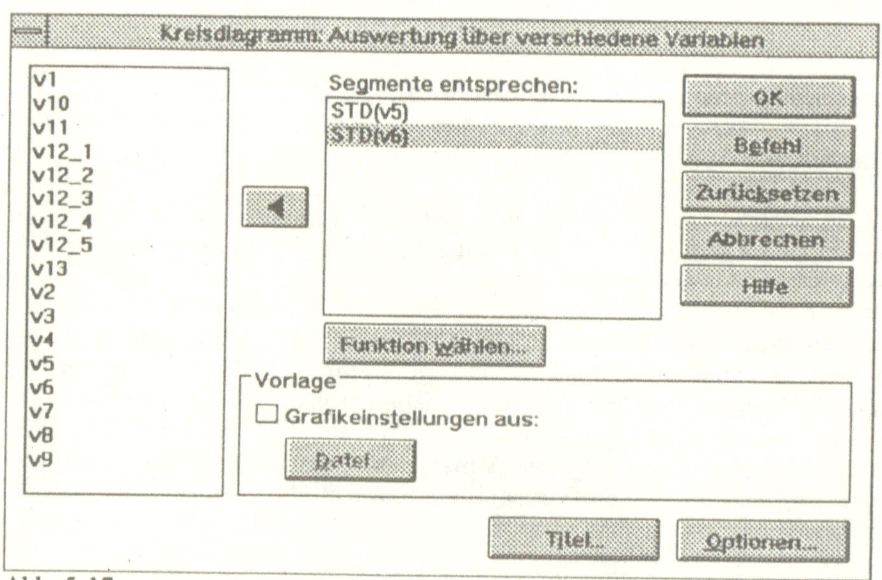

Abb. 5-17

Wählen Sie "OK" und Sie erhalten das folgende Kreisdiagramm:

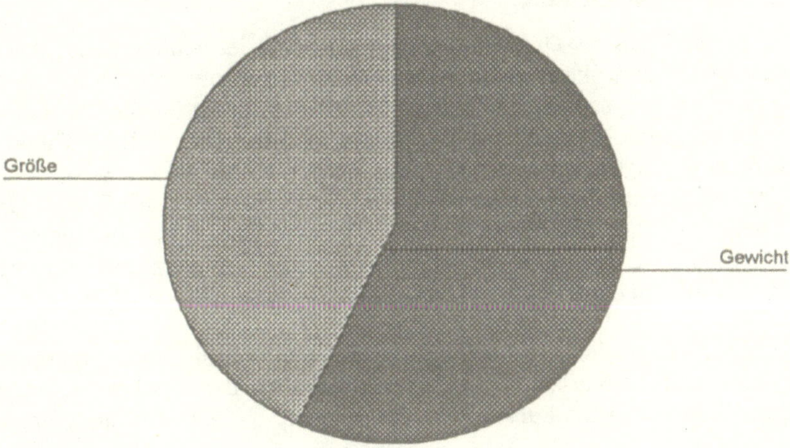

Abb. 5-18

Wie zu erkennen ist, sind die Schwankungen bei der Körpergröße geringer als beim Körpergewicht. Wie sinnvoll aber eine solche Grafik ist, bleibt dem Leser überlassen.

SPSS-Programm:

```
GRAPH
  /PIE=STD(v5) STD(v6)
  /MISSING=LISTWISE .
```

5.3 x-y-Diagramme (Scatterplots)

5.3.1 Einfache x-y Diagramme

Es soll im folgenden ein x-y-Diagramm erstellt werden. Hier sollten die x- bzw. y-Variablen ein metrisches Skalenniveau haben. Wenn Kategorien einer Variable numerisch kodiert werden, so eignet sich diese Variable schlecht für die Darstellung in einem x-y-Diagramm. In einem x-y-Diagramm wird für jeden Fall ein Punkt in der x-y-Ebene eingetragen, wobei der Wert der einen Variable auf der x-Achse und der Wert der anderen auf der y-Achse abgetragen wird. Falls es einen funktionalen Zusammenhang zwischen den beiden Variablen gibt, so kann dieser in einem x-y-Diagramm erkannt werden. Wie die Vermutung eines funktionalen Zusammenhangs überprüft werden kann, wird im Kapitel über die Regressionsanalyse gezeigt.

Wir erstellen nun ein solches x-y-Diagramm, wobei die Variable V6 (Körpergröße) auf der x-Achse und die Variable V5 (Körpergewicht) auf der y-Achse abgetragen werden. Zusätzlich sollen die Punkte nach der Variable V4 (Geschlecht) gruppiert werden.

Wählen Sie unter dem Menüpunkt "Grafik" "Scatterplot...". Ihr Fenster hat nun das Aussehen wie in Abb. 5-19.

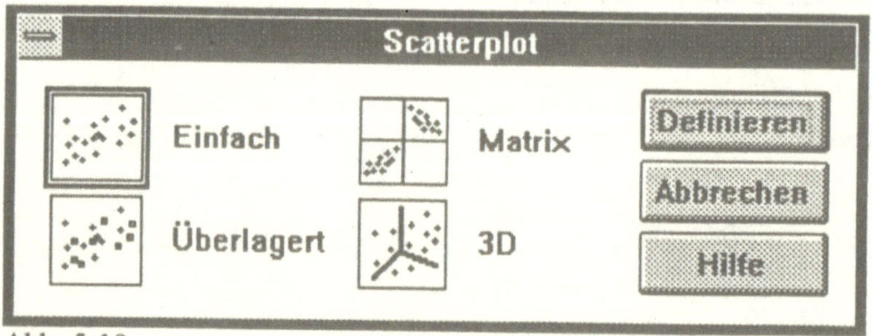

Abb. 5-19

Klicken Sie auf "Definieren" ("Einfach" ist voreingestellt). Wählen Sie nun unter "Y-Achse" die Variable V5, unter "X-Achse" die Variable V6 und unter "Gruppenvariable" die Variable V4 aus. (Abb. 5-20). Wie zu erkennen ist, könnten auch Scatterplots erzeugt werden, wobei nach einer Variablen gruppiert wird. Somit könnten Sie zum Beispiel in einer Grafik die Punkte nach dem Geschlecht gruppieren.

Wenn Sie nun "OK" wählen, erhalten Sie die Grafik aus Abb. 5-21.

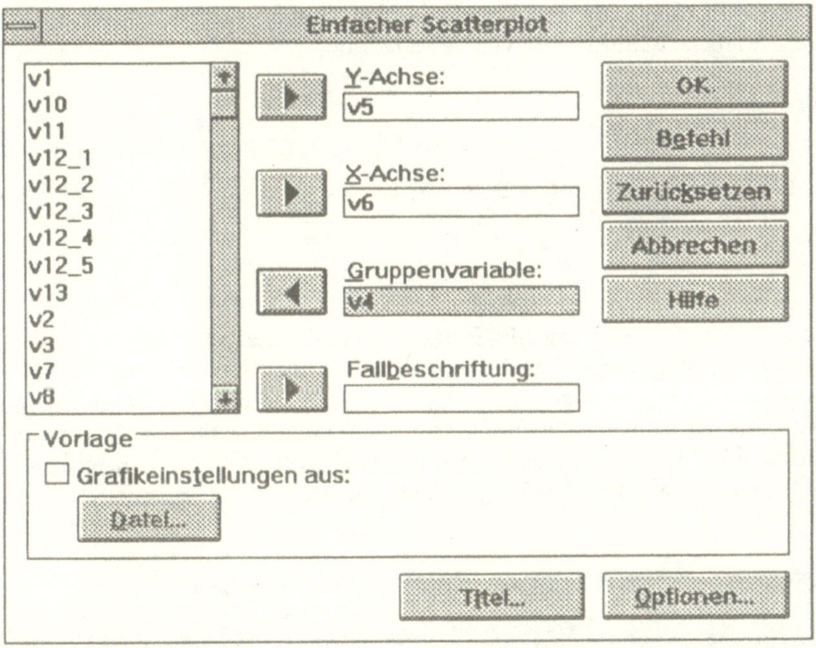

Abb. 5-20

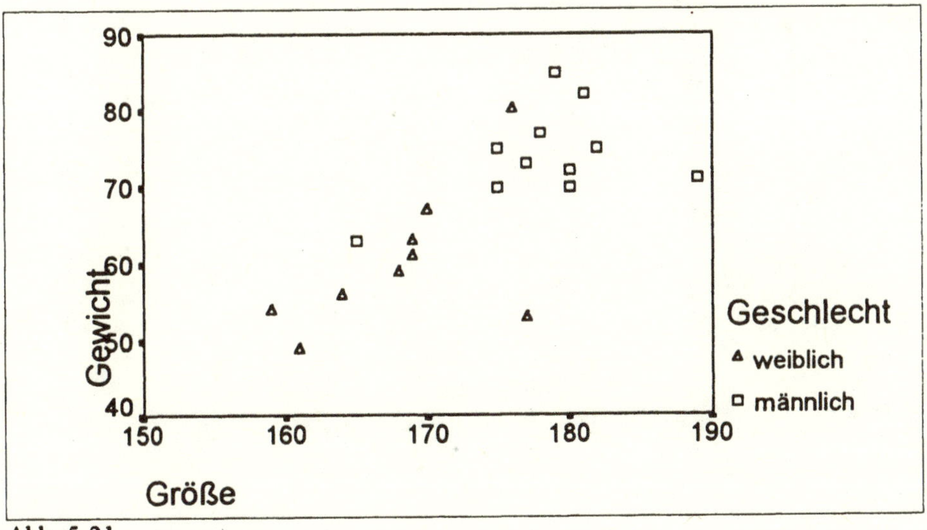

Abb. 5-21

Wie zu erkennen ist, steigt das Gewicht in Abhängigkeit von der Größe. Die unterschiedlichen Symbole für die Punkte in der Grafik wurden mit dem im folgenden beschriebenen Grafikeditor von SPSS definiert.

SPSS-Programm:

```
GRAPH
  /SCATTERPLOT(BIVAR)=v6 WITH v5 BY v4
  /MISSING=LISTWISE .
```

Um zu verdeutlichen, wie eine mit SPSS erzeugte Grafik bearbeitet werden kann, erzeugen wir zunächst den gleichen Scatterplot, aber ohne Gruppierung. Hierzu müssen Sie zunächst zurück in das Menü aus Abb. 5-20 und dort die Gruppierung durch die Variable V4 aufheben, indem Sie diese markieren und auf den Button mit dem Pfeil nach links klicken. Wählen Sie nun das Fenster "Grafik-Karussell", in dem die Grafik erzeugt wurde (Abb. 5-22) und klicken Sie dort auf "Bearbeiten".

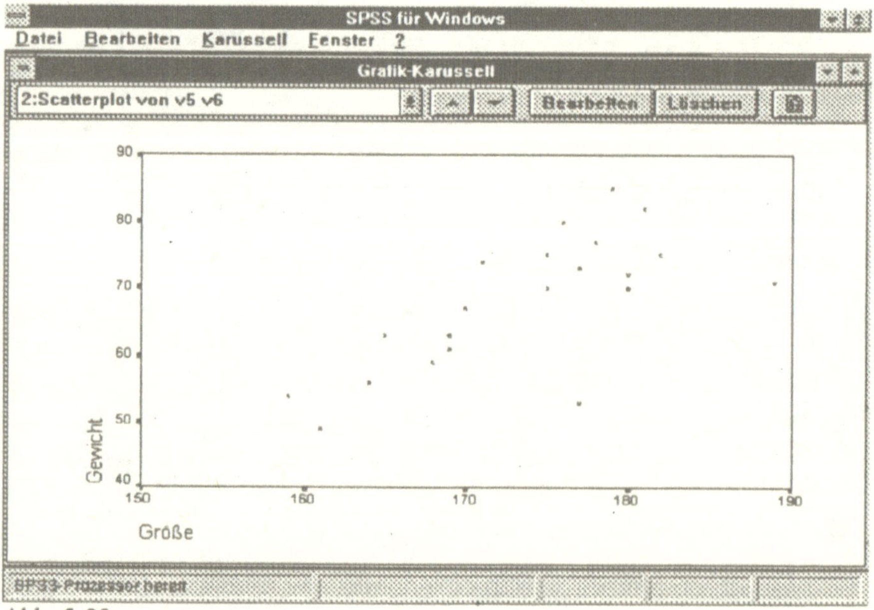

Abb. 5-22

Sie erhalten dann das folgende Fenster:

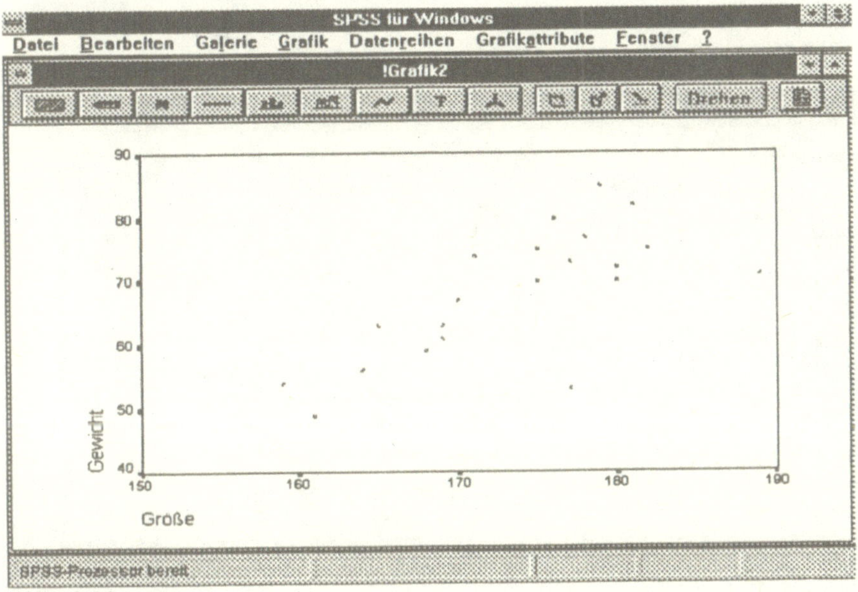

Abb. 5-23

Wir wollen nun zunächst eine Ausgleichsgerade sowie diverse Ausgleichskurven durch die Punktewolke legen. Diese Ausgleichsgerade, die auch Regressionsgerade genannt wird (vgl. Kap. 8.1), können Sie wie folgt erzeugen: Wählen Sie unter dem Menüpunkt "Grafik" "Optionen..." Klicken Sie danach unter "Kurvenanpassung" auf "Gesamt", womit eine Regressionsgerade für die gesamten Daten (ohne Gruppierungen) definiert wird.

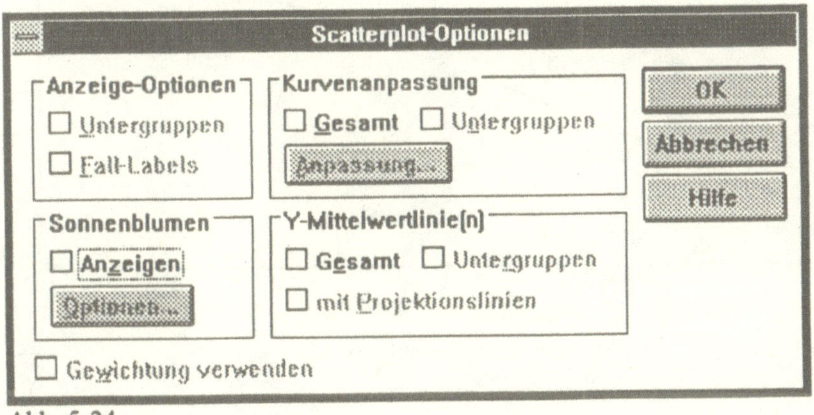

Abb. 5-24

Nun können Sie auf den Button "Anpassung..." klicken, und Sie erhalten das folgende Fenster:

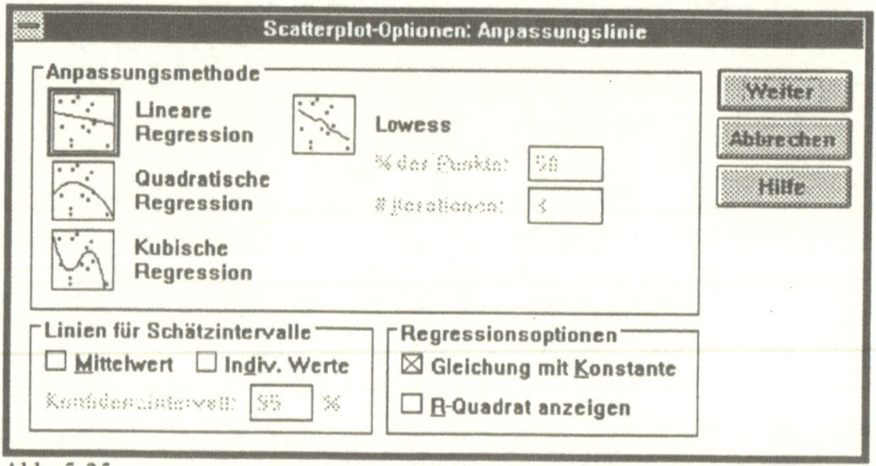

Abb. 5-25

Hier können Sie eine lineare (Abb. 5-26), quadratische (Abb. 5-27) oder auch kubische (Abb. 5-28) Regressionskurve durch die Punktewolke legen. Danach müssen Sie "Weiter" und "OK" wählen:

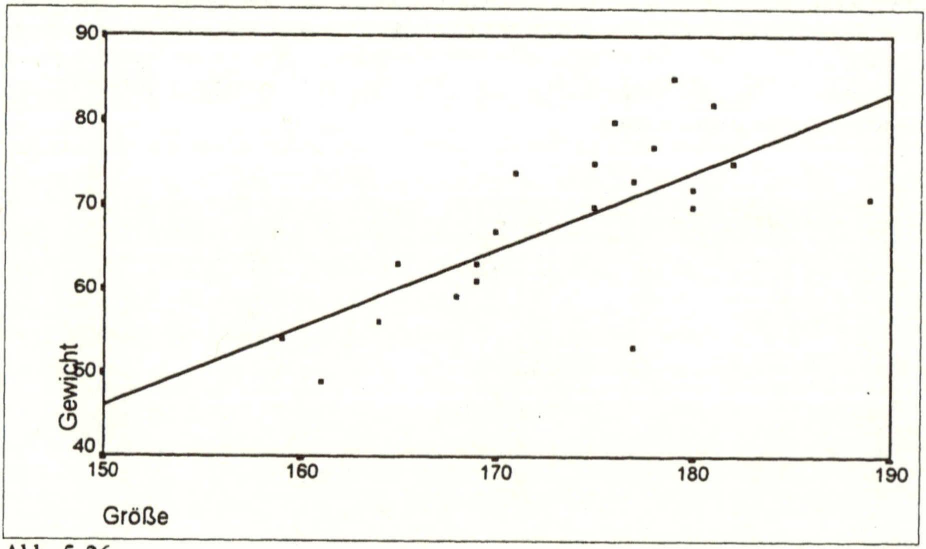

Abb. 5-26

Die Ausgleichsgerade zeigt uns, daß mit steigender Körpergröße das Körpergewicht ebenfalls steigt. Mit dieser Geraden können auch Prognosen erstellt werden, indem Sie zu einer beliebigen Körpergröße das zu erwartende Körpergewicht abesen. Wie eine solche Regressionsgerade zu beurteilen ist, wird im Kapitel 8.1 zur Regressionsanalyse erklärt.

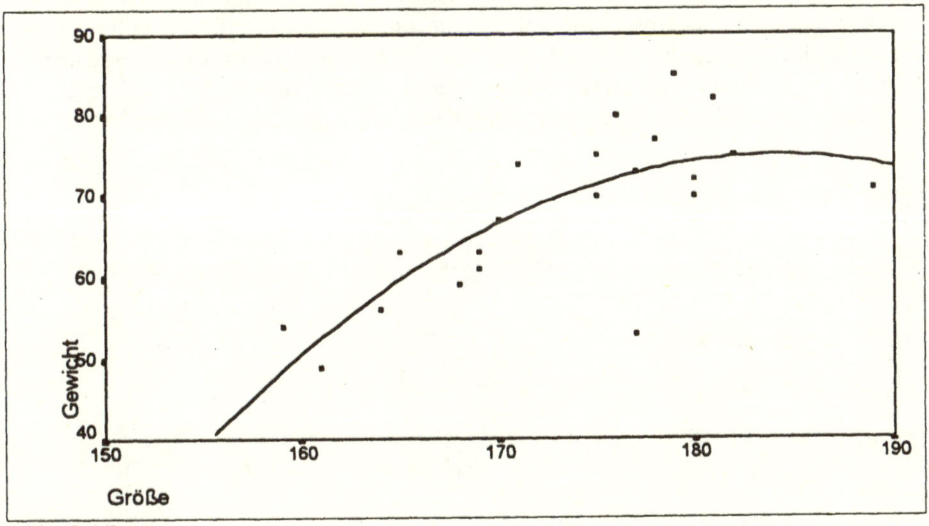

Abb. 5-27

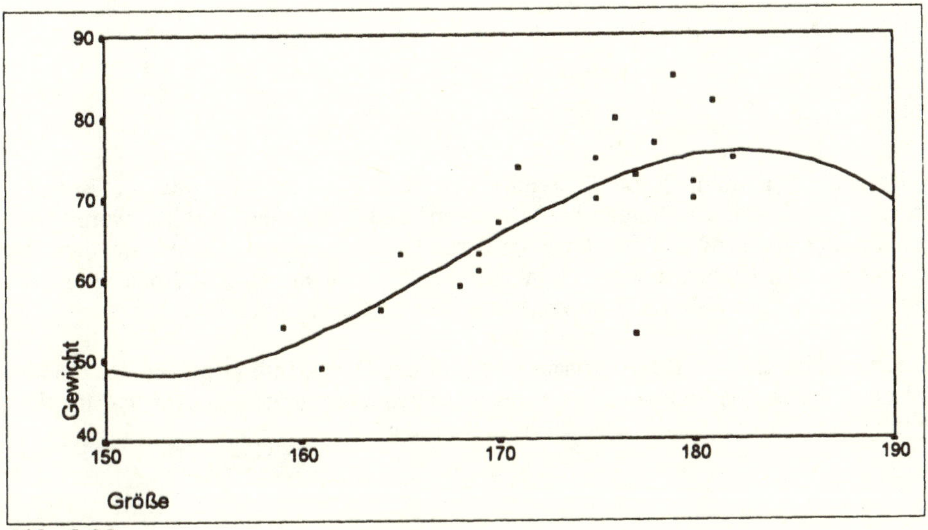

Abb. 5-28

Als nächstes bearbeiten wir den zuvor erzeugten Scatterplot mit der Gruppierungs-variable V4 (Geschlecht). Hierzu müssen Sie das Fenster der soeben bearbeitete Grafik schließen. Danach erhalten Sie das Grafik-Fenster des zuerst erzeugten Scatterplot mit Gruppierungen, der nun bearbeitet werden soll. Wählen Sie danach im Grafik-Karussell "Bearbeiten".

Wir werden nun zuerst für jede Gruppe ein anderes Symbol für die Punkte in der Grafik wählen. Wir beginnen mit den Frauen und klicken hierfür auf einen Punkt innerhalb der Grafik, der zu der Gruppe der Frauen gehört. Es werden somit die Punkte der Frauen markiert. Wählen Sie danach unter dem Menüpunkt "Grafikattribute" "Markierung...", womit Sie das folgende Fenster erhalten:

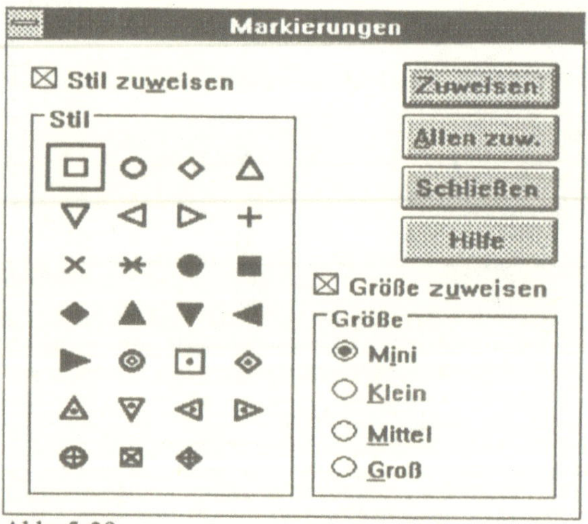

Abb. 5-29

Klicken Sie nun auf die Raute (3. Symbol von links in der 1. Zeile) und auf "Mittel" unter "Größe". Danach können Sie "Zuweisen" und "Schließen" wählen, womit Sie den Frauen als Symbol eine Raute mittlerer Größe zuweisen. Gehen Sie danach analog bei den Männern vor. Als Symbol bleibt das Quadrat, als Größe wird die mittlere Größe gewählt. Sie erhalten danach die Grafik aus Abb. 5-30.

Beachten Sie, daß die Bildschirmausgabe und das Druck-Bild (Ausgabe auf einem Drucker) unterschiedlich aussehen können. Am Bildschirm genügt es meist, für die Symbole die Größe "Klein" oder "Mini" zu wählen.

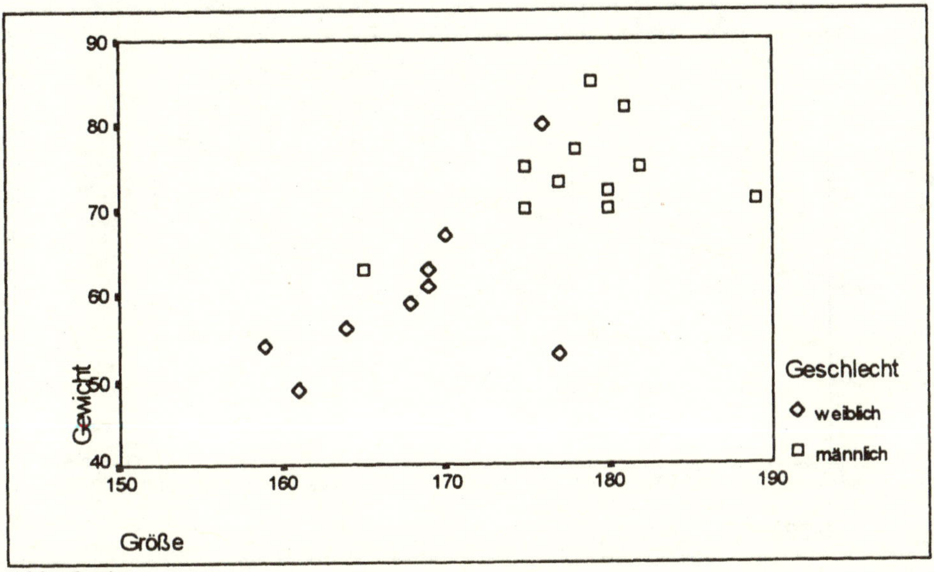

Abb. 5-30

Nun werden wir noch zwei Regressionsgeraden inzufügen: eine Regressionsgerade für die Gruppe der Frauen und eine für die Gruppe der Männer. Hierbei ist die Vorgehensweise die gleiche wie bei unserem ersten Scatterplot. Wählen Sie also unter dem Menüpunkt "Grafik" "Optionen...", womit Sie das Fenster aus Abb. 5-24 erhalten. Wählen Sie dort unter "Kurvenanpassung" "Untergruppen" und als "Anpassung" die lineare Regressionsgerade. Sie erhalten danach die Grafik aus der Abb. 5-31. Wir haben zusätzlich unter dem Menüpunkt "Grafik" "Linienart..." gewählt und die Linien der beiden Geraden verändert.

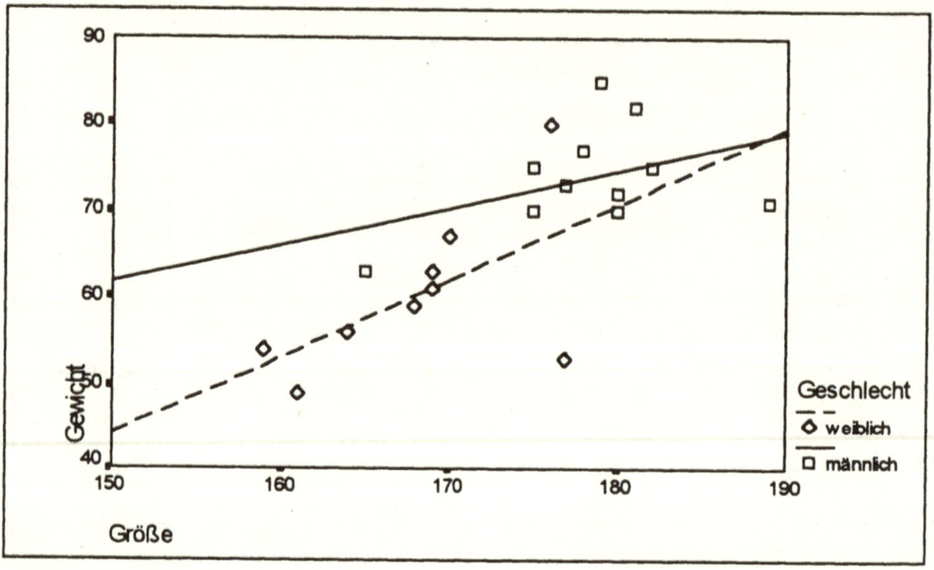

Abb. 5-31

Wie zu sehen ist, gibt es zwischen den beiden Regressionsgeraden große Unterschiede bezüglich der Steigung. Somit empfiehlt es sich, u.a. für Prognosen, zwei getrennt Regressionsgeraden für die beiden Geschlechter zu verwenden.

Bemerkungen:

Mit "Bearbeiten" können Sie jede andere Grafik (auch Balkendiagramme) bearbeiten.

Unter dem Menüpunkt "Grafik" / "Achsen..." können Sie die beiden Achsen (x- bzw. y-Achse) skalieren. Oder Sie klicken einfach mit der Maus auf den zu bearbeitenden Teil der Grafik. Falls Sie dann doppelt klicken, erhalten Sie das entsprechende Menü zum Ändern.

5.3.2 3D-Plots

Es soll ein 3D-Scatterplot erzeugt werden mit der Körpergröße (V6) als y-Variable, dem Körpergewicht (V5) als x-Variable und dem Alter (V7) als z-Variable. Wählen Sie hierzu unter dem Menüpunkt "Grafik" "Scatterplot" aus, womit Sie das Fenster aus der Abb. 5-19 erhalten. Klicken Sie dort auf "3D" und danach auf "Definieren". Wählen Sie entsprechend der Abb. 5-32 die oben angegebenen Variablen aus.

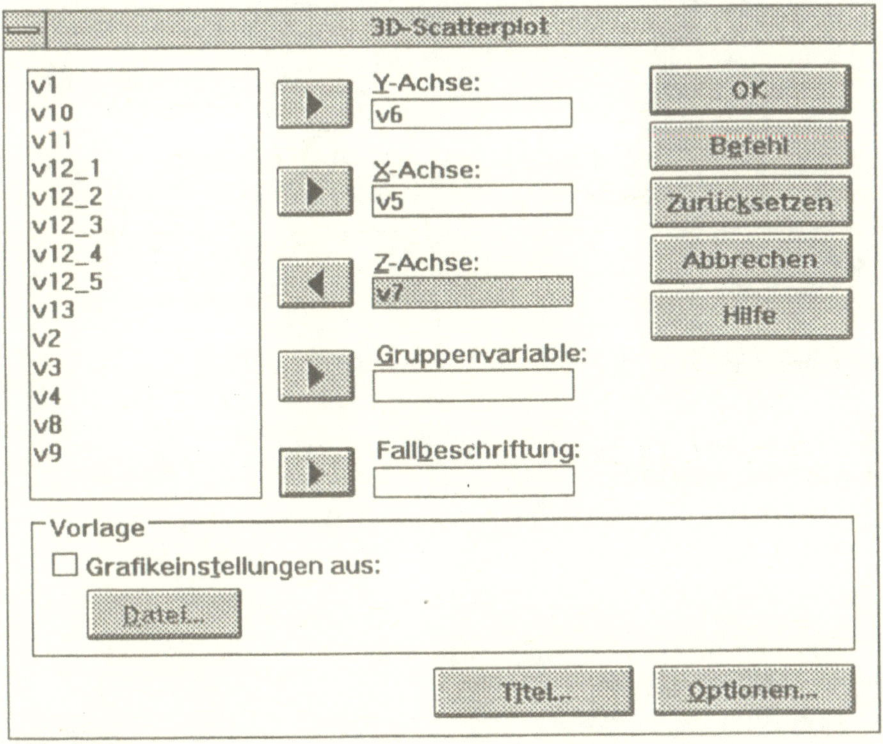

Abb. 5-32

Wenn Sie nun auf "OK" klicken, erhalten Sie die folgende 3D-Grafik:

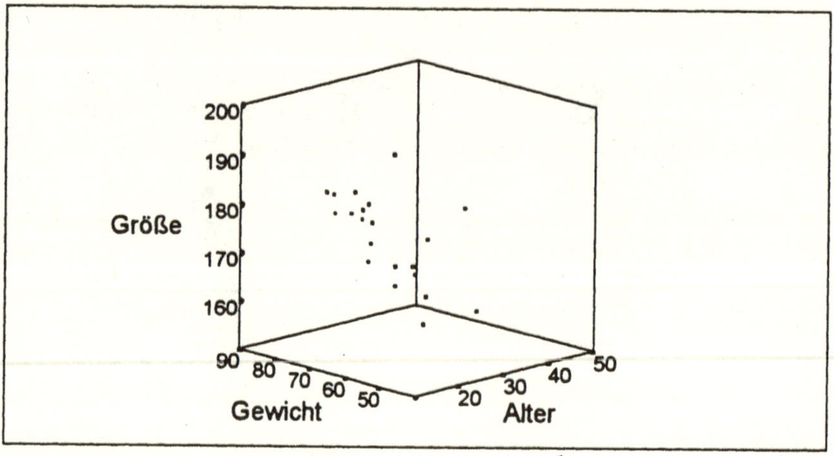

Abb. 5-33

SPSS-Programm:

```
GRAPH
  /SCATTERPLOT(XYZ)=v5 WITH v6 WITH v7
  /MISSING=LISTWISE .
```

5.4 Boxplots

Mit einem Boxplot kann überprüft werden, ob die Häufigkeitsverteilung einer Variable als symmetrisch anzusehen ist und ob es Ausreißer gibt.

Es soll ein Boxplot für die Variable V6 (Körpergröße), getrennt nach dem Geschlecht (V4) durchgeführt werden.

Wählen Sie hierzu unter "Grafik" "Boxplot..." und danach "Definieren". Wählen Sie dann unter "Variable" die Variable V6 und unter "Kategoriale Var." die Variable V4 (Abb. 5-34). Wählen Sie dann "Optionen...". Klicken Sie hier auf "Missing-Werte als Kategorie anzeigen" und danach auf "Weiter".

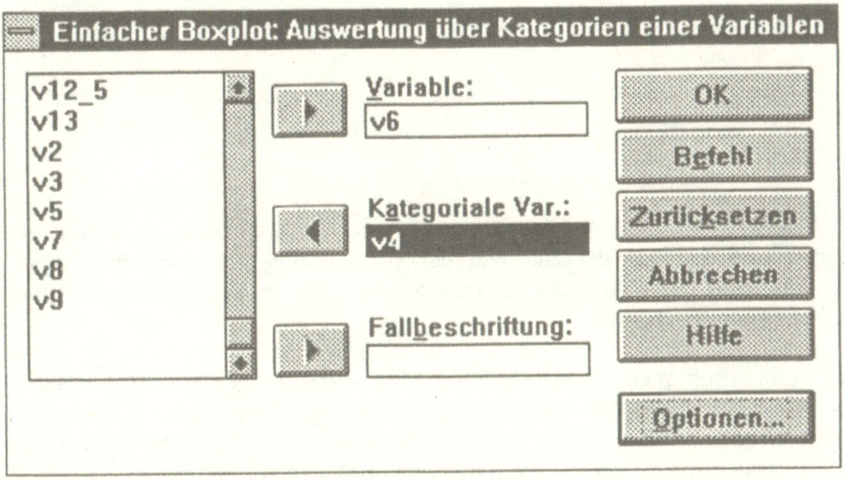

Abb. 5-34

Wenn Sie nun "OK" wählen, erhalten Sie die folgende Grafik:

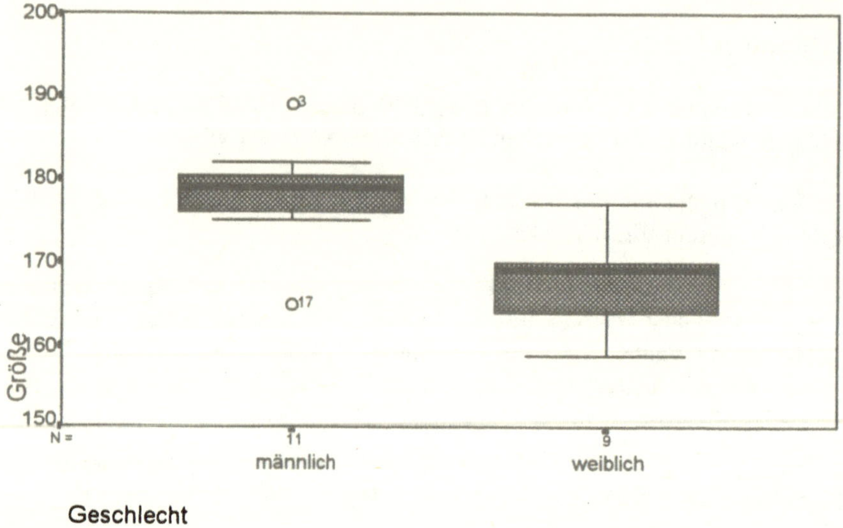

Abb. 5-35

Wie zu sehen ist, gibt es bei den Männern zwei Ausreißer, welche in der Grafik mit einem Punkt und daneben der Nummer der Beobachtung gekennzeichnet sind. Weiterhin kann mit einem Boxplot erkannt werden, in wie weit die Häufigkeitsverteilungen symmetrisch sind.

Der horizontale Strich in den Boxen stellt den Median dar. Liegt dieser Strich in der Mitte der Boxen, so ist die entsprechende Variable symmetrisch verteilt. In unserer Grafik liegt er aber bei den Frauen viel zu weit am oberen Rand der Box. Dies spricht gegen eine symmetrische Verteilung der Variable Größe bei den Frauen.

Der rechteckige Kasten (Box) umfaßt 50% aller Beobachtungen und reicht somit vom 25%-Quantil bis zum 75%-Quantil (der Wert eines x%-Quantils gibt an, daß x% der gesamten Werte kleiner oder gleich diesem Wert sind, d.h. z.B. beim 25%-Quantil, daß 25% aller Werte kleiner oder gleich diesem Quantil sind). Der Abstand vom 75%-Quantil zum 25%-Quantil wird als InterQuantile Range (IQR) bezeichnet.

Mit diesem IQR wird der sogenannte Gartenzaun (fence) berechnet. Man unterscheidet hierbei zwischen dem inneren Gartenzaun (inner-fence) und dem äußeren Gartenzaun (outer-fence). Die Grenzen des inneren Gartenzauns werden wie folgt berechnet:

Grenzen des inner-fence:

Untere Grenze: $q_{25} - 1{,}5 \cdot IQR = q_{25} - 1{,}5 \cdot (q_{75} - q_{25})$

Obere Grenze: $q_{25} + 1{,}5 \cdot IQR = q_{25} + 1{,}5 \cdot (q_{75} - q_{25})$

Hierbei bezeichnet q_{25} das 25%-Quantil und q_{75} das 75%-Quantil. Der Faktor 1,5 ist willkürlich gewählt.

Für den äußeren Gartenzaun wird Faktor 3 verwendet:

Grenzen des outer-fence:

Untere Grenze: $q_{25} - 3 \cdot IQR = q_{25} - 3 \cdot (q_{75} - q_{25})$

Obere Grenze: $q_{25} + 3 \cdot IQR = q_{25} + 3 \cdot (q_{75} - q_{25})$

Die Linien, die von der Box aus nach oben bzw. nach unten verlaufen und mit einem horizontalen Strich enden, gehen jeweils bis zum größten bzw. kleinsten Wert innerhalb des inner-fence.

Die Werte, die sich zwischen dem inner-fence und outer-fence befinden, werden als Ausreißer bezeichnet. Diese sind in der Grafik mit einem Kreis gekennzeichnet. Bei den Männern gibt es zwei solche Ausreißer, wobei die Zahl neben dem Kreis die Nummer der Beobachtung angibt. Also ist bei den Männern der 17. in unserer Datei sehr klein und der 3. sehr groß.

Werte, die sich außerhalb des outer-fence befinden, werden als extreme Ausreißer bezeichnet und in der Grafik mit einem Kreuz gekennzeichnet. In der Abb. 3-35 gibt es keine extremen Ausreißer.

SPSS-Programm:

```
EXAMINE
  VARIABLES=v6 BY v4
/PLOT=BOXPLOT/STATISTICS=NONE/NOTOTAL.
```

5.5 Histogramme

Wollen Sie bei einer Variablen etwas über deren Verteilung erfahren, so eignet sich dazu ein Histogramm. Wir werden nun ein Histogramm für die Variable V6 (Körpergröße) erzeugen. Gleichzeitig kann überprüft werden, ob diese Variable näherungsweise normalverteilt ist.

Wählen Sie unter dem Menüpunkt "Grafik" "Histogramm..." und dort unter "Variable:" die Variable V6 (Abb. 5-36).

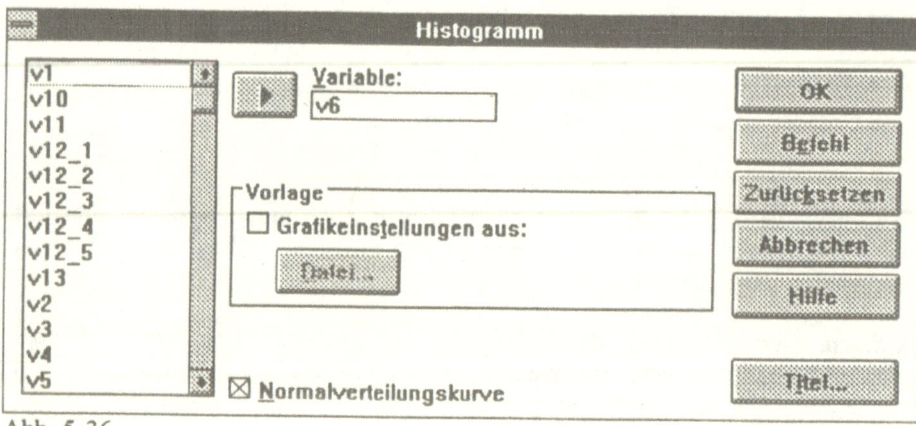

Abb. 5-36

Klicken Sie dann auf "Normalverteilungskurve" und "OK". Sie erhalten dann die Grafik aus Abb. 5-37.

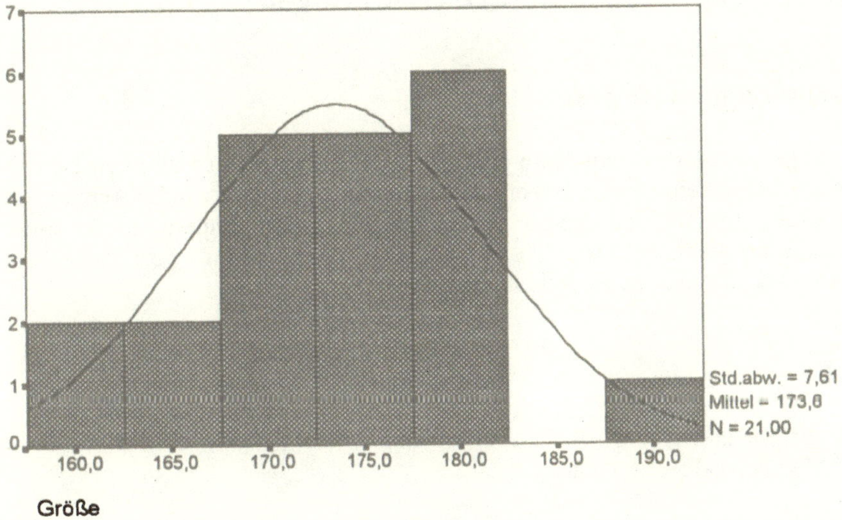

Abb. 5-37

Bei dem Balkendiagramm steht auf der x-Achse jeweils in 5er-Schritten die Körpergröße. Hierbei wird, jeweils in Intervallen von jeweils 5 cm, die Anzahl der Beobachtungen innerhalb dieser Intervallen ausgezählt und mit einem Balken dargestellt. Der Wert auf der x-Achse stellt jeweils die Mitte des Intervalls dar. Z. B. kann an dem Balken, der auf der x-Achse mit 170 cm gekennzeichnet ist, die Anzahl von 5 Personen abgelesen werden. Das heißt aber nicht, daß genau 5 Personen 170 cm groß sind, sondern es sind 5 Personen zwischen 167,5 cm und 172,5 cm groß.

Rechts neben der Grafik kann die Standardabweichung, das arithmetische Mittel sowie die Anzahl der Beobachtungen abgelesen werden. Die Kurve, die in der Grafik zu erkennen ist, stellt die Dichtefunktion der Normalverteilung mit einem Erwartungswert von 173,6 und einer Standardabweichung von 7,61 dar. Die Balken, die die empirische Dichtefunktion der Variablen Größe darstellen, müßten bei einer Normalverteilung in etwa dem Lauf der Kurve folgen. In unserem Fall würden Sie bei der Beurteilung der Grafik die Variable Größe als nicht normalverteilt ansehen, da die empirische Dichte (Häufigkeitsverteilung) der Variablen Größe gravierend von der Dichte der Normalverteilung abweicht.

SPSS-Programm:

```
GRAPH
  /HISTOGRAM(NORMAL)=v6 .
```

6 Statistische Tests und ihre Grundlagen

6.1 Grundlagen von Tests

Bei Tests geht es darum, mit Hilfe einer Stichprobe und mathematischen Berechnungen zu überprüfen, ob eine Hypothese angenommen oder verworfen werden soll. Die Hypothese bezieht sich dabei nicht auf die Stichprobe, sondern auf die hinter der Stichprobe stehende Grundgesamtheit. Die Entscheidung wird dabei i.A. zwischen zwei alternativen Hypothesen gefällt.

Beispiel:

Es soll untersucht werden, ob ein Würfel symmetrisch ist, d.h. ob das Auftreten jeder Zahl gleichwahrscheinlich ist.

Nullhypothese (meist auch nur Hypothese genannt) H_0:

Die Wahrscheinlichkeit ist für jede Augenzahl gleich 1/6.

Alternativhypothese (meist Alternative genannt) H_1:

Die Wahrscheinlichkeit ist nicht für jede Augenzahl gleich 1/6.

Um herauszufinden, ob die Hypothese stimmt oder nicht, können Sie beispielsweise 42 mal würfeln. Dann müßte jede Zahl durchschnittlich siebenmal vorkommen. Es kann passieren, auch wenn der Würfel symmetrisch ist, daß die 1 nur sechsmal, die 2 dagegen achtmal vorkommt. Bei nur 42 Versuchen kann dies zufällig zustandegekommen sein.

Unter der Annahme, daß die Nullhypothese richtig ist, kann in SPSS die Wahrscheinlichkeit für das beobachtete oder ein extremeres Ereignis berechnet werden. Diese Wahrscheinlichkeit, p-Wert geannt (in SPSS u.a. mit "P value", "Prob." oder "Significance" bezeichnet), ist das Kriterium für die Entscheidungsfindung. Bei diesem Beispiel kann also mit SPSS aus den Häufigkeiten für das Auftreten jeder Zahl bei den 42 Versuchen eine Wahrscheinlichkeit berechnet werden, aus der dann geschlossen werden kann, ob die Hypothese zu verwerfen ist oder nicht.

Ist diese Wahrscheinlichkeit sehr klein, kann H_0 abgelehnt werden. Die errechnete Wahrscheinlichkeit wird damit zur sogenannten Irrtumswahrscheinlichkeit p, der Wahrscheinlichkeit für den Fehler erster Art, siehe dazu Abb. 6-1 und Abb. 6-2.

Kommen Sie aufgrund eines großen Wertes dieser Wahrscheinlichkeit zu der Entscheidung, daß H_0 nicht abgelehnt werden sollte, dürfen Sie nicht daraus schließen, daß H_0 richtig ist, denn es kann auch eine Fehlentscheidung (Fehler 2. Art) vorliegen (siehe Abb. 6-1). Die Formulierung des Ergebnisses muß deshalb dann lauten: Bei dem beobachteten Ergebnis kann H_0 nicht abgelehnt werden.

Hypothese	in Wirklichkeit richtig	in Wirklichkeit falsch
nach Test verworfen	Entscheidung ist falsch (Fehler 1. Art)	Entscheidung ist richtig (Wirklichkeit stimmt mit dem Testergebnis überein)
nach Test nicht verworfen	Entscheidung ist richtig (Wirklichkeit stimmt mit dem Testergebnis überein)	Entscheidung ist falsch (Fehler 2. Art)

Abb. 6-1

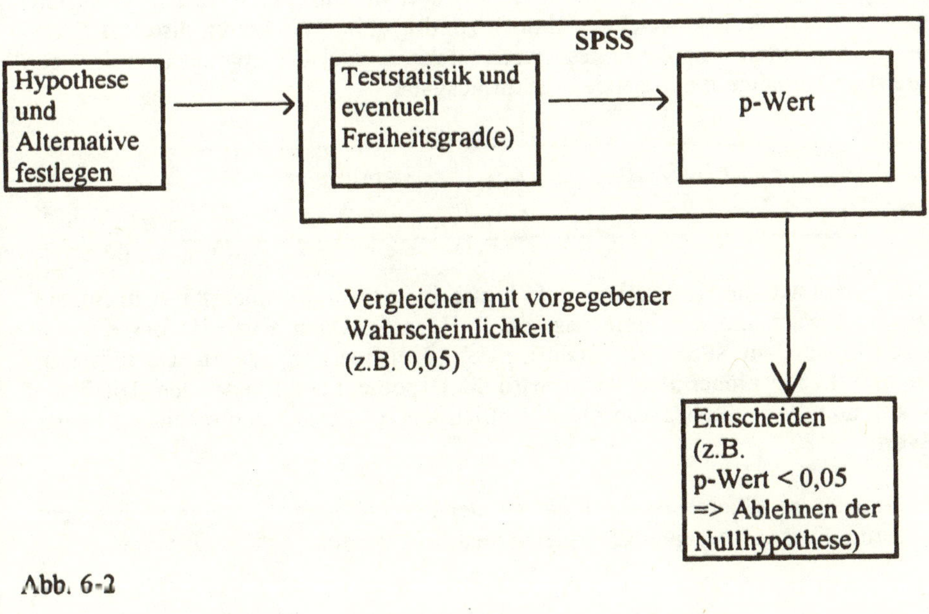

Abb. 6-2

Sie als Anwender müssen bei allen Tests vorher einen Wert für den maximalen Fehler 1. Art festlegen. Diese Irrtumswahrscheinlichkeit (für den Fehler 1. Art) ist meist 0,05 (= 5%), 0,01 (= 1%) oder 0,001 (= 0,1‰). Welchen Wert Sie vorgeben, müssen Sie selbst anhand des vorhandenen Fachproblems klären. In diesem Buch wird - wenn nichts anderes angegeben ist - stets mit 0,05 gearbeitet. Dies besagt, wenn der von SPSS berechnete p-Wert kleiner als 0,05 ist, wird die Hypothese verworfen.

Fortsetzung des Beispiels vom Beginn dieses Kapitels:

Getestet werden soll, ob ein Würfel symmetrisch ist. Dazu ist zunächst 42 mal gewürfelt worden. Im folgenden ist eine Tabelle zu sehen, in der die Häufigkeiten für das Auftreten der einzelnen Augenzahlen aufgelistet ist:

Augenzahl	Häufigkeit
1	11
2	9
3	4
4	3
5	7
6	8

Daten: WUERFEL

Bei einem "fairen" Würfel müßten die Häufigkeiten für jede Augenzahl in etwa gleich groß, d.h. in etwa 7 betragen. Da wir aber nur insgesamt 42 mal gewürfelt haben, können diese Abweichungen noch zufällig sein. Wir führen also mit SPSS einen Chi-Quadrat Anpassungstest durch (siehe Kapitel über parameterfreie Verfahren) und erhalten die folgende Ergebnisausgabe:

```
--------------------------------------------------------------------------------
                    Chi-Square      D.F.        Significance
                      6,571          5              ,2545
--------------------------------------------------------------------------------
```

SPSS berechnet die Teststatistik 6,571, die in diesem Beispiel mit Chi-Square bezeichnet wird und die Freiheitsgrade (D.F. = 5). Dann wird der p-Wert (bei diesem Beispiel in SPSS mit "Significance" bezeichnet) angegeben. Da dieser p-Wert mit 0,2545 größer als 0,05 ist, wird die Hypothese nicht verworfen. Die Teststatistik und die Freiheitsgrade sind eigentlich nur Hilfsgrößen; entscheidend ist der p-Wert.

Bei Tests ist im allgemeinen noch die Art der Fragestellung wichtig: einseitig oder zweiseitig. Dies soll an einem Beispiel verdeutlicht werden.

Wenn Sie wissen wollen, ob zwei Pflanzensorten einen unterschiedlichen Ertrag liefern, und Sie keine Vorstellung haben, welche der beiden Sorten einen höheren Ertrag liefert, stellen Sie folgende Frage: Liefert die Sorte 1 einen höheren Ertrag als die Sorte 2 oder liefert die Sorte 1 einen niedrigeren Ertrag als die Sorte 2? Also sind die Erträge der beiden Sorten unterschiedlich? Dies ist eine zweiseitige Fragestellung mit folgender Hypothese und Alternative:

Hypothese: Durchschnittsertrag Sorte 2 = Durchschnittsertrag Sorte 1

Alternative: Durchschnittsertrag Sorte 2 ≠ Durchschnittsertrag Sorte 1

Ist dagegen die Sorte 1 gut bekannt und die Sorte 2 eine Neuentwicklung, von der der Züchter behauptet, daß sie höhere Erträge als die Sorte 1 liefert, liegt eine einseitige Fragestellung vor, nämlich: Liefert die Sorte 2 höhere Erträge als die Sorte 1?

Man spricht dann auch von einseitiger Hypothese. Ein Test bei einer einseitigen Fragestellung darf nur dann angewandt werden, wenn aus theoretischen Erwägungen vor dem Versuch nur eine einseitige Veränderung interessiert und die Richtung der Veränderung festgelegt ist.

Die Durchführung eines Tests bei einseitiger Fragestellung ist bei SPSS meist nicht ganz so einfach wie bei einer zweiseitigen Fragestellung. Dies liegt zum einen daran, daß der p-Wert für eine einseitige Fragestellung nicht immer angegeben ist. Sie müssen dann den p-Wert für die zweiseitige Fragestellung (2-tailed P) durch zwei dividieren, um den korrekten p-Wert zu erhalten. Zum anderen muß auch die zu testende Größe in die behauptete Richtung weisen. Dies soll an einem Beispiel erläutert werden.

Es soll überprüft werden, ob die Sorte 2 einen höheren Ertrag liefert. Dazu wird folgende Hypothese aufgestellt:

Hypothese: Durchschnittsertrag Sorte 2 ≤ Durchschnittsertrag Sorte 1

Alternative: Durchschnittsertrag Sorte 2 > Durchschnittsertrag Sorte 1

Wenn Sie jetzt mit dem t-Test einen p-Wert von beispielsweise 0,082 erhalten, müssen Sie diesen Wert durch zwei teilen. Sie erhalten also 0,041. Wenn jetzt der Mittelwert des Ertrags der Stichprobe der Sorte 2 größer als der Mittelwert der Sorte 1 ist, dürfen Sie schließen, daß der Ertrag der Sorte 2 signifikant höher als bei der Sorte 1 ist, da $0{,}041 < 0{,}05$. Ist der Mittelwert des Ertrags der Sorte 2 niedriger oder ist der durch zwei geteilte p-Wert größer als 0.05, wird die Hypothese beibehalten.

6.2 Skalenniveaus

Welche Tests verwendet werden können, hängt auch vom Skalenniveau ab. Je nachdem, welches Niveau vorliegt, müssen unterschiedliche statistische Verfahren verwendet werden.

1. Nominalskala 2. Ordinalskala	nichtmetrische Skalen
3. Intervallskala 4. Verhältnisskala	metrische Skalen

Abb. 6-3

Ausgangspunkt für statistische Analysen ist das Datenmaterial. Daten sind die Beobachtungen von Meßvorgängen. Messen bedeutet, Eigenschaften von "Objekten" festzustellen. Die "Meßlatte", auf der die Ausprägung einer Eigenschaft eines Objektes abgetragen wird, heißt Skala. Man unterscheidet Skalen unterschiedlichen Meßniveaus, je nachdem in welcher Art und Weise eine Eigenschaft in Zahlen ausgedrückt werden kann. In Abb. 6-3 sind die verschiedenen Skalen angegeben.

Einige **Beispiele** für Nominalskalen sind:

a) Geschlecht (Antworten: männlich - weiblich)

b) Haarfarbe (Antworten: schwarz - braun - blond - andere)

c) Raucher (Antworten: ja - nein)

Nominalskalen stellen also Klassifizierungen qualitativer Ausprägungen einer Eigenschaft dar. Werden die Ausprägungen der Eigenschaften in Zahlen ausgedrückt, z. B. 2 für männlich, 1 für weiblich, dienen diese Zahlen allein der leichteren Handhabung. Statt 1 und 2 hätten genausogut andere Symbole verwendet werden können. Mit den Kodierungen der Zahlen dürfen keinerlei rechnerische Transformationen (z. B. Additionen, Multiplikationen) durchgeführt werden; lediglich lassen sich Häufigkeiten in den einzelnen Merkmalsklassen ermitteln. Hat eine nominalskalierte Variable nur zwei Ausprägungen (wie in den Beispielen a und c), wird diese auch als **dichotome Variable** bezeichnet.

Die Ordinalskala stellt das nächsthöhere Meßniveau dar.

Ein Beispiel:

Mit der Fernsehsendung "Tagesschau" bin ich
sehr zufrieden,
meistens, aber nicht immer zufrieden,
eher unzufrieden,
meist nicht zufrieden.

Führen Sie bei diesem Beispiel eine Kodierung der Antworten von 1 bis 4 durch, sagen diese Werte nichts über die Abstände zwischen den Objekten aus. Ordinalskalenwerte geben nur "Rangwerte" wieder. Daher sollten ordinale Skalen auch keinen rechnerischen Transformationen, wie z.B. Addition, Subtraktion oder Multiplikation unterzogen werden. Statt des Mittelwerts der Datenwerte ist der Median heranzuziehen.

Variablen, die einer Nominalskala oder auch Ordinalskala genügen, werden auch als kategorielle Variablen bezeichnet.

Das nächsthöhere Meßniveau stellt die Intervallskala dar. Diese weist gleich große Skalenabschnitte aus. Ein typisches Beispiel ist das Thermometer, das den Abstand zwischen Gefrierpunkt und Siedepunkt des Wassers in hundert gleich große Abschnitte einteilt. Intervallskalen erlauben die rechnerischen Operationen der Addition und Subtraktion. Das höchste Meßniveau stellt die Verhältnisskala dar. Es unterscheidet sich von der Intervallskala dadurch, daß zusätzlich ein natürlicher Nullpunkt existiert. Beispiele sind Körpergröße oder Preise, aber auch die Temperatur in Grad Kelvin. Verhältnisskalen erlauben alle mathematischen Transformationen.

Nominalskala und Ordinalskala werden auch als nichtmetrische Skalen, Intervallskala und Verhältnisskala als metrische Skalen bezeichnet.

6.3 Voraussetzungen für Tests

Alle statistischen Test haben gewisse Voraussetzungen an das Datenmaterial. Sind diese Voraussetzungen nicht erfüllt, dürfen die Tests nicht benutzt werden. Eine Gefahr bei SPSS und auch bei allen anderen Statistik-Programmpaketen besteht darin, daß die Tests leider trotzdem durchgeführt werden können, wenn die Voraussetzungen nicht erfüllt sind. Die erhaltenen Ergebnisse sind aber nichts wert.

Bei vielen Testverfahren wird eine Normalverteilung der Daten vorausgesetzt. Hier genügt es also nicht, das die Daten einfach nur einer metrischen Skala genügen. Die einzigen Verfahren, die keine Verteilungsvoraussetzungen benötigen, sind die sogenannten parameterfreien oder nichtparametrischen Verfahren.

Überprüfung auf Normalverteilung mit graphischen Verfahren

Mit einem Histogramm (siehe Kapitel 5.5) können Sie sich einen Überblick darüber verschaffen, bei welchen Variablen die Voraussetzung der Normalverteilung grob verletzt ist. Eine zweite Möglichkeit die Normalverteilung mit SPSS graphisch zu überprüfen besteht darin, einen P-P-Plot durchzuführen.

Wir überprüfen nun mit einem solchen P-P-Plot die Normalverteilungsvoraussetzung bei der Variable V6 (Körpergröße) im Beispiel Fragebogen. Hierzu wählen Sie unter dem Menüpunkt "Grafik" "Normalverteilung ...". Wählen Sie dann die Variable V6 aus und klicken Sie auf "OK". Nun erhalten Sie die in Abb. 6-4 und 6-5 dargestellten Grafiken.

Abb. 6-4 zeigt die Punkte, die sich dadurch ergeben, daß die Werte der geschätzten empirischen Verteilungsfunktion auf der x-Achse und die bei Normalverteilung erwartete kumulierte Wahrscheinlichkeit auf der y-Achse abgetragen werden. Falls die Daten annähernd normalverteilt sind, so müssen die Punkte in etwa auf der Geraden, die die Winkelhalbierende repräsentiert, liegen. Abb. 6-5 zeigt die Abweichungen von dieser Geraden. Hier müßten bei Normalverteilung die Punkte in etwa auf der Nullinie liegen.

Als voreingestelltes Verfahren für eine Schätzung der empirischen Verteilungsfunktion wird von SPSS die Methode von Blom benutzt. Hierbei wird die empirische Verteilungsfunktion wie folgt geschätzt:

$$\hat{P}(X \leq x_i) = \frac{i - 3/8}{n + 1/4}$$

x_i ist dabei die i-te Beobachtung, nachdem die Fälle aufsteigend sortiert wurden; n ist die Anzahl der Fälle, vgl. Tabelle auf S. 96.

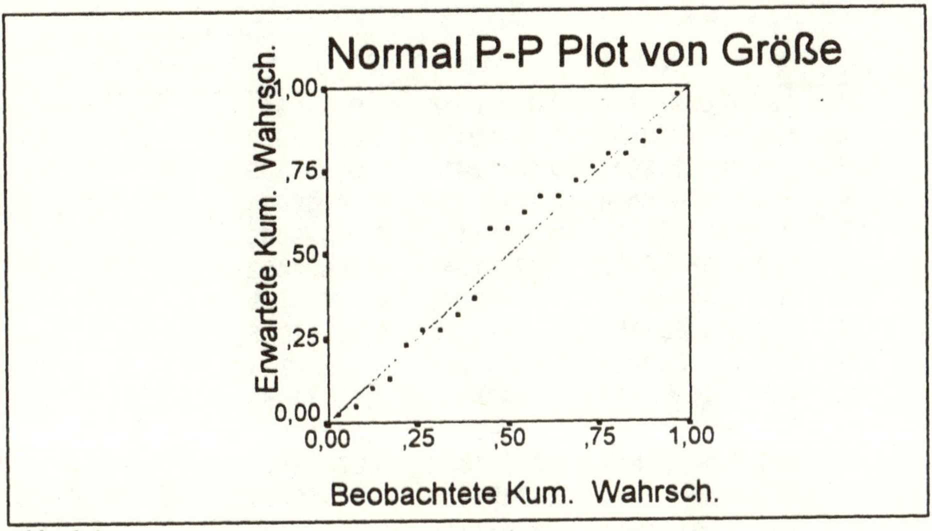

Abb. 6-4

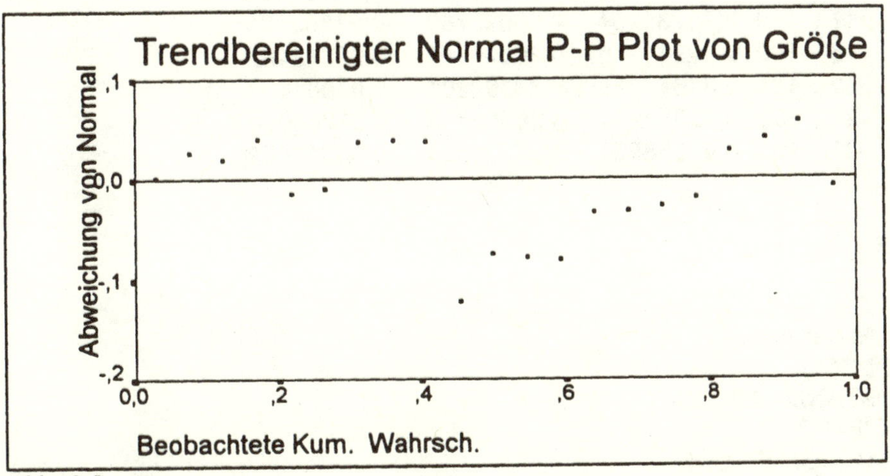

Abb. 6-5

Diese Wahrscheinlichkeiten werden beim "Normal P-P-Plot" auf der x-Achse abgetragen. Auf der y-Achse werden die Werte der Verteilungsfunktion der Normalverteilung mit $\overline{x} = \frac{1}{n}\sum_{i=1}^{n} x_i$ als Schätzer für μ

und $s = \sqrt{\frac{1}{n-1}\sum_{i=1}^{n}(x_i - \overline{x})^2}$ als Schätzer für σ abgetragen.

i	x_i	$\hat{P}(X \leq x_i)$	F(x)	Differenz (Abweichung von Normal)
1	159	0,02941176	0,02770266	0,0017091
2	161	0,07647059	0,04919126	0,02727933
3	164	0,12352941	0,10413434	0,01939508
4	165	0,17058824	0,12989828	0,04068996
5	168	0,21764706	0,23194171	-0,01429465
6	169	0,26470588	0,27392041	-0,00921453
7	169	0,31176471	0,27392041	0,03784429
8	170	0,35882353	0,31934538	0,03947815
9	171	0,40588235	0,36765841	0,03822394
10	175	0,45294118	0,574488	-0,12154682
11	175	0,5	0,574488	-0,074488
12	176	0,54705882	0,62524302	-0,0781842
13	177	0,59411765	0,67391473	-0,07979708
14	177	0,64117647	0,67391473	-0,03273825
15	178	0,68823529	0,71978991	-0,03155462
16	179	0,73529412	0,76228933	-0,02699522
17	180	0,78235294	0,80098769	-0,01863475
18	180	0,82941176	0,80098769	0,02842407
19	181	0,87647059	0,83562201	0,04084857
20	182	0,92352941	0,86608873	0,05744068
21	189	0,97058824	0,97873883	-0,00815059

SPSS-Programm:

```
NPPLOT
 /VARIABLES=v6
 /NOLOG
 /NOSTANDARDIZE
 /TYPE=P-P
 /FRACTION=BLOM .
```

Überprüfung auf Normalverteilung mit dem Kolmogorov-Smirnov-Test

Ein Test, mit der die Normalverteilung überprüft werden kann, ist der Kolmogorov-Smirnov-Test. Bei diesem Test ist die Nullhypothese, daß die Variable normalverteilt ist. Man spricht in diesem Fall von einem sogenannten Anpassungstest. Üblicherweise wird hier oft ein Signifikanzniveau von 25% gewählt. Falls die Nullhypothese dann trotz dieser hohen Fehlerwahrscheinlichkeit nicht verworfen werden kann, spricht nichts gegen eine Normalverteilung.

Wir werden nun überprüfen, ob Variable V6 (Körpergröße) als normalverteilt angesehen werden kann. Hierzu wählen Sie unter dem Menüpunkt "Nichtparm. Test" "1-Stichproben K-S..." und dort die Variable V6. Sie erhalten folgendes Fenster:

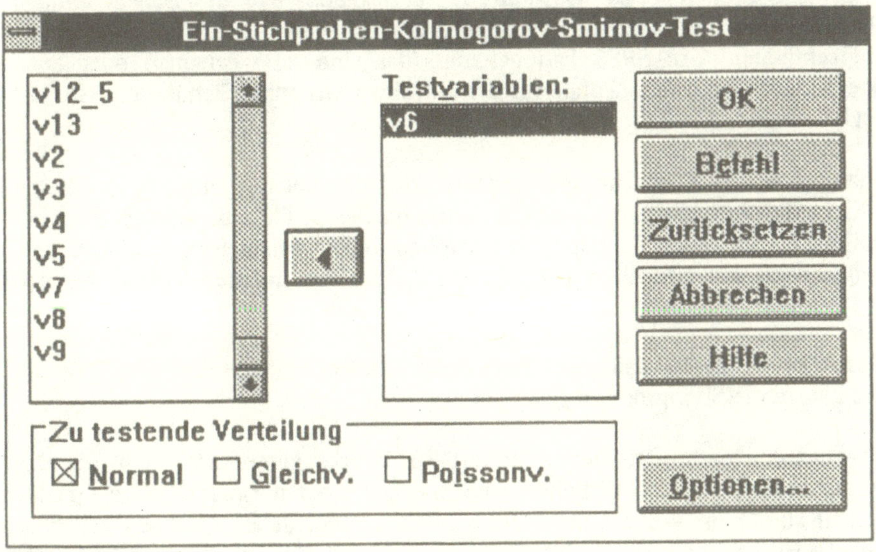

Abb. 6-6

Wenn Sie nun "OK" wählen, so erhalten Sie die folgende Ergebnisausgabe:

```
 - - - - Kolmogorov - Smirnov Goodness of Fit Test

   V6          Größe

Test distribution - Normal                       Mean:  173,57
                                   Standard Deviation:    7,61
                 Cases:  21

    Most extreme differences
Absolute   Positive   Negative   K-S Z      2-Tailed P
 ,14592     ,08629    -,14592    ,6687         ,7625
```

Da der Wert unter "2-Tailed P" (0,7625) größer als das gewählte Signifikanzniveau ist, kann die Hypothese der Normalverteilung nicht verworfen werden.

SPSS-Programm:

```
NPAR TESTS
  /K-S(NORMAL)= v6
  /MISSING ANALYSIS.
```

6.4 Abhängigkeit von Stichproben

Fast alle statistischen Tests haben als Voraussetzung, daß die Beobachtungen zufallsmäßig und wechselseitig unabhängig erhoben wurden und daß die Untersuchungseinheiten - in SPSS Fall genannt (das sind z.B. Personen oder auch Objekte) - zuvor nach dem Zufall auf die einzelnen Gruppen (Behandlungsstufen) verteilt wurden.

Unabhängigkeit der Beobachtungen bedeutet, daß die Auswahl eines beobachteten Falls nicht die Auswahl eines anderen zu beobachteten Falls begünstigt oder benachteiligt. Gegen dieses Prinzip wird verstoßen, indem beispielsweise eine Untersuchungseinheit nur eine Beobachtung, eine andere aber mehrere Beobachtungen liefert.

Zufallsstichprobe heißt, daß jeder Fall der Grundgesamtheit eine gleich große Chance hat, in die Stichprobe zu gelangen.

Die sogenannten parametrischen Tests fordern darüber hinaus noch, daß die Beobachtungsmerkmale intervallskaliert sind und aus einer normalverteilten Grundgesamtheit stammen. Werden die Merkmale an verschiedenen Gruppen erhoben, müssen die Beobachtungen aus den einzelnen Gruppen jeweils normalverteilt sein. Darüber hinaus ist es bei einigen Tests notwendig, daß Varianzhomogenität vorliegt. Varianzhomogenität heißt, daß die Varianzen für alle Gruppen gleich sind.

6.5 Übersicht über Tests

In der folgenden Tabelle finden Sie diverse Tests, die u.a. in SPSS zur Verfügung stehen. Die Tests für nominale/ordinale Skalen, sowie für metrische Skalen (ohne Normalverteilung) finden Sie in SPSS unter dem Punkt "Nichtparam. Tests", sofern nicht explizit ein Menüpunkt in Klammern angegeben ist.

Daten Skalenniveau	Analyse für eine Stichprobe	 2 unabhängige Stichproben	 2 verbundene Stichproben
nominal	Chi-Quadrat-Anpassungstest Binomialtest	Chi-Quadrat-Test auf Unabhängigkeit (Kreuztabellen) Fishers exakter Test (Kreuztabellen)	McNemar-Test
ordinal		Mann-Whitney U-Test Moses-Test Wald-Wolfowitz-Test	Wilcoxon-Vorzeichenrangtest Vorzeichentest
metrisch	Kolmogorov-Smirnov-Test	Kolmogorov-Smirnov-Test	
metrisch (Normalverteilung)		t-Test (Mittelwertsvergleiche)	t-Test (Mittelwertsvergleiche) Tests bei einfacher linearer / nichtlinearer Regression

Daten Skalen-niveau	Analyse für k unabhängige Stichproben	 k verbundene Stichproben
nominal		Cochrans Q-Test
ordinal	Kruskal-Wallis H-Test Mediantest	Friedman-Test Kendalls W-Test
metrisch		
metrisch (Normal-verteilung)	Varianz- und Kovarianz-Analysen (ANOVA-Modelle / ...) Duncan-Test Student-Newman-Keuls Tukey-Test Scheffé-Test (Mittelwertsvergleiche / Einfaktorielle ANOVA)	Varianz- und Kovarianz-Analysen (ANOVA-Modelle / Meßwiederholungen...) zahlreiche weitere Tests bei multivariaten Verfahren (ANOVA Modelle / Allgemein mehrfaktoriell...; Regression)

7 Einfache Methoden der schließenden Statistik

7.1 Mittelwertsvergleiche bei normalverteilten Stichproben (t-Test)

Die Prozedur T-TEST dient zur Durchführung des Student-t-Tests für abhängige (verbundene) und für unabhängige (unverbundene) Stichproben, d.h. es wird bei zwei Stichproben getestet, ob die Mittelwerte signifikant verschieden sind.

Zum Beispiel kann mit dem t-Test überprüft werden, ob signifikante Mittelwertsunterschiede im Gewicht zwischen Rauchern und Nichtrauchern bestehen. Dies ist mit einem Test für unabhängige Stichproben durchzuführen, wenn Raucher und Nichtraucher verschiedene Personen sind und die Personen zufällig ausgewählt wurden, wie das z.B. bei der Fragebogenauswertung in Kapitel 2 der Fall ist. Wenn Sie dagegen das Gewicht von Rauchern ermitteln und anschließend, wenn diese Personen mit dem Rauchen aufhören, wieder das Gewicht ermitteln, um auf Mittelwertsunterschiede beim Rauchen und beim Nichtrauchen zu testen, hätten Sie einen Test für abhängige Stichproben zu wählen.

Voraussetzungen für den t-Test für unabhängige Stichproben sind:

- Die beiden Merkmale sind intervallskaliert.
- Die beiden Stichproben stammen aus normalverteilten Grundgesamtheiten.

Voraussetzungen für den t-Test für abhängige Stichproben sind:

- Die beiden Merkmale sind intervallskaliert.
- Die Differenzen stammen aus einer normalverteilten Grundgesamtheit.

7.1.1 Mittelwertsvergleich bei unabhängigen Stichproben

Für die Variable V6 (Körpergröße) in unserem Beispiel Fragebogen wird getestet, ob Mittelwertsunterschiede zwischen den Geschlechtern existieren. Es liegen unabhängige (unverbundene) Stichproben vor, da es sich bei den zwei Gruppen (männlich, weiblich) natürlich um verschiedene Personen handelt, die unabhängig voneinander in die Stichprobe gelangten.

Wählen Sie nun unter dem Menüpunkt "Statistik" "Mittelwertsvergleiche" und dort "T-Test bei unabh. Stichproben...". Wählen Sie als "Testvariable" die Variable V6 und als "Gruppenvariable" die Variable V4 (Geschlecht) aus und klicken Sie danach auf "Gruppen def. ...", um die Gruppen zu definieren. Da die Variable V4 zwei Ausprägungen hat, nämlich 1 für männlich und 2 für weiblich, geben Sie neben "Gruppe 1" die 1 und neben "Gruppe 2" die 2 ein (Abb. 7-1).

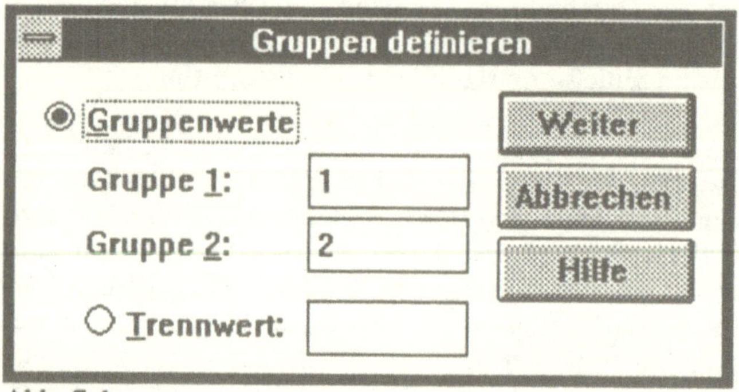

Abb. 7-1

Wählen Sie danach "Weiter" und dann "OK", und Sie erhalten die folgende Ergebnisausgabe:

```
t-tests for independent samples of  V4   Geschlecht

                  Number
Variable         of Cases     Mean          SD        SE of Mean
-----------------------------------------------------------------
 V6  Größe                    (1)

 männlich           11      178,2727       5,850        1,764
 weiblich            9      168,1111       6,092        2,031
-----------------------------------------------------------------

          Mean Difference = 10,1616  (2)

                                                 (3)
Levene's Test for Equality of Variances: F= ,135 P= ,718


t-test for Equality of Means                       95%
Variances t-value df  2-Tail Sig  SE of Diff CI for Diff
-----------------------------------------------------------------
 Equal     3,79   18     ,001(4)    2,678  (4,534; 15,790)
 Unequal   3,78   16,92 ,002(5)     2,690  (4,486; 15,838)
-----------------------------------------------------------------
                                                      (6)
```

In der ersten Tabelle kann unter Mean **(1)** der Mittelwert für die Gruppe der Männer, welcher 178,2727 cm beträgt, und darunter der Wert von 168,1111 cm für die Gruppe der Frauen abgelesen werden. Neben Mean Difference steht der Mittelwertsunterschied von 10,1616 cm **(2)**. Darunter ist ein F-Wert von 0,135 und ein p-Wert von 0,718 zu erkennen **(3)**. Hier wird ein Test auf Gleichheit der Varianzen zwischen den beiden Gruppen durchgeführt. Diese Hypothese kann, wegen des p-Werts von 0,718, der viel größer als das gewählte Signifikanzniveau von 5% ist, nicht verworfen werden. Dies ist gut, da die Gleichheit der Varianzen eine Voraussetzung für den t-Test ist.

Der p-Wert für den t-Test beträgt 0,001 **(4)**. Da dieser Wert kleiner als das gewählte Signifikanzniveau von 0,05 ist, besteht ein signifikanter Unterschied zwischen den Mittelwerten, d.h., die Nullhypothese der Gleichheit der Erwartungswerte wird verworfen.

SPSS-Programm:

```
T-TEST
   GROUPS=v4(1 2)
   /MISSING=ANALYSIS
   /VARIABLES=v6
   /CRITERIA=CIN(.95) .
```

Bemerkung:
Der t-Test darf aber nur angewandt werden, wenn gewisse Voraussetzungen erfüllt sind. Andernfalls wird von SPSS trotzdem ein p-Wert ausgerechnet; dieser Wert darf aber nicht interpretiert werden und liefert auch keine Aussagen über die Signifikanz. Welche Voraussetzungen notwendig sind, wird weiter unten erläutert. Zunächst sollen aber die einzelnen Ergebnisse ausführlich erläutert werden.

(1) Es sei $\bar{x}_1$ der Mittelwert (Mean), s_1 die Standardabweichung (Standard Deviation) und n_1 der Stichprobenumfang (Number of Cases) der Gruppe 1, also der männlichen Personen. Es gilt

$$\bar{x}_1 = 178{,}2727 \quad s_1 = 5{,}850 \quad n_1 = 11.$$

Für die zweite Gruppe (Geschlecht weiblich) gilt

$$\bar{x}_2 = 168{,}1111 \quad s_2 = 6{,}092 \quad n_2 = 9.$$

Außerdem wird noch jeweils der Standardfehler des Mittelwert angegeben.

(2) Bei Mean Difference ist die Differenz der Mittelwerte angegeben 178,2727 - 168,1111 = 10,1616.

(3) F-Test für die Varianzhomogenität der beiden Stichproben: Es wird getestet, ob die Varianzen der beiden Gruppen in der Grundgesamtheit gleich sind. Da ein relativ hohes Signifikanzniveau von 0,718 berechnet wurde, schließen Sie auf die Varianzhomogenität in den Grundgesamtheiten. Korrekterweise dürfen Sie nur daraus schließen, daß die Hypothese (daß die Varianzen gleich sind) nicht verworfen wird, da sonst eine Voraussetzung für den t-Test nicht erfüllt wäre.

(4) Bei "Equal" ist die 'klassische' Version des t-Tests aufgeführt. Wann sind die Mittelwerte signifikant verschieden? Dazu berechnet SPSS die Teststatistik t. Die Teststatistik ist Student-t-verteilt mit n_1+n_2-2 Freiheitsgraden (Degrees of Freedom).

$$t = \frac{\bar{x}_1 - \bar{x}_2}{\sqrt{s_1^2 / n_1 + s_2^2 / n_2}}$$

Wenn t sehr groß ist, ist die Hypothese zu verwerfen, daß die Erwartungswerte in den Grundgesamtheiten gleich sind. Was heißt dabei sehr groß? Dazu wird der p-Wert, hier bezeichnet mit "2-Tail Sig", angegeben. Ist dieser Wert kleiner als die vorgegebene Irrtumswahrscheinlichkeit, sind die Mittelwerte signifikant verschieden.

Bei einer Irrtumswahrscheinlichkeit (Niveau) von 5 % (5% = 0,05) wird die Hypothese verworfen, da 0,001 < 0,05; es existieren also zwischen den zwei Meßreihen signifikante Mittelwertsunterschiede.
Der t-Test setzt voraus, daß die Varianzen der beiden Gruppen in der Grundgesamtheit gleich sind. Aus (2) ergibt sich, daß diese Voraussetzung erfüllt ist.

Hinweis:
Durch Halbierung des angegebenen p-Werts erhalten Sie den p-Wert für den einseitigen Mittelwertstest. Vorausgesetzt wird natürlich, daß die in H_1 ausgesagte Richtung der Mittelwertsdifferenz vorliegt (vgl. Kapitel 6.1).

(5) Sind die Varianzen nicht gleich, wird ein entsprechender approximativer Test bei 'Unequal' durchgeführt. Ist der 2-Tail-Sig-Wert kleiner als die vorgegebene Irrtumswahrscheinlichkeit, sind die Mittelwerte der beiden Gruppen signifikant verschieden.

(6) Es wird ein Konfidenzintervall (engl. confidence intervall = CI) für die Differenz berechnet. Mit 95%-Wahrscheinlichkeit liegt die Differenz zwischen 4,534 und 15,790.

Vorausgesetzt wird bei allen drei obigen Tests, daß die erste sowie die zweite Stichproben aus normalverteilten Grundgesamtheiten stammen. Dies kann mit dem Kolmogorov-Smirnov-Test überprüft werden. Hierzu muß also der Kolmogorov-Smirnov-Test für die Körpergröße der Männer, sowie für die Körpergröße der Frauen getrennt durchgeführt werden. Im Kapitel 6 wird die Durchführung dieses Tests mit SPSS beschrieben. Dazu muß nur jeweils die Gruppe der Frauen und danach die Gruppe der Männer (Kapitel 3.2, Filterung von Fällen) ausgewählt werden.

Es folgt die Ergebnisausgabe:

```
- - - - - Kolmogorov - Smirnov Goodness of Fit Test

     V6          Größe

Test distribution - Normal                         Mean:   168,11
                                    Standard Deviation:      6,09

                 Cases:  9

                 Most extreme differences
Absolute    Positive    Negative        K-S Z        2-Tailed P
 ,15939      ,15603     -,15939         ,4782          ,9762
                                                                (7)


- - - - - Kolmogorov - Smirnov Goodness of Fit Test

     V6          Größe

Test distribution - Normal                         Mean:   178,27
                                    Standard Deviation:      5,85

                 Cases:  11

                 Most extreme differences
Absolute    Positive    Negative        K-S Z        2-Tailed P
,19701    ,17109      -,19701         ,6534          ,7867
                                                                (8)
```

Wie zu sehen ist, kann die Hypothese der Normalverteilung weder bei den Frauen (p-Wert von 0,9762 > 0,25, siehe (7)) noch bei den Männern (p-Wert von 0,7867, siehe (8)) verworfen werden.

Hinweis:

Die Ergebnisausgabe von SPSS suggeriert, daß es adäquat ist, in Abhängigkeit von (3) eine Wahl zwischen (4) und (5) vorzunehmen. Es wird verschwiegen, daß sich die Verteilung der Tests unter der Nullhypothese durch die Bedingung auf die Entscheidung (3) ändert und die berechneten p-Werte unter Umständen nicht korrekt sind. Trotzdem wird in der Praxis so vorgegangen.

SPSS-Programm:

```
USE ALL.
COMPUTE filter_$=(v4=2).
VARIABLE LABEL filter_$ 'v4=2 (FILTER)'.
VALUE LABELS filter_$ 0 'Nicht ausgew.' 1 'Ausgewählt'.
FORMAT filter_$ (f1.0).
FILTER BY filter_$.
EXECUTE .

NPAR TESTS
  /K-S(NORMAL)= v6
  /MISSING ANALYSIS.


USE ALL.
COMPUTE filter_$=(v4=1).
VARIABLE LABEL filter_$ 'v4=1 (FILTER)'.
VALUE LABELS filter_$ 0 'Nicht ausgew.' 1 'Ausgewählt'.
FORMAT filter_$ (f1.0).
FILTER BY filter_$.


EXECUTE .

NPAR TESTS
  /K-S(NORMAL)= v6
  /MISSING ANALYSIS.
```

In einem weiteren Beispiel soll überprüft werden, ob ein signifikanter Mittelwertsunterschied im Gewicht zwischen Rauchern und Nichtrauchern besteht.

Die Vorgehensweise ist hierbei die gleiche wie im oberen Beispiel, wobei Sie als "Testvariable" die Variable V5 (Körpergewicht) und als "Gruppenvariable" die Variable V8 (Rauchen Sie ?) auswählen.

Sie erhalten dann die folgende Ergebnisausgabe:

```
t-tests for independent samples of  V8   Rauchen Sie ?

                Number
Variable       of Cases   Mean      SD          SE of Mean
-----------------------------------------------------------
V5  Gewicht
   ja             7      71,5714    10,048         3,798
   nein          14      66,2857     9,895         2,645
-----------------------------------------------------------

            Mean Difference = 5,2857

Levene's Test for Equality of Variances: F= ,006   P= ,940


t-test for Equality of Means
                                                 95%
Variances t-value df 2-Tail Sig SE of Diff  CI for Diff
-----------------------------------------------------------
Equal        1,15    19     ,265    4,603    (-4,351; 14,922)
Unequal      1,14    11,93 ,276     4,628    (-4,800; 15,371)
-----------------------------------------------------------
```

Wie zu sehen ist, besteht aufgrund des p-Wertes von 0,265 (siehe bei "2-Tail Sig") kein signifikanter Unterschied im durchschnittlichen Körpergewicht zwischen Rauchern und Nichtrauchern.

SPSS-Programm:

```
T-TEST
  GROUPS=v8(1 2)
  /MISSING=ANALYSIS
  /VARIABLES=v5
  /CRITERIA=CIN(.95) .
```

7.1.2 Mittelwertsvergleich bei abhängigen Stichproben

An zehn Personen wurde das Gewicht vor und nach einer Behandlung festgestellt. Es soll getestet werden, ob ein signifikanter Unterschied zwischen den Mittelwerten der zwei Gewichte (Variablennamen: GEWICHT1 und GEWICHT2) besteht. Es liegen abhängige Stichproben vor, da die Gewichte (GEWICHT1 und GEWICHT2) an den gleichen Personen (Fällen) ermittelt wurden. Beispielsweise könnte folgende Datenmatrix vorliegen:

GEWICHT1	GEWICHT2
57	55
49	48
55	54
67	66
70	70
65	67
66	66
78	74
60	60
70	71

Daten: GEWICHT

Diese Datenmatrix geben wir nun in SPSS ein.

Wählen Sie nun unter dem Menüpunkt "Statistik" "Mittelwertsvergleiche" und dort "T-Test bei gepaarten Stichproben...". Wenn Sie nun im oberen linken Fenster auf die beiden Variablen klicken, danach auf den Button mit dem Pfeil nach rechts, so erhalten Sie das Fenster aus Abb. 7-2

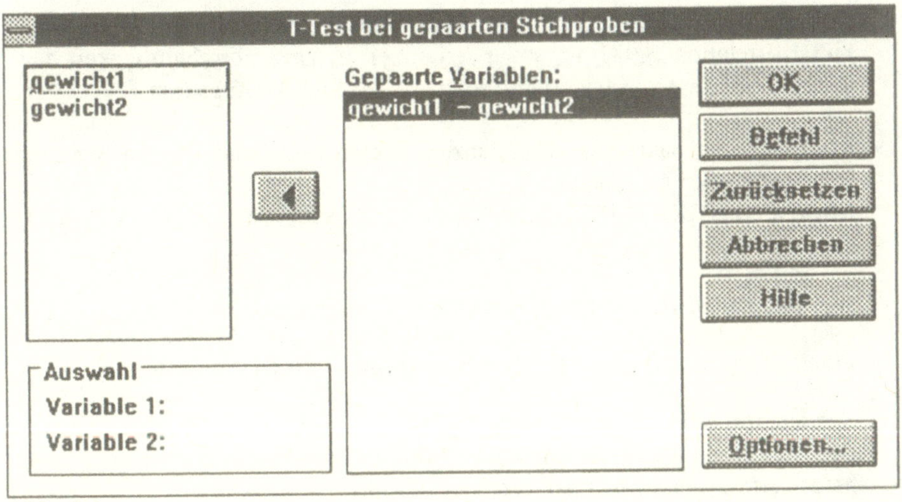

Abb. 7-2

Wenn Sie nun "OK" wählen, erhalten Sie die folgende Ergebnisausgabe:

```
        - - - t-tests for paired samples - - -

           Number of             2-tail
Variable     pairs    Corr        Sig      Mean     SD    SE of Mean
-----------------------------------------------------------------------
  GEWICHT1                                63,7000  8,512     2,692
              10     ,981(1)   ,000(2)
  GEWICHT2                                63,1000  8,478     2,681
-----------------------------------------------------------------------


    Paired Differences                  |
 Mean          SD   SE of Mean          |   t-value      df   2-tail Sig
 -------------------------------        |  ---------------------------------
 ,6000(3)   1,647(4)  ,521(5)           |   1,15(6)     9(7)   ,279(8)
                                        |
 95% CI (-,578; 1,778)                  |
```

Erläuterung der Ergebnisausgabe:

(1) Korrelationskoeffizient zwischen GEWICHT1 und GEWICHT2 (vgl. Kapitel 7.3).

(2) p-Wert (Signifikanzwert) für Test, ob der Korrelationskoeffizient gleich 0 ist. Die Korrelation 0,981 ist sogar bei einer Irrtumswahrscheinlichkeit von 0,001 signifikant von 0 verschieden, da "2-tail Sig" 0,000 beträgt.

(3) Mittelwert der paarweisen Differenzen. Diesen Mittelwert können Sie auch folgendermaßen bestimmen:
Mittelw. von GEWICHT1 - Mittelwert von GEWICHT2 = 63,7 - 63,1
= 0,6.

(4) s_D Standardabweichungen der paarweisen Differenzen

(5) Standardabweichung des Mittelwerts der paarweisen Differenzen

(6) Zur Überprüfung, ob signifikante Mittelwertsunterschiede bestehen, werden der t-Wert und die Freiheitsgrade berechnet. Daraus bestimmt sich der dann berechnete p-Wert. Für den t-Wert ergibt sich

$$t = \frac{\overline{x}_1 - \overline{x}_2}{s_D / \sqrt{n}} = \frac{63{,}7 - 63{,}1}{1{,}647 / \sqrt{10}} = 1{,}15$$

s_D = Standardabweichung der paarweisen Differenzen,
n = Stichprobenumfang.
Die Teststatistik ist t-verteilt mit n-1 Freiheitsgraden.

(7) Freiheitsgrade = n - 1 = 10 - 1 = 9

(8) p-Wert für Mittelwertstest. Wegen 0,279 > 0,05 bestehen keine signifikanten Mittelwertsunterschiede.

Der Mittelwertstest verlangt, daß die Differenzen aus einer normalverteilten Grundgesamtheit stammen. Zur Überprüfung auf Normalverteilung wird der Kolmogorov-Smirnov-Test benutzt.

Wir berechnen also eine neue Variable DIFF = GEWICHT1-GEWICHT2 (siehe Kapitel 3.1, erechnung neuer Variablen). Danach führen wir den Kolmogorov-Smirnov-Test für die Variable DIFF durch (siehe Kapitel 6.3: "Nichtparm. Test","1-Stichproben K-S...") und erhalten die folgende Ergebnisausgabe:

```
- - - - - Kolmogorov - Smirnov Goodness of Fit Test

    DIFF

Test distribution - Normal                   Mean:     ,6000
                                  Standard Deviation:  1,6465
        Cases:   10
```

```
          Most extreme differences
Absolute    Positive     Negative          K-S Z   2-Tailed P
,20403      ,20403       -,15778           ,6452   ,7994
```

Es kann davon ausgegangen werden, daß eine Normalverteilung vorliegt. Streng genommen, darf aber nur geschlossen werden, daß die Hypothese, die Daten stammen aus einer normalverteilten Grundgesamtheit, nicht verworfen wird (da 0,7994>0,25, spricht jedoch nichts gegen die Normalverteilungshypothese, vgl. Kapitel 6.3).

SPSS-Programm:

```
COMPUTE DIFF = gewicht1-gewicht2 .
EXECUTE .

NPAR TESTS
  /K-S(NORMAL)= diff
  /MISSING ANALYSIS.
```

7.1.3 Mittelwertsvergleich bei einer Stichprobe

Mit SPSS (ab Version 6.1) können Sie ganz einfach, in Analogie zu den zuvor beschriebenen Beispielen, einen Mittelwertsvergleich bei einer Stichprobe durchführen. Sollten Sie eine ältere Version von SPSS besitzen, so können Sie diesen Test nicht direkt über einen Menüpunkt durchführen. Mit Hilfe eines kleinen Tricks, den wir im folgenden beschreiben, können Sie aber auch überprüfen, ob eine Stichprobe aus einer Grundgesamtheit mit einem bestimmten Erwartungswert μ stammt. Dies soll an unserem oberen Beispiel erläutert werden.

Es soll überprüft werden, ob der Erwartungswert der Variable GEWICHT2 (im Beispiel aus Kapitel 7.1.2) 70 kg beträgt. Erzeugen Sie hierzu zunächst eine neue Variable WERT, die überall den Wert 70 hat (siehe Kapitel 4: "Transformieren", "Berechnen") und vergleichen Sie danach in Analogie zum Mittelwertsvergleich zweier gepaarter Stichproben die Variable GEWICHT2 mit der Variablen WERT.

Sie erhalten die folgende Ergebnisausgabe:

```
           - - - t-tests for paired samples - - -

            Number of             2-tail
Variable      pairs      Corr      Sig       Mean     SD    SE of Mean
-----------------------------------------------------------------------
GEWICHT2                                   63,1000  8,478     2,681
              10           ,        ,
WERT                                       70,0000  ,000       ,000
-----------------------------------------------------------------------
```

```
   Paired Differences           |
 Mean     SD     SE of Mean     |   t-value     df  2-tail Sig
--------------------------------|------------------------------
6,9000 8,478        2,681       |    -2,57       9       ,030
                                |
 95% CI (-12,967; -,833)        |
```

Wie zu erkennen ist, muß die Hypothese, daß der Erwartungswert gleich 70 kg beträgt, verworfen werden (da 0,03 < 0,05).

SPSS-Programm:

```
COMPUTE WERT = 70 .
EXECUTE .

T-TEST
  PAIRS= gewicht2  WITH wert (PAIRED)
  /CRITERIA=CIN(.95)
  /FORMAT=LABELS
  /MISSING=ANALYSIS.
```

Eine Voraussetzung für diesen Test ist die Normalverteilung der Differenz, was aber gleichbedeutend ist mit der Normalverteilung der Variablen GEWICHT2, die im folgenden mit dem Kolmogorov-Smirnov-Test überprüft wird:

```
- - - - - Kolmogorov - Smirnov Goodness of Fit Test

   GEWICHT2

Test distribution - Normal                     Mean:  63,1000
                                Standard Deviation:    8,4781
                  Cases:  10

                  Most extreme differences
Absolute     Positive     Negative        K-S Z        2-Tailed P
,23385       ,13031       -,23385         ,7395        ,6449
```

Die Hypothese der Normalverteilung der Variablen GEWICHT2 kann also nicht verworfen werden (da p-Wert = 0,6449).

SPSS-Programm:

```
NPAR TESTS
  /K-S(NORMAL)= gewicht2
  /MISSING ANALYSIS.
```

7.2 Einfaktorielle Varianzanalyse

Mit der einfaktoriellen Varianzanalyse kann der Einfluß einer kategoriellen Variable auf eine metrisch skalierte Variable untersucht werden. Z.B. könnten Sie den Einfluß der Augenfarbe auf das Körpergewicht betrachten. In unserem Beispiel Fragebogen hat die Variable V11, die die Augenfarbe repräsentiert, 4 mögliche Ausprägungen. Nach diesen Ausprägungen läßt sich die Variable V11 in 4 Gruppen einteilen, und es könnte für jede Gruppe die mittlere Körpergröße bestimmt werden. Hat nun die Augenfarbe einen signifikanten Einfluß auf die Körpergröße, so müßten die Mittelwerte der 4 Gruppen signifikant voneinander abweichen. Somit läßt sich die grundlegende Hypothese der Varianzanalyse spezifizieren:

H_0 : Alle Erwartungswerte sind gleich: $\mu_1 = \mu_2 = \mu_3 = \mu_4 = \mu$

H_A: Mindestens ein Erwartungswert weicht ab:
Es existiert ein j mit: $\mu_j \neq \mu$ (j = 1, 2, 3, 4)

Für die Varianzanalyse gelten u.a. folgende Voraussetzungen:

- Metrische Skalierung der abhängigen Variablen (im Beispiel: Körpergröße)

- Faktorvariable (unabhängige Variable) ist eine kategorielle (d.h. nominal- oder ordinalskalierte) Variable (im Beispiel: Augenfarbe)

- Stichprobe stammt bezüglich der abhängigen Variable aus normalverteilten Grundgesamtheiten.

- Gleichheit der Varianzen in den einzelnen Gruppen

Bemerkung:
Wir betrachten in diesem Kapitel nur die einfaktorielle Varianzanalyse. Bei der mehrfaktoriellen Varianzanalyse gelten die gleiche Voraussetzungen wie bei der einfaktoriellen Varianzanalyse, nur existieren mehrere Faktorvariablen.

Für die Varianzanalyse läßt sich ein sogenanntes lineares Modell aufstellen. Diese sieht wie folgt aus:

$$Y_i^{(j)} = \mu + \beta_j + E_i^{(j)} \quad (j = 1,2,\ldots,k)$$

Mit dem Index j wird die Gruppe festgelegt und der Index i bezeichnet die i-te Beobachtung in der j-ten Gruppe. In unserem Fall kann der Index j Werte zwischen 1 und 4 annehmen, da die Variable V11 (Augenfarbe) vier Ausprägungen besitzt.

β_j bezeichnet den Einfluß der j-ten Gruppe, $E_i^{(j)}$ den Fehler; $\mu_j = \mu + \beta_j$.

Falls die Erwartungswerte aller Gruppen gleich wären, so wären alle $\beta_j = 0$.

Wir führen im folgenden eine einfaktorielle Varianzanalyse durch. Wählen Sie unter dem Menüpunkt "Statistik" "Mittelwertsvergleich" und dort "Einfaktorielle ANOVA...". Wählen Sie danach als "Abh. Variable" die Variable V6 und als "Faktor" die Variable V11 und klicken Sie danach auf "Bereich def. ...". Wählen Sie als Minimum 1 und als Maximum 4 (Abb. 7-3), da die Variable V11 die Kategorien 1 bis 4 aufweist, und klicken Sie dann auf "Weiter".

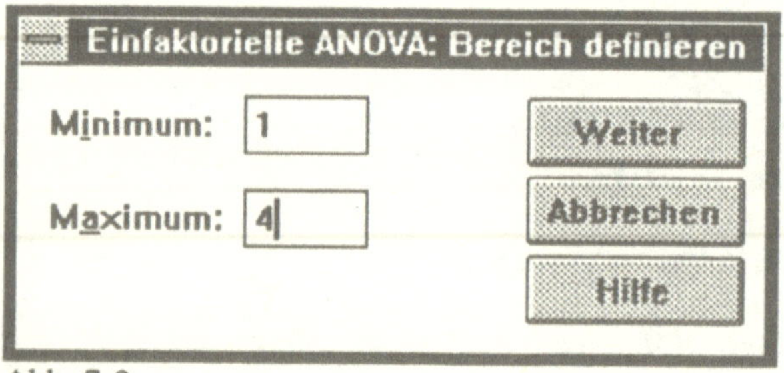

Abb. 7-3

Klicken Sie danach noch auf "Optionen..." und wählen Sie dort "Deskr. Statistik" und "Varianzhomogenität" (Abb. 7-4) und auf "Weiter".

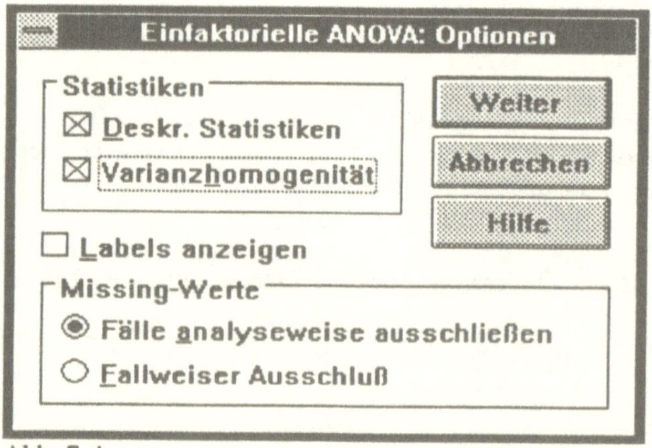

Abb. 7-4

Ihr Fenster sieht nun wie folgt aus:

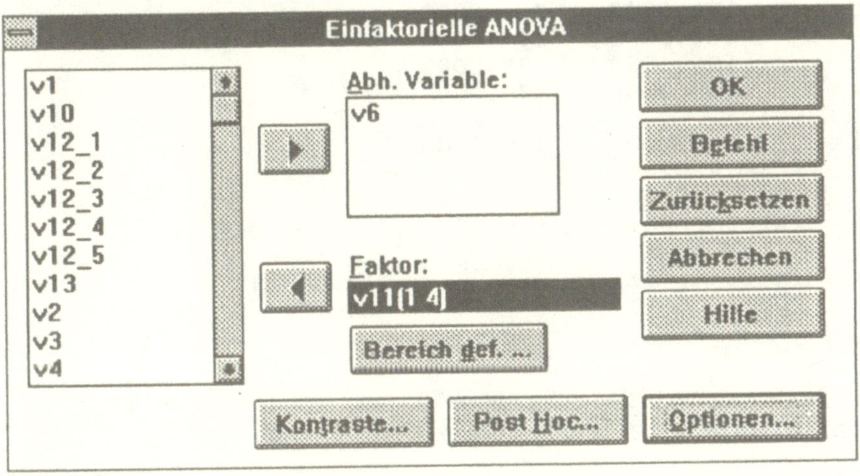

Abb. 7-5

Wenn Sie nun auf "OK" klicken, erhalten Sie die folgende Ergebnisausgabe:

- - - - - O N E W A Y - - - - -

Variable V6 Größe
By Variable V11 Augenfarbe

Analysis of Variance

Source	D.F.	Sum of Squares	Mean Squares	F Ratio	F Prob.
Between Groups	3	308,3333	102,7778	1,9737	,1966
Within Groups	8	416,5833	52,0729		
Total	11	724,9167			

Group	Count	Mean	Standard Deviation	Standard Error	95 Pct Conf Int for Mean		
Grp 1	3	182,3333	5,8595	3,3830	167,7775	TO	196,8892
Grp 2	2	170,5000	9,1924	6,5000	87,9097	TO	253,0903
Grp 3	4	170,2500	8,7702	4,3851	156,2948	TO	184,2052
Grp 4	3	171,3333	4,0415	2,3333	161,2937	TO	181,3730
Total	12	173,5833	8,1180	2,3435	168,4254	TO	178,7412

```
GROUP          MINIMUM       MAXIMUM

Grp 1         178,0000      189,0000
Grp 2         164,0000      177,0000
Grp 3         159,0000      179,0000
Grp 4         169,0000      176,0000

TOTAL         159,0000      189,0000


Levene Test for Homogeneity of Variances

    Statistic      df1    df2        2-tail Sig.
      1,2041        3     8             ,369
```

Den entscheidenden Wert finden Sie unter "F Prob.". Da dieser Wert mit 0,1966 größer als 0,05 ist, bestehen keine signifikanten Mittelwertsunterschiede.

Im folgenden wird nun die Ergebnisausgabe Schritt für Schritt erklärt. Unter "Analysis of Variance" ist die Tafel der Varianzanalyse zu finden:

Source	**D.F.**	**Sum of Squares**	**Mean Squares**	**F Ratio**
Between Groups	k - 1	$SST = \sum_{j=1}^{k} n_j (\bar{y}^{(j)} - \bar{y})^2$	$MST = \frac{SST}{k-1}$	$F = \frac{MST}{MSE}$
Within Groups	n - k	$SSE = \sum_{j=1}^{k} \sum_{i=1}^{n_j} (y_i^{(j)} - \bar{y}^{(j)})^2$	$MSE = \frac{SSE}{n-k}$	
Total	n - 1	$SSG = \sum_{j=1}^{k} \sum_{i=1}^{n_j} (y_i^{(j)} - \bar{y})^2$		

k ist hierbei die Anzahl der Gruppen und n die Anzahl der gesamten Fälle. n_j bezeichnet die Anzahl der Beobachtungen in der j-ten Gruppe, $\bar{y}^{(j)}$ den Mittelwert der j-ten Gruppe und $\bar{y}$ ist das Gesamtmittel. $y_i^{(j)}$ ist der i-te Beobachtungswert der j-ten Gruppe.

In unserem Beispiel ist k = 4 und n = 12. Für die Quadratsummen gilt:

SST = 308,3333 (Streuung zwischen den Gruppen)
SSE = 416,5833 (Streuung innerhalb der Gruppen)
SSG = 724,9167 (Gesamtstreuung)

Wie zu erkennen ist gilt: SSG = SST + SSE

Der F-Wert, der sich aus dem Quotient aus der mittleren Streuung zwischen den Gruppen und der mittleren Streuung innerhalb der Gruppen ergibt, wird wie folgt berechnet:

F = 102,7778 / 52,0729 = 1,9737

Ist dieses Verhältnis zu groß, so spricht dies gegen die Hypothese der Gleichheit der Erwartungswerte. In unserem Fall ergibt sich ein F-Prob von 0,1966. Somit kann die Hypothese, das die Erwartungswerte in jeder Gruppe gleich groß sind, nicht verworfen werden. Es gibt somit keinen signifikanten Unterschied zwischen den Gruppen.

Den Mittelwert für jede Gruppe können Sie in dem Teil zur univariaten Statistik ablesen:

$\bar{y}^{(1)} = 182{,}3333 \quad (n_1 = 3)$

$\bar{y}^{(2)} = 170{,}5000 \quad (n_2 = 2)$

$\bar{y}^{(3)} = 170{,}2500 \quad (n_3 = 4)$

$\bar{y}^{(4)} = 171{,}3333 \quad (n_4 = 3)$

Der Test für die Gleichheit der Varianzen (Varianzhomogenität) befindet sich in der letzten Zeile der Ergebnisausgabe (Levene Test for Homogeneity of Variances). Die Nullhypothese der Varianzhomogenität kann hier nicht verworfen werden, da der p-Wert bei 0,369 liegt.

SPSS-Programm:

```
ONEWAY
  v6 BY v11(1 4)
  /HARMONIC NONE
  /STATISTICS DESCRIPTIVES HOMOGENEITY
  /FORMAT NOLABELS
  /MISSING ANALYSIS .
```

Neben der Voraussetzung der Varianzhomogenität, muß in unserem Beispiel noch überprüft werden, ob jede Gruppe aus einer normalverteilten Grundgesamtheit stammt. Wie dies mit SPSS realisiert werden kann, wurde bereits im Kapitel 7.1.1 für zwei Gruppen durchgeführt. Wird dies analog für die vier Gruppen getan, ergeben sich die folgen p-Werte des Kolmogorov-Smirnov-Tests für jede der vier Gruppen:

p-Wert (für V11 = 1): 0,9151
p-Wert (für V11 = 2): 0,9992
p-Wert (für V11 = 3): 0,9958
p-Wert (für V11 = 4): 0,7660

Wie zu sehen ist sind alle p-Werte größer als 0,25, womit die Hypothesen der Normalverteilung nicht verworfen werden können.

SPSS-Programm:

```
USE ALL.
COMPUTE filter_$=(v11=1).
FORMAT filter_$ (f1.0).
FILTER BY filter_$.
EXECUTE .

NPAR TESTS
  /K-S(NORMAL)= v6
  /MISSING ANALYSIS.


USE ALL.
COMPUTE filter_$=(v11=2).
FORMAT filter_$ (f1.0).
FILTER BY filter_$.
EXECUTE .

NPAR TESTS
  /K-S(NORMAL)= v6
  /MISSING ANALYSIS.


USE ALL.
COMPUTE filter_$=(v11=3).
FORMAT filter_$ (f1.0).
FILTER BY filter_$.
EXECUTE .

NPAR TESTS
  /K-S(NORMAL)= v6
  /MISSING ANALYSIS.
```

```
USE ALL.
COMPUTE filter_$=(v11=4).
FORMAT filter_$ (f1.0).
FILTER BY filter_$.
EXECUTE .

NPAR TESTS
  /K-S(NORMAL)= v6
  /MISSING ANALYSIS.
```

Das obige Beispiel ergab keine signifikanten Unterschiede. Wir werden nun eine weitere einfaktorielle Varianzanalyse durchführen. Wenn bei einer Varianzanalyse signifikante Unterschiede zwischen den Gruppen vorhanden sind, wird mit weiteren Tests (z.B. Bonferroni-Test, Scheffé-Test usw.) untersucht, welche Gruppen sich signifikant unterscheiden. Aus diesem Grund wollen wir mit einem Scheffé-Test zusätzlich untersuchen, zwischen welchen Gruppen es einen signifikanten Unterschied gibt.

In unserem Beispiel wurde die Zugfestigkeit von drei verschiedenen Drahtsorten untersucht und in der folgenden Tabelle eingetragen (Höchstbelastung in Newton pro mm^2):

SORTE1	SORTE2	SORTE3
9,1	7,2	9,7
15,1	6,8	11,4
7,4	14,2	17,2
3,1	13,0	19,4
7,3	15,9	18,1
10,7	10,7	14,5

Wir wollen nun untersuchen, ob es einen signifikanten Unterschied in der Festigkeit zwischen den Gruppen gibt. Falls es einen signifikanten Unterschied gibt, wollen wir weiterhin wissen, zwischen welchen Sorten dieser besteht. Hierzu müssen die Daten zunächst in der folgenden Form in SPSS erfaßt werden:

SORTE	FESTIGK
1	9,1
1	15,1
1	7,4
1	3,1
1	7,3
1	10,7
2	7,2
2	6,8
2	14,2
2	13,0
2	15,9
2	10,7
3	9,7
3	11,4
3	17,2
3	19,4
3	18,1
3	14,5

Daten: DRAHT

Gehen Sie zur Durchführung der Varianzanalyse analog zum vorhergehenden Beispiel ("Mittelwertsvergleiche" / "Einfaktorielle ANOVA...") vor und wählen Sie die Variable FESTIGK als abhängige Variable und die Variable SORTE als unabhängige Variable. Definieren Sie ebenfalls den Bereich für die Variable SORTE (Minimum: 1, Maximum: 3). Nun klicken Sie auf "Post Hoc..." und wählen wie in Abb. 7-6 "Scheffé" zur Durchführung des Scheffé-Tests aus.

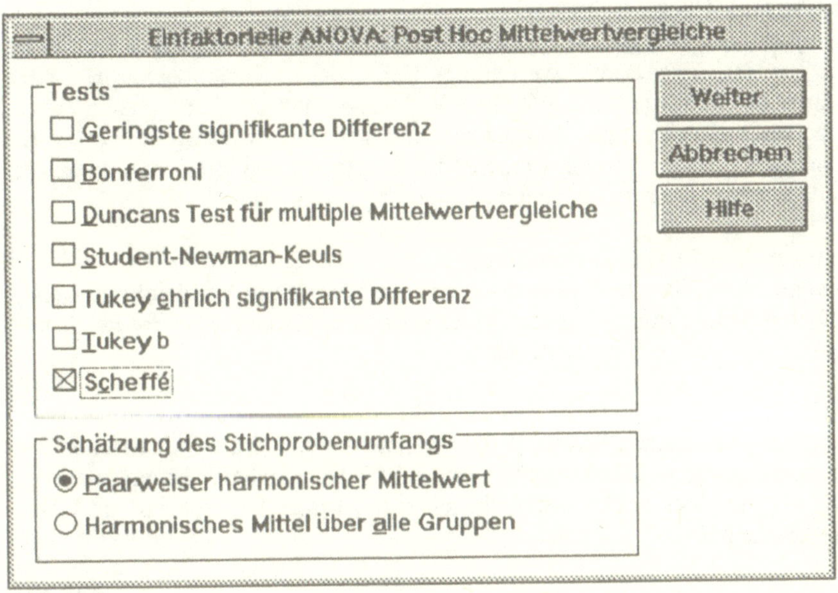

Abb. 7-6

Viele multiple Vergleichsverfahren sind in SPSS verfügbar. Sie unterscheiden sich in der Korrektur des Signifikanzniveaus. Die im Menü aus Abb. 7-6 zur Auswahl stehenden Testverfahren werden im folgenden erklärt:

Geringste signifikante Differenzen:
Hier werden t-Tests verwendet, um paarweise alle möglichen Gruppenunterschiede zu vergleichen. Es erfolgt dabei keine Korrektur des Fehlerniveaus für mehrfache Vergleiche.

Bonferroni:
Der Bonferroni-Test korrigiert das beobachtete Signifikanzniveau anhand der durchzuführenden Vergleiche. Wenn Sie beispielsweise 20 paarweise Vergleiche durchführen, muß das beobachtete Signifikanzniveau für jeden Einzelvergleich kleiner als 0,05/20 oder 0,0025 sein, damit der Unterschied zum Niveau 0,05 als signifikant eingeschätzt werden kann.

Duncan-Test für multiple Mittelwertsvergleiche:
Nimmt paarweise Vergleiche vor, wobei die Vergleiche schrittweise in der gleichen Reihenfolge wie beim Student-Newman-Keuls-Test ausgeführt werden. Allerdings wird eine Schutzstufe für die Fehlerrate einer Testsammlung gesetzt und keine Fehlerrate für individuelle Tests.

Student-Newman-Keuls:
Führt alle paarweise Vergleiche zwischen den Mittelwerten durch und verwendet dabei die studentisierte Bereichsverteilung. Bei gleicher Stichprobengröße, oder wenn "Harmonische Mittel über alle Gruppen" ausgewählt ist, werden auch innerhalb homogener Untergruppen Mittelwertpaare mit einer schrittweisen Prozedur verglichen. Mit dieser Prozedur werden Mittelwerte vom größten zum kleinsten sortiert und extreme Differenzen zuerst getestet.

Tukey ehrlich signifikante Differenzen:
Verwendet die studentisierte Rangstatistik, um **alle** paarweisen Vergleiche zwischen den Gruppen durchzuführen. Legt die Fehlerrate des Experiments bei der Fehlerrate der gesamten paarweisen Vergleiche fest.

Tukey b:
Verwendet die studentisierte Rangstatistik, um paarweisen Vergleiche zwischen den Gruppen durchzuführen. Der kritische Wert ist der Durchschnitt des entsprechenden Werts für die Tests nach "Tukey ehrlich signifikanter Differenzen" und nach "Student-Newman-Keuls".

Scheffé:
Führt für alle möglichen paarweisen Kombinationen gleichzeitige, gemeinsame und paarweise Vergleiche durch. Der Scheffé-Test kann im Gegensatz zu den Tukey-Tests auch bei ungleichen Gruppengrößen verwendet werden.

Wenn Sie nun "Weiter'" und "OK" wählen, erhalten Sie die folgende Ergebnisausgabe:

```
                - - - - -  O N E W A Y  - - - - -

     Variable  FESTIGK     Zugfestigkeit (N/qmm)
  By Variable  SORTE


                     Analysis of Variance

                             Sum of      Mean        F          F
Source               D.F.   Squares     Squares    Ratio      Prob.
                                                               (1)
Between Groups         2    119,3344    59,6672    3,9767    ,0411
Within Groups         15    225,0633    15,0042
Total                 17    344,3978
```

```
          - - - - -  O N E W A Y  - - - - -

     Variable  FESTIGK    Zugfestigkeit (N/qmm)
  By Variable  SORTE

Multiple Range Tests: Scheffe test with significance
level ,05

The difference between two means is significant if
MEAN(J)-MEAN(I) >= 2,7390 * RANGE * SQRT(1/N(I) + 1/N(J))
  with the following value(s) for RANGE: 3,84

(*) Indicates significant differences which are shown in
the lower triangle

                            G G G
                            r r r
                            p p p

                            1 2 3
     Mean       SORTE

     8,7833     Grp 1
    11,3000     Grp 2
    15,0500     Grp 3       *                (2)

Homogeneous Subsets (highest and lowest means are not
significantly different)


Subset 1

Group         Grp 1          Grp 2

Mean          8,7833        11,3000
- - - - - - - - - - - - - - - - -

Subset 2

Group         Grp 2          Grp 3

Mean         11,3000        15,0500
- - - - - - - - - - - - - - - - -
```

Mit dem p-Wert (F-Prob, siehe **(1)**) in der Varianzanalyse-Tafel von 0,0411 haben wir einen signifikanten Unterschied der Erwartungswerte nachgewiesen. Weiterhin wird mit dem Scheffé-Test untersucht, zwischen welchen Gruppen es einen signifikanten Unterschied bei einem Signifikanzniveau von 5% (0,05) gibt.

Der Scheffé-Test wird in der SPSS-Ergebnisausgabe mit einer Matrix (wegen der Symmetrie genügt die untere Dreiecksmatrix) dargestellt, in der die signifikanten Unterschiede mit einem Stern (*) verdeutlicht werden. In unserem Beispiel gibt es einen signifikanten Unterschied zwischen der ersten und dritten Gruppe bzw. Sorte (siehe **(2)**).

Weiter unten in der Ergebnisausgabe werden unter "Subset 1" und "Subset 2" die Gruppen mit Mittelwerten angezeigt, die nicht signifikant verschieden sind; dazu gehören zum einen die Drahtsorten 1 und 2 und zum anderen die Drahtsorten 2 und 3.

SPSS-Programm:

```
ONEWAY
  festigk BY sorte(1 3)
  /RANGES=SCHEFFE
  /HARMONIC NONE
  /FORMAT NOLABELS
  /MISSING ANALYSIS .
```

7.3 Bivariate Korrelation

7.3.1 Pearsonscher Korrelationskoeffizient

Mit der bivariaten Korrelation soll nun der Zusammenhang zweier intervallskalierter Stichproben, bzw. zweier Variablen X und Y, untersucht werden. Falls die beiden Variablen zusätzlich normalverteilt sind, so kann zusätzlich ein Test durchgeführt werden, mit der Nullhypothese, daß die Korrelation gleich 0 ist.

Als Beispiel dienen die Variable V5 (Körpergewicht) und V6 (Körpergröße) aus dem Beispiel Fragebogen.

Da wir auch die Testergebnisse interpretieren wollen, sollten die Normalverteilungsannahmen untersucht werden. Die Normalverteilungsannahme wurde bereits bei der Variablen V6 im Kapitel 6 überprüft. Mit dem Kolmogorov-Smirnov-Test überprüfen wir nun die Normalverteilungshypothese bei der Variable V5:

```
- - - - - Kolmogorov - Smirnov Goodness of Fit Test


      V5        Gewicht

Test distribution - Normal            Mean:   68,05
                          Standard Deviation:   10,02

              Cases:  21


             Most extreme differences
Absolute       Positive      Negative      K-S Z    2-Tailed P
,14865         ,07581        -,14865       ,6812     ,7422
```

Mit dem p-Wert von 0,7422 kann die Normalverteilungshypothese bei der Variablen V5 nicht verworfen werden.

Nun können wir den Zusammenhang zwischen beiden Variablen untersuchen. Wählen Sie hierzu unter dem Menüpunkt "Statistik" "Korrelation" und dort "Bivariat..." .

Wählen Sie dort die Variablen V5 und V6 aus und danach "OK". Sie erhalten die folgende Ergebnisausgabe:

```
          - -  Correlation Coefficients  - -

               V5          V6

V5           1,0000        ,7093
             (   21)     (   21)
             P= ,        P= ,000

V6            ,7093      1,0000
             (   21)     (   21)
             P= ,000     P= ,

(Coefficient / (Cases) / 2-tailed Significance)
" . " is printed if a coefficient cannot be computed
```

Wie zu erkennen ist, wird die empirische Korrelationsmatrix ausgegeben. Auf der Hauptdiagonalen stehen nur Einsen, da jede Variable mit sich selbst hoch korreliert. Diese Matrix ist außerdem symmetrisch, da die Variable V5 mit der Variablen V6 genauso korreliert, wie die Variable V6 mit der Variablen V5. Hier steht der Wert 0,7093, der als Pearsonscher Korrelationskoeffizient bezeichnet wird. Dieser wird wie folgt berechnet:

$$r_{xy} = \frac{s_{xy}}{s_x \cdot s_y} = \frac{\sum_{i=1}^{n}(x_i - \bar{x})(y_i - \bar{y})}{\sqrt{\sum_{i=1}^{n}(x_i - \bar{x})^2 \cdot \sum_{i=1}^{n}(y_i - \bar{y})^2}}$$

Hierbei ist n die Anzahl der Fälle, x_i die Beobachtungen der ersten Variable (z.B. V5) und y_i die Beobachtungen der zweiten Variable (z.B. V6). $\bar{x}$ und $\bar{y}$ sind die jeweiligen Mittelwerte.

Für den Korrelationskoeffizienten r gilt: $-1 \leq r \leq 1$. Ein Wert von +1 bedeutet, daß zwischen den Variablen X und Y ein positiver vollständiger linearer Zusammenhang besteht. Zeichnen Sie einem solchen Fall ein Streudiagramm, würden alle Punkte auf einer Geraden liegen, die (nach rechts hin) ansteigt. Ein Wert von -1 bedeutet dagegen, daß alle Punkte auf einer Geraden liegen, die (nach rechts hin) fällt. Auch hier besteht ein vollständiger linearer Zusammenhang. Ein Wert von 0 bedeutet, daß kein linearer Zusammenhang zwischen beiden Variablen vorliegt.

In den folgenden Grafiken sind Beispiele für Korrelationen zwischen zwei Variablen X und Y dargestellt.

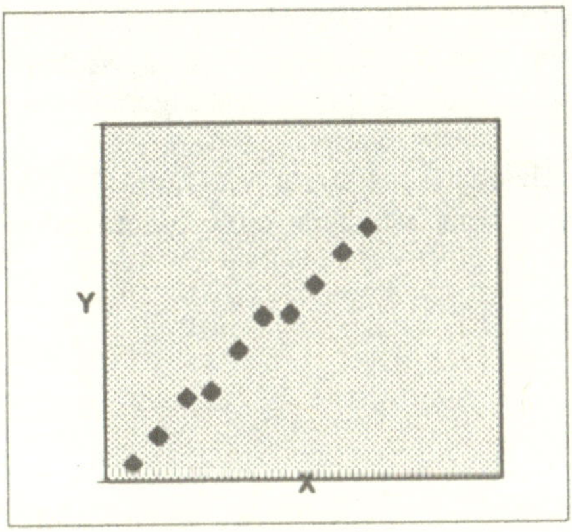

$r_{xy} \approx 1$

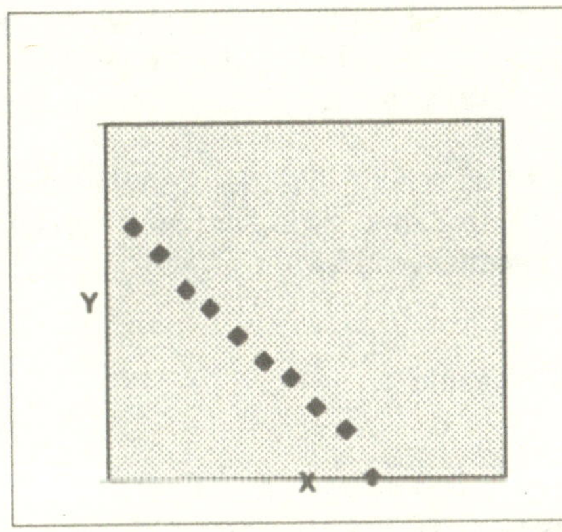

$r_{xy} \approx -1$

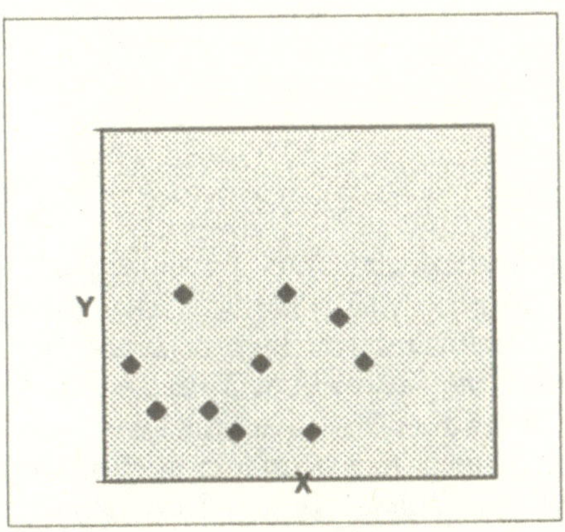

$r_{xy} \approx 0$

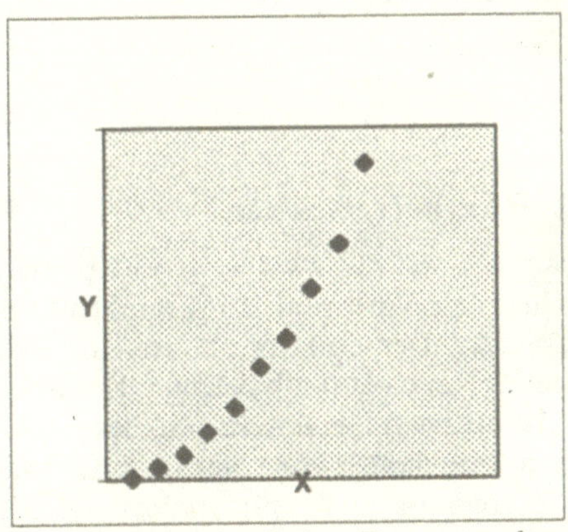

$r_{xy} \approx 0{,}7$ (quadratischer Zusammenhang)

In unserem Fall gilt $r_{xy} = 0{,}7093$.

Ob diese Korrelation signifikant von Null verschieden ist, läßt sich mit einem Test untersuchen, bei dem die Nullhypothese darin besteht, daß die Korrelation gleich Null ist. Die Alternative lautet ungleich Null.

Die Teststatistik zu diesem Test berechnet sich wie folgt:

$$t = r_{xy} \cdot \sqrt{\frac{n-2}{1-r_{xy}}}$$

Dieser Test liefert uns einen p-Wert von 0,000, vgl. Ergebnisausgabe auf S. 126. Somit kann die Nullhypothese verworfen werden. Es gibt also einen signifikanten Zusammenhang zwischen der Körpergröße und dem Körpergewicht. Der Wert in der Klammer unter den Koeffizienten stellt n, die Anzahl der Beobachtungen, dar.

Es ist zu bemerken, daß der Korrelationskoeffizient von Pearson ein Maß für die lineare Korrelation zwischen zwei Variablen ist und demnach keine nichtlineare Zusammenhänge erfaßt.

SPSS-Programm:

```
CORRELATIONS
  /VARIABLES=v5 v6
  /PRINT=TWOTAIL SIG
  /STATISTICS DESCRIPTIVES XPROD
  /MISSING=PAIRWISE .
```

7.3.2 Rangkorrelationen

Wir werden nun mit zwei weiteren Korrelationskoeffizienten einen Zusammenhang zwischen den Variablen Körpergrößen (V6), Körpergewicht (V5) und Alter (V7) untersuchen. Der eine ist als der Korrelationskoeffizient von Spearman und der andere als Kendalls tau-b bekannt. Der Spearmansche entspricht dem Pearsonschen Korrelationskoeffizienten, nur ist dieser auch für ordinale Skalen geeignet und auch für metrische Skalen ohne Normalverteilungsannahmen. Kendalls tau-b ist ebenfalls ein Korrelationsmaß für ordinal skalierte Variablen. Beide Korrelationskoeffizienten werden als nichtparametrische Zusammenhangsmaße bezeichnet. Beide Maße nehmen wie der Pearsonsche Korrelationskoeffizient nur Werte zwischen - 1 (negative Korrelation) und 1 (positive Korrelation) an.

Wählen Sie nun wie bei der Berechnung des Pearsonschen Korrelationskoeffizienten unter dem Menüpunkt "Statistik" "Korrelation" und dort "Bivariat..." . Wählen Sie danach die Variablen V5, V6 und V7 aus. Klicken Sie dort unter "Korrelationskoeffizienten" auf "Pearson" (die Voreinstellung zur Berechnung des Pearsonschen Korrelationskoeffizienten wird entfernt) und danach auf "Kendalls tau-b" und "Spearman" (Abb. 7-7).

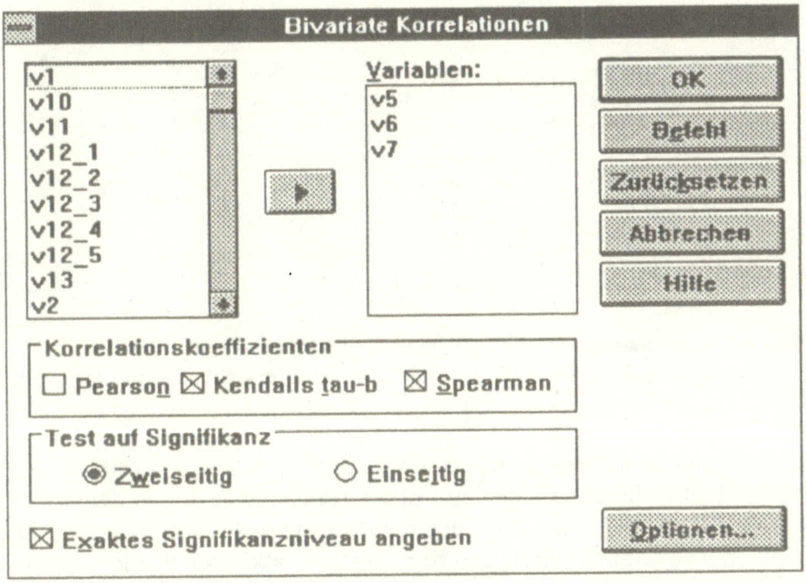

Abb. 7-7

Wählen Sie danach "OK", womit Sie die folgende Ergebnisausgabe erhalten:

```
           KENDALL  CORRELATION  COEFFICIENTS

V6             ,5472
            N(    21)
            Sig ,001

V7             ,0200      -,0500
            N(    21)   N(    21)
            Sig ,903    Sig ,760

                 V5          V6

(Coefficient / (Cases) / 2-tailed Significance)

" . " is printed if a coefficient cannot be computed
```

```
                SPEARMAN  CORRELATION  COEFFICIENTS

V6                   ,6931
                N(    21)
                Sig ,000

V7                   ,0475     -,0983
                N(    21)  N(    21)
                Sig ,838   Sig ,672

                      V5          V6

(Coefficient / (Cases) / 2-tailed Significance)
" . " is printed if a coefficient cannot be computed
```

In der Form einer unteren Dreiecksmatrix werden die jeweiligen Korrelationskoeffizienten, darunter in Klammern die Anzahl der Beobachtungen, mit denen der entsprechende Koeffizient berechnet wird, und darunter die p-Werte ausgegeben. In diesen Matrizen können dann die bivariaten Korrelationen abgelesen werden. Signifikant sind bei beiden Korrelationskoeffizienten nur die Korrelationen zwischen den Variablen V5 und V6. Hierbei ergibt sich bei Kendall tau-b ein Wert von 0,5472 (p-Wert von 0,001) und bei Spearman ein Wert von 0,6931 (p-Wert von 0,000).

SPSS-Programm:

```
NONPAR CORR
  /VARIABLES=v5 v6 v7
  /PRINT=BOTH TWOTAIL SIG
  /MISSING=PAIRWISE .
```

7.4 Chi-Quadrat-Test auf Unabhängigkeit

Mit dem Chi-Quadrat-Test auf Unabhängigkeit kann der Zusammenhang zwischen zwei kategoriellen bzw. nominalskalierten Variablen untersucht werden. Man könnte z.B. untersuchen, ob es einen Zusammenhang zwischen dem Geschlecht und der Augenfarbe gibt. Die Teststatistik wird über die Zellenhäufigkeiten in einer Kreuztabelle berechnet. Aus diesem Grund ist dieser Test in SPSS unter dem Punkt Kreuztabellen zu finden. Es kann dann mit einem Test untersucht werden, ob die Korrelationskoeffizienten signifikant von Null verschieden sind.

Im folgenden soll anhand unseres Beispiels Fragebogen untersucht werden, ob ein Zusammenhang zwischen der Variable V4 (Geschlecht) und der Variablen V8 (Raucher) besteht. Hierzu wählen Sie unter dem Menüpunkt "Statistik" "Deskriptive Statistik" und dort "Kreuztabellen...". Wählen Sie dann unter "Zeilen" die Variable V4 und unter "Spalten" die Variable V8 aus und klicken Sie danach auf "Statistiken...". Klicken Sie dann auf "Chi-Quadrat" und unter "Nominalskalierte Daten" auf "Phi und Cramers V" (siehe Abb. 7-8).

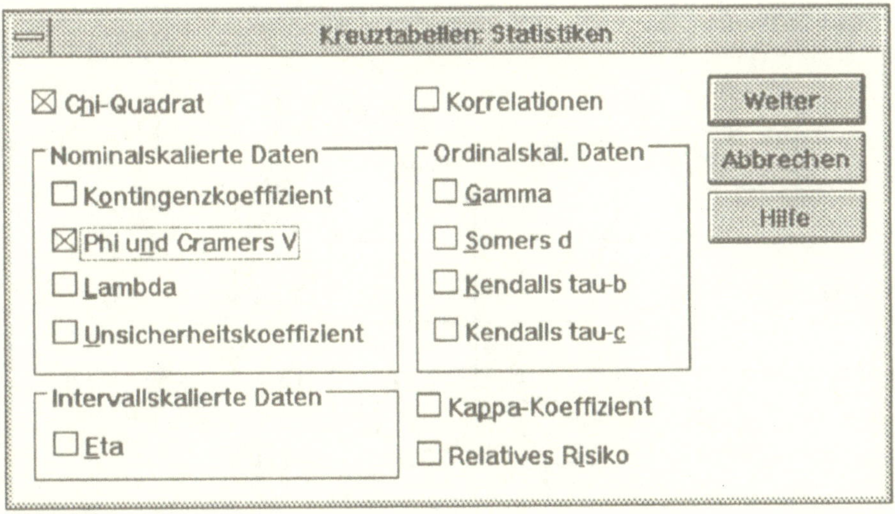

Abb. 7-8

Wählen Sie nun "Weiter" und klicken Sie danach auf "Zellen..." . Klicken Sie hier auf "Erwartete" (siehe Abb. 7-9).

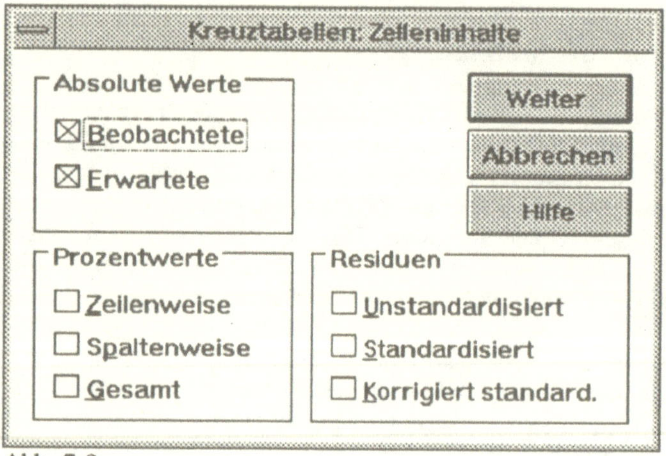

Abb. 7-9

Wenn Sie nun "Weiter" und danach "OK" wählen, erhalten Sie die folgende Ergebnisausgabe:

```
V4  Geschlecht  by  V8  Rauchen Sie ?

                        V8             Page 1 of 1
              Count    |
              Exp Val  |ja        nein
                       |                    Row
                       |       1 |       2 | Total
V4            ---------+---------+---------+
                    1  |       4 |       7 |    11
  männlich             |     3,9 |     7,2 | 55,0%
                       +---------+---------+
                    2  |       3 |       6 |     9
  weiblich             |     3,2 |     5,9 | 45,0%
                       +---------+---------+
               Column         7        13      20
                Total     35,0%     65,0%  100,0%


Chi-Square                    Value       DF    Significance
--------------------       ---------     ----   ------------

Pearson                     ,01998        1        ,88759
Continuity Correction       ,00000        1       1,00000
Likelihood Ratio            ,02001        1        ,88751
Mantel-Haenszel test for    ,01898        1        ,89042
       linear association
```

```
Fisher's Exact Test:
   One-Tail                                          ,63003
   Two-Tail                                         1,00000
Minimum Expected Frequency -      3,150
Cells with Expected Frequency < 5 -    2 OF 4 ( 50,0%) (*)


                                                  Approximate
Statistic          Value     ASE1     Val/ASE0   Significance
---------         -------   -------   --------   ------------

Phi                ,03161                           ,88759 *1
Cramer's V         ,03161                           ,88759 *1


*1 Pearson chi-square probability

Number of Missing Observations:   1
```

In der oberen Kreuztabelle stehen unter den jeweiligen Häufigkeiten die bei Unabhängigkeit erwarteten Häufigkeiten, die sich nach der folgenden Formel berechnen lassen:

$$n'_{ij} = \frac{n_{i\bullet} \cdot n_{\bullet j}}{n}$$

Hierbei ist $n_{i\bullet}$ die Summe über die i-te Zeile und $n_{\bullet j}$ die Summe über die j-te Spalte. Somit gilt:

$$n'_{11} = \frac{n_{1\bullet} \cdot n_{\bullet 1}}{n} = \frac{7 \cdot 11}{20} = 3{,}85$$

SPSS rundet hier auf 3,9, wie in der linken oberen Zelle der Kreuztabelle zu sehen ist.

In der Ergebnisausgabe finden Sie unter Pearson die Teststatistik des Chi-Quadrat-Tests auf Unabhängigkeit. Diese wird wie folgt berechnet:

$$\chi^2 = \sum_i \sum_j \frac{\left(n_{ij} - \frac{n_{i\bullet} \cdot n_{\bullet j}}{n}\right)^2}{\frac{n_{i\bullet} \cdot n_{\bullet j}}{n}} = \sum_i \sum_j \frac{\left(n_{ij} - n'_{ij}\right)^2}{n_{ij}}$$

Hier wird also über die Abweichungsquadrate der Zellenhäufigkeiten von den erwarteten Zellenhäufigkeiten, geteilt durch die erwarteten Zellenhäufigkeiten.

summiert. n_{ij} ist hierbei die beobachteten Zellenhäufigkeit in der i-ten Zeile und j-ten Spalte einer Kreuztabelle.

Bei einer 2x2-Tabelle kann die Teststatistik auch wie folgt berechnet werden:

$$\chi^2 = \frac{n(n_{11} \cdot n_{22} - n_{12} \cdot n_{21})^2}{n_{1\bullet} \cdot n_{2\bullet} \cdot n_{\bullet 1} \cdot n_{\bullet 2}}$$

Da im Falle der Unabhängigkeit die erwarteten Zellenhäufigkeiten in etwa mit den relativen Zellenhäufigkeiten übereinstimmen müßten, muß die Quadratsumme somit relativ klein sein.

In unserem Fall gilt: $\chi^2 = 0{,}01998$.

Die Anzahl der Freiheitsgrade ergibt sich aus der Formel

$DF = (r - 1) \cdot (s - 1)$,

wobei r die Zeilenanazhl und s die Spaltenanzahl der Kreuztabelle ist. In unserem Beispiel ist DF gleich $(2 - 1) \cdot (2 - 1) = 1$.

Der p-Wert zu dieser Teststatistik beträgt 0,88759, womit die Nullhypothese der Unabhängigkeit nicht verworfen werden kann. Es kann somit kein signifikanter Zusammenhang zwischen den beiden Variablen nachgewiesen werden.

Bemerkung:

- Der Chi-Quadrat-Test auf Unabhängigkeit sollte nur mit einem Stichprobenumfang von $n \geq 60$ durchgeführt werden, vgl. Hartung (1995). Ansonsten sind die Ergebnisse, wie in unserem Fall, nur mit Vorsicht zu genießen. Bei 2x2-Tabellen kann bei einem Stichprobenumfang zwischen 20 und 60 eine nach Yates korrigierte Teststatistik verwendet werden, vgl. Hartung (1995):

$$\text{Chi-Quadrat nach Yates} = \frac{n(|n_{11} \cdot n_{22} - n_{12} \cdot n_{21}| - n/2)^2}{n_{1\bullet} \cdot n_{2\bullet} \cdot n_{\bullet 1} \cdot n_{\bullet 2}}$$

- Bei weniger als 20 Fällen kann der exakte Test von Fisher (siehe Ergebnisausgabe) verwendet werden.

- Die Zellenhäufigkeiten sollten beim Chi-Quadrat-Test auf Unabhängigkeit einen Wert von 5 bei mehr als 20% der Zellen nicht unterschreiten. SPSS gibt in diesem Fall eine Warnung aus (siehe SPSS-Ergebnisausgabe unter (*))

In der unteren Tabelle der Ergebnisausgabe befinden sich die, durch die Option "Phi und Cramer's V" erzeugten Korrelationskoeffizienten Phi und Cramer's V. Sie betragen beide 0,3161. Diese Größen werden auch als Assoziationsmaße bezeichnet. Sie sind keine Teststatistiken, weshalb bei diesen Koeffizienten der p-Wert für den Pearson'sche Korrelationskoeffizient eingesetzt wird (siehe Ergebnisausgabe "*1").

Der Phi-Koeffinzient für 2 x 2 - Tabellen läßt sich wie folgt berechnen:

$$\text{Phi-Koeffizient} = \frac{n_{11} \cdot n_{22} - n_{12} \cdot n_{21}}{\sqrt{n_{1\bullet} \cdot n_{2\bullet} \cdot n_{\bullet 1} \cdot n_{\bullet 2}}}$$

Für das Cramer'sche Zusammenhangsmaß gilt $\sqrt{\dfrac{\chi^2}{n \cdot (\min(r,s) - 1)}}$.

min(r,s) ist hierbei das Minimum der Zeilenanzahl (r) und der Spaltenzahl (s) einer r x s - Tabelle.Es gilt nicht nur für 2 x 2 -Tabellen.

Bei einer 2x2-Tabelle stimmen die Beträge beider Maße überein. In unserem Beispiel haben beide einen Wert von 0,03161.

SPSS-Programm:

```
CROSSTABS
  /TABLES=v4  BY v8
  /FORMAT= AVALUE NOINDEX BOX LABELS TABLES
  /STATISTIC=CHISQ PHI
  /CELLS= COUNT EXPECTED .
```

7.5 Chi-Quadrat-Anpassungstest

Mit dem Chi-Quadrat-Anpassungstest kann überprüft werden, ob ein signifikanter Unterschied zwischen beobachteten und erwarteten Häufigkeiten besteht. Als erstes Beispiel dient die Datei FRAGEBOG der Fragebogenauswertung, mit der die Hypothese getestet werden soll, daß der Anteil der Raucher 40% beträgt. Wählen Sie hierzu unter dem Menüpunkt "Statistik" "Nichtparam. Test" und dort "Chi-Quadrat...". Wählen Sie danach als Testvariable die Variable V8 aus und klicken Sie dann unter "Erwartete Häufigkeiten" auf "Werte". Geben Sie nun 40 ein und wählen Sie "Hinzufügen". Da die Variable mit 1 für die Antwort "ja" auf die Frage "Rauchen Sie ?" kodiert wurde und die Antwort "nein" mit 2, interpretiert SPSS nun die 40 als 40%, also als die erwartete relative Häufigkeit für die erste Kategorie der Variable V8. Geben Sie analog hierzu 60, als erwartete relative Häufigkeit für die zweite Kategorie, ein und wählen Sie "Hinzufügen". Ihr Fenster sieht nun in Abb. 7.10 aus.

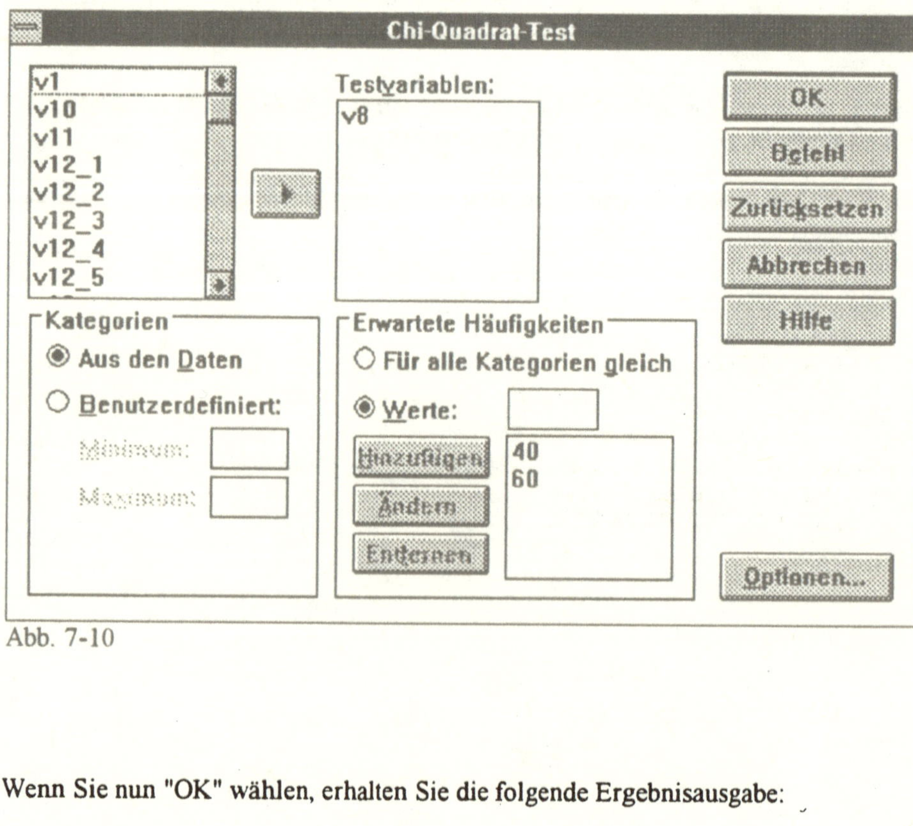

Abb. 7-10

Wenn Sie nun "OK" wählen, erhalten Sie die folgende Ergebnisausgabe:

```
- - - - - Chi-Square Test

      V8          Rauchen Sie ?

                                Cases
                    Category  Observed  Expected  Residual

ja                      1          7      8,40     -1,40
nein                    2         14     12,60      1,40
                                           --
                    Total         21


        Chi-Square             D.F.            Significance
          ,3889                  1                 ,5329
```

Unter "Cases Observed" sind die vorhandenen Häufigkeiten zu sehen und unter "Expected" die erwarteten Häufigkeiten. Wie zu sehen ist, sind bei einem Raucheranteil von 40% 8,4 Raucher von 21 Personen zu erwarten. Unter "Residual" stehen die Abweichungen.

Die Teststatistik berechnet sich wie folgt:

$$\chi^2 = \sum_i \frac{(n_i - n'_i)^2}{n'_i}$$

n'_i ist dabei die erwartete und n_i die beobachtete Häufigkeit der i-ten Kategorie.

In unserem Beispiel hat diese Teststatistik einen Wert von 0,3889. Bei dem entsprechenden p-Wert von 0,5329 kann die Hypothese, daß es einen Raucheranteil von 40% gibt, nicht verworfen werden.

SPSS-Programm:

```
NPAR TEST
  /CHISQUARE=v8
  /EXPECTED=40 60
  /MISSING ANALYSIS.
```

In einem zweiten Beispiel soll überprüft werden, ob ein Würfel als "fair" anzusehen ist, d.h. ob jede Augenzahl mit der gleichen Wahrscheinlichkeit auftritt.

Dazu wird 42 mal gewürfelt und die Häufigkeit für jede Augenzahl in einer Tabelle notiert:

AUGENZAH	ANZAHL
1	11
2	9
3	4
4	3
5	7
6	8

Daten: WUERFEL

Diese Tabelle geben wir nun in SPSS ein. Nach der Eingabe müssen die Fälle nach Häufigkeiten der Augenzahlen gewichtet werden, da wir sonst 11-mal die 1, 9 mal die 2 usw. eingeben müßten. Wählen Sie hierzu unter dem Menüpunkt "Daten" "Fälle gewichten...". Klicken Sie dort auf "Fälle gewichten mit der Häufigkeitsvariable" und wählen die Variable ANZAHL aus (Abb. 7-11) .

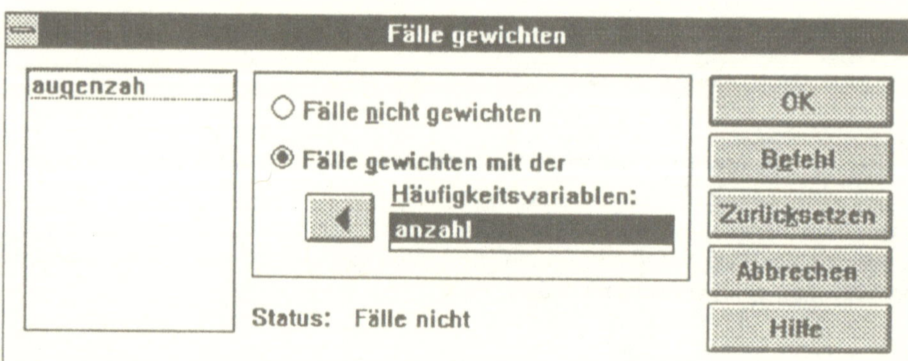

Abb. 7-11

Wählen Sie nun "OK", um die Fälle nach der Variable ANZAHL zu gewichten.

Führen Sie nun wie im obigen Beispiel den Chi-Quadrat-Anpassungstest durch, indem Sie unter dem Menüpunkt "Statistik" "Nichtparam. Test" und dort "Chi-Quadrat..." wählen. Falls hier noch Werte aus dem ersten Beispiel in diesem Fenster eingetragen sind, müssen Sie zuvor "Zurücksetzen" wählen. Wählen Sie danach als Testvariable die Variable AUGENZAH aus. Da wir annehmen, daß jede Augenzahl mit der gleichen Wahrscheinlichkeit auftritt, müssen Sie unter "Erwartete Häufigkeiten" nichts eintragen.

Wählen Sie danach "OK". Sie erhalten folgende Ergebnisse:

```
- - - - - Chi-Square Test

     AUGENZAH

                    Cases
        Category  Observed  Expected  Residual

            1,00        11      7,00      4,00
            2,00         9      7,00      2,00
            3,00         4      7,00     -3,00
            4,00         3      7,00     -4,00
            5,00         7      7,00       ,00
            6,00         8      7,00      1,00
                        --
           Total        42

     Chi-Square              D.F.          Significance
       6,5714                 5                ,2545
```

Wie zu sehen ist, müßte bei einem "fairen" Würfel nach 42 Würfen jede Augenzahl in etwa 7 mal auftreten. Die Abweichungen sind aber nicht signifikant, da der p-Wert 0,2545 größer als die gewählte Fehlerwahrscheinlichkeit von 0,05 (= 5%) ist.

SPSS-Programm:

```
WEIGHT
  BY anzahl .
NPAR TESTS
  /CHISQUARE=augenzah
  /EXPECTED=EQUAL
  /MISSING ANALYSIS.
```

7.6 Parameterfreie Tests

Nichtparametrische Testverfahren werden eingesetzt, wenn die Verteilungsannahmen (z.B. Normalverteilung) anderer Testverfahren nicht erfüllt sind. Die nichtparametrischen Verfahren benötigen keinerlei Verteilungsvoraussetzungen für die Ausgangsdaten. Hier eine Übersicht über die in SPSS zur Verfügung stehenden nichtparametrischen Verfahren:

Art der Stichprobe	Testverfahren	Im Kapitel
eine	a) Kolmogorov-Smirnov-Anpassungstest	6.3
	b) Chi-Quadrat-Anpassungstest	7.5
	c) Binomialtest	7.6.5
2 abhängige	Wilcoxon-Test	7.6.3
2 unabhängige	Mann-Whitney-U-Test	7.6.1
mehrere abhängige	Friedman-Test	7.6.4
mehrere unabhängige	Kruskal-Wallis-Test	7.6.2

7.6.1 Vergleich von zwei unabhängigen Stichproben

Hier steht uns der Mann-Whitney-U-Test zur Verfügung. Dieser überprüft, ob zwei Stichproben aus der gleichen Grundgesamtheit stammen, bzw. ob es signifikante Unterschiede zwischen zwei Stichproben gibt. In unserem Beispiel wollen wir untersuchen, ob es einen signifikanten Unterschied in der Körpergröße zwischen Männern und Frauen im Beispiel Fragebogen gibt.

Wählen Sie hierzu unter dem Menüpunkt "Statistik" "Nichtparam. Tests" und dort "2 unabh. Stichproben...". Wählen Sie dann unter "Testvariable" die Variable V5 (Körpergröße) aus und unter "Gruppenvariable" die Variable V4 (Geschlecht). Klicken Sie danach auf "Gruppen def. ..." und tragen Sie dort neben "Gruppe 1" eine 1 und unter "Gruppe 2" eine 2 ein, da wir das Geschlecht mit 1 für männlich und 2 für weiblich kodiert haben (siehe Abb. 7-12).

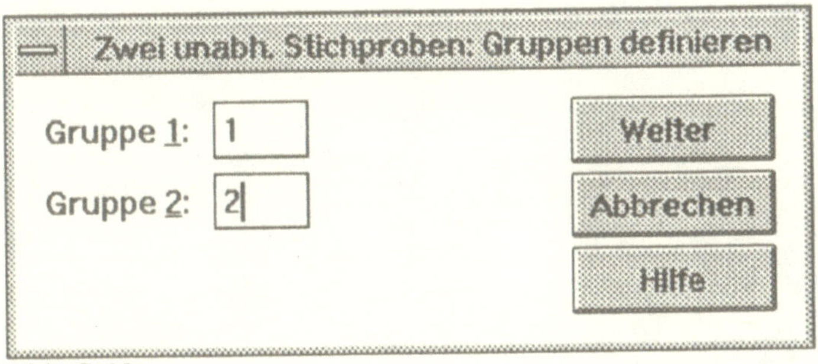

Abb. 7-12

Klicken Sie nun auf "Weiter" und danach auf "OK". Sie erhalten die folgende Ergebnisausgabe:

```
- - - - - Mann-Whitney U - Wilcoxon Rank Sum W Test

    V6          Größe
 by V4          Geschlecht

        Mean Rank    Cases
            14,05       11  V4 = 1  männlich
             6,17        9  V4 = 2  weiblich
                        --
                        20  Total

                       Exact                 Corrected for ties
   U         W      2-Tailed P                Z        2-Tailed P
10,5      55,5        ,0016               -2,9674         ,0030
```

Wie zu erkennen ist, gibt es einen signifikanten Unterschied in der Körpergröße zwischen den Männern und Frauen, da der p-Wert von 0,0030 < 0,05.

Wir werden nun den Test an diesem Beispiel nachrechnen. Hierzu stellen wir in einer Tabelle die Körpergrößen dar. Daneben werden die Ränge vergeben. Der kleinste Wert von 161 cm bekommt den Rang 1, der zweitkleinste den Rang 2 usw. Danach wird der Rang der entsprechenden Gruppe zugeteilt.

V4	V6	Rang	Rang bei V4=1	Rang bei V4=2
2	169	6,5		6,5
2	168	5,0		5,0
1	189	20,0	20,0	
2	176	11,0		11,0
2	164	3,0		3,0
1	177	12,5	12,5	
1	178	14,0	14,0	
1	181	18,0	18,0	
2	159	1,0		1,0
	171			
2	170	8,0		8,0
1	175	9,5	9,5	
2	161	2,0		2,0
2	169	6,5		6,5
1	179	15,0	15,0	
1	182	19,0	19,0	
1	165	4,0	4,0	
2	177	12,5		12,5
1	180	16,5	16,5	
1	180	16,5	16,5	
1	175	9,5	9,5	
		Summe	$R_1 = 154{,}5$	$R_2 = 55{,}5$

Wichtig ist, daß wenn mehrere gleich große Werte auftreten, der mittlere Rang genommen wird. Beispiel: Es kommt zweimal der Wert 180 vor. Zuvor wurde dem nächst kleineren Wert von 179 der Rang 15 zugeordnet. Da 180 zweimal auftritt, wäre normalerweise der Rang 16 und 17 zu vergeben. Somit erhalten die beiden Werte von 180, den Mittelwert von 16 und 17, also den Rang 16,5. Wenn zwei oder mehrere Fälle den gleichen Wert aufweisen, spricht man von verbundenen Rängen (oder auch von Bindungen, engl. ties).

Mit den beiden Rangsummen R_1 und R_2 werden die mittleren Ränge für beide Gruppen berechnet:

Für V4 = 1: $R_1 / n_1 = 154{,}5 / 11 = 14{,}05$ (in Ergebnisausgabe unter "Mean Rank")

Für V4 = 2: $R_2 / n_2 = 55{,}5 / 9 = 6{,}17$

Wie zu sehen ist, treten in der zweiten Gruppe im Mittel kleinere Ränge auf als in der ersten. Ob dieser Unterschied nur Zufall oder signifikant ist, muß nun mit einem Test untersucht werden.

Wir berechnen nun die Teststatistik U:

$$U = n_1 \cdot n_2 + n_1 \cdot (n_1 + 1) / 2 \quad - \quad R_1 \,.$$

Falls $U > n_1 \cdot n_2 / 2$, ist anstatt U ein wie folgt neuberechnetes U' zu verwenden:

$$U' = n_1 \cdot n_2 - U \,.$$

In unserem Beispiel gilt: U = 11*9 + 11*12/2 - 154,5 = 10,5.

Da 10,5 < 11*9/2 = 49,5 muß U nicht durch U' ersetzt werden. U kann auch in der letzten Zeile der Ergebnisausgabe unter U abgelesen werden. Danach wird mit der Teststatistik U der p-Wert von 0,0016 berechnet.

Der W-Wert von 55,5 entspricht der Rangsumme R_2.

Falls $n_1 + n_2 = n \le 30$, ist dies der exakte p-Wert.

Weiterhin wird ein Z- und ein p-Wert angegeben, bei denen die verbundene Ränge berücksichtigt ("Corrected for ties") werden:

$$Z = \frac{U - n_1 \cdot n_2 / 2}{\sqrt{\frac{n_1 \cdot n_2}{n \cdot (n-1)} \cdot \left(\frac{n^3 - n}{12} - \frac{\sum_{i=1}^{r} T_i}{12} \right)}}$$

wobei $T_i = t_i^3 - t_i$. r bezeichnet die Anzahl der Bindungen und t_i die Vielfachheit der i-ten Bindung, d.h. für jeden mehrfach vorkommenden Rang i = 1,2,...,r die Anzahl der ranggleichen Werte. In unserem Beispiel gilt:

$t_1 = 2$, da der Wert 169 bzw. Rang 6,5 zweimal vorkommt.

$t_2 = 2$, da der Wert 175 bzw. Rang 9,5 zweimal vorkommt

$t_3 = 2$, da der Wert 177 bzw. Rang 12,5 zweimal vorkommt.

$t_4 = 2$, da der Wert 180 bzw. Rang 16,5 zweimal vorkommt.

Also: $\sum_{i=1}^{r} T_i = (2^3 - 2) + (2^3 - 2) + (2^3 - 2) + (2^3 - 2) = 24$

Somit gilt für Z in unserem Beispiel:

$$Z = \frac{10{,}5 - 11 \cdot 9/2}{\sqrt{\frac{11 \cdot 9}{20 \cdot (19)} \cdot \left(\frac{20^3 - 20}{12} - \frac{24}{12} \right)}} = -2{,}9674 \text{ (siehe Ergebnisausgabe)}$$

Z ist asymptotisch standardnormalverteilt, somit kann der p-Wert ermittelt werden. Dieser p-Wert ist in der Ergebnisausgabe unter "Corrected for ties" abzulesen. Er beträgt 0,0030, womit die beiden Gruppen signifikant voneinander abweichen. Da in unserem Beispiel 4 Bindungen auftreten, ist der p-Wert von 0,0030 anstatt des p-Werts von 0,0016 (unter "Exact 2-Tailed P") zu verwendet werden.

SPSS-Programm:

```
NPAR TESTS
  /M-W= v6   BY v4(1 2)
  /MISSING ANALYSIS.
```

7.6.2 Vergleich von mehreren unabhängigen Stichproben

Der Kruskal-Wallis-Test (auch H-Test genannt) prüft bei mehr als zwei unabhängigen Stichproben, ob die Stichproben aus der gleichen Grundgesamtheit stammen.

Zur Durchführung des Kruskal-Wallis-Test mit SPSS dient das folgende Beispiel:

Drei Gruppen von Versuchspersonen wurden einem Leistungstest unterzogen. Personen der ersten Gruppe hatten vor dem Leistungstest an einen vierwöchigen Vorbereitungskurs teilgenommen. Personen der zweiten Gruppe nahmen an einem eintägigen Intensivtraining teil, und Personen der dritten Gruppe hatten "ohne Vorbereitung" am Leistungstest teilgenommen. Folgende Leistungswerte wurden erzielt:

Gruppe 1: 71, 77, 85, 71; Gruppe 2: 59, 56, 54, 65; Gruppe 3: 62, 80, 62.

Es liegt also die folgende Datenmatrix vor, die zuvor in SPSS erfaßt werden muß.

GRUPPE	LEISTUNG
1	71
1	77
1	85
1	71
2	56
2	59
2	54
2	65
3	80
3	62
3	62

Daten: KWTEST

Wir wollen nun untersuchen, ob die drei Stichproben aus der gleichen Grundgesamtheit stammen, d.h., ob es einen signifikanten Unterschied zwischen den Gruppen gibt. Wählen Sie hierzu unter dem Menüpunkt "Statistik" "Nichtparam. Test" und dort "k unabh. Stichproben...". Wählen Sie dann unter "Testvariablen" die Variable LEISTUNG und unter "Gruppenvariable" die Variable GRUPPE aus. Klicken Sie dann auf "Bereich def. ..." und geben Sie neben "Minimum" eine 1 und neben "Maximum" eine 3 ein, da die Variable die Ausprägungen 1,2 und 3 hat.

Wählen Sie "Weiter" und "OK" und Sie erhalten die folgende Ergebnisausgabe:

```
- - - - - Kruskal-Wallis 1-Way Anova

     LEISTUNG
  by GRUPPE

     Mean Rank      Cases
          8,75          4   GRUPPE =      1
          3,00          4   GRUPPE =      2
          6,33          3   GRUPPE =      3
                       --
                       11   Total

                                         Corrected for ties
Chi-Square D.F. Significance Chi-Square D.F. Significance
6,0530        2       ,0485          6,1086   2       ,0472
```

Die Fallzahlen sind in diesem Beispiel sehr gering. Die Hypothese, daß die vier Stichproben aus der gleichen Grundgesamtheit stammen, würde verworfen werden (Significance = 0,0472 < 0.05), wenn die benötigten Voraussetzungen des Tests erfüllt wären. Da die Fallzahlen sehr niedrig sind, darf der Test aber nicht verwendet werden: Die Prüfgrößen Chi-Square - und das ist sehr wichtig - sind annähernd Chi-Quadrat-verteilt, wenn der Stichprobenumfang pro Gruppe mindestens 5 beträgt und die Anzahl der Gruppen mindestens 4 ist, vgl. Lienert (1978). Diese Bedingungen sind in unserem Beispiel nicht erfüllt. Somit sollte der von SPSS durchgeführte Test wegen zu geringer Fallzahlen nicht verwendet werden. Daß die Berechnungen mit SPSS trotzdem nicht "vergebens" sind, wird bei den Hinweisen weiter unten erläutert.

			Rang für Gruppe		
Gruppe	**Wert**	**Rang**	**1**	**2**	**3**
3	62	4,5			4,5
2	59	3		3	
1	71	7,5	7,5		
3	80	10			10
2	56	2		2	
1	77	9	9		
2	54	1		1	
3	62	4,5			4,5
1	85	11	11		
1	71	7,5	7,5		
2	65	6		5	
Summen	R_j		35,0	12,0	19,0
	n_j		4	4	3

Nun wird erklärt, wie die von SPSS berechneten Größen ermittelt wurden:

Die Ränge werden in Analogie zum Mann-Whitney-U-Test vergeben.

g = Anzahl der Gruppen = 3

Daraus ergibt sich der in der Literatur üblicherweise mit H bezeichnete Wert, der in SPSS unter "Chi-Square" zu finden ist.

$$H = \frac{12}{n \cdot (n+1)} \cdot \sum_{j=1}^{g} \frac{R_i^2}{n_i} - 3(n+1) = \frac{12}{11 \cdot 12} \cdot (35^2/4 + 12^2/4 + 19^2/3) - 3 \cdot 12 = 6{,}0530$$

Die Korrekturformel, mit der Sie aus H ein korrigiertes H' berechnen können (in SPSS mit "Corrected for Ties Chi-Square" bezeichnet), falls Bindungen (mindestens zwei gleich große Werte) auftreten, lautet:

$$H' = \frac{H}{1 - \frac{\sum_i (t_i^3 - t_i)}{n^3 - n}} = \frac{6{,}0530}{1 - \frac{(2^3 - 2) + (2^3 - 2)}{11^3 - 11}} = 6{,}1086$$

t_i ist die Anzahl der jeweils gleichen Rangplätze in der Bindung i sind. Bei unserem Beispiel gibt es mehrere Bindungen: 4,5 kommt zweimal vor, also $t_1 = 2$; 7,5 kommt zweimal vor, als $t_2 = 2$. Weitere Bindungen gibt es nicht.

SPSS-Programm:

```
NPAR TESTS
  /K-W=leistung   BY gruppe(1 3)
  /MISSING ANALYSIS.
```

Hinweise:

- SPSS benutzt auch bei kleinen Stichproben immer die Chi-Quadrat-Verteilung, d.h. die notwendige Durchführung eines exakten Tests ist nur mit dem SPSS-Modul für exakte Tests möglich.

- Für kleine Fallzahlen gibt es Tabellen, mit denen ein exakter Test durchgeführt werden kann. Führen Sie dazu den Test mit SPSS wie oben angegeben durch und verwenden Sie den von SPSS ermittelten Chi-Square-Wert, um anschließend diesen mit einem Tabellenwert zu vergleichen, siehe z.B. Sachs (1992) oder Siegel (1956). Dort finden Sie Tabellen für kleine Stichprobenumfänge bei drei Gruppen. Der von SPSS errechnete Wert H' beträgt 6,1086. Bei Stichprobenumfängen wie in unserem Beispiel (4 / 4 / 3), muß nach Tabelle O in Siegel (1956), bei einer Irrtumswahrscheinlichkeit von 5%, die Nullhypothese verworfen werden. In diesem Beispiel erhalten Sie zwar das gleiche Ergebnis (also Verwerfen der Nullhypothese) wie beim von SPSS durchgeführten Test. Doch insbesondere bei noch kleineren Stichproben (z.B. n_i=2) ist nicht gewährleistet, daß der Näherungswert bei SPSS das gleiche Ergebnis wie der exakte Test liefert.

- Hat sich mit dem Kruskal-Wallis-Test eine Verwerfung der Hypothese ergeben, sind nicht alle Grundgesamtheiten gleich. Mit einem multiplen Vergleich (z.B. mit dem Nemenyi-Test bei gleichen Stichprobenumfängen oder mit einem Dunn-Test bei ungleichen Stichprobenumfängen) können Sie prüfen, welche und wie viele der Grundgesamtheiten verschieden sind. Solche Tests finden Sie im SPSS-Modul "Exact Test". Die mathematische Beschreibung zu Tests wie z.B. dem Nemenyi-Test finden Sie in Köhler u.a. (1984) und in Sachs (1992) sowie den Dunn-Tests in Lienert (1973).

7.6.3 Vergleich von zwei abhängigen Stichproben

Bei zwei abhängigen Stichproben kann mit SPSS der Wilcoxon-Test durchgeführt werden, um zu überprüfen, ob es einen signifikanten Unterschied zwischen den beiden Stichproben (Gruppen) gibt. Als Beispiel für zwei abhängige Stichproben dienen uns die Punktzahlen von 39 Studenten bei zwei Klausuren. Gegeben sei die folgende Datenmatrix:

NUMMER	KLAUSUR1	KLAUSUR2
1	18	40
2	37	11
3	35	30
4	20	55
5	26	23
6	36	59
7	57	41
8	55	49
9	37	35
10	27	26
11	19	39
12	33	30
13	36	34
14	28	18
15	16	13
16	7	28
17	17	3
18	26	11
19	57	40
20	58	47
21	60	56
22	21	2
23	44	31
24	23	55
25	17	10
26	23	5
27	57	56
28	34	59
29	36	30
30	26	26
31	60	56
32	50	44
33	2	0
34	12	5
35	10	2
36	12	11
37	15	6
38	29	5
39	30	2

Daten: KLAUSUR

Diese Datenmatrix muß zunächst in SPSS erfaßt werden. Danach können Sie unter "Statistik" "Nichtparam. Tests" und da "2 verb. Stichproben..." wählen. Klicken Sie danach auf die zwei Variablennamen KLAUSUR1 und KLAUSUR2 und danach auf den Button mit dem Pfeil nach rechts, der sich rechts daneben befindet (Abb. 7-13) .

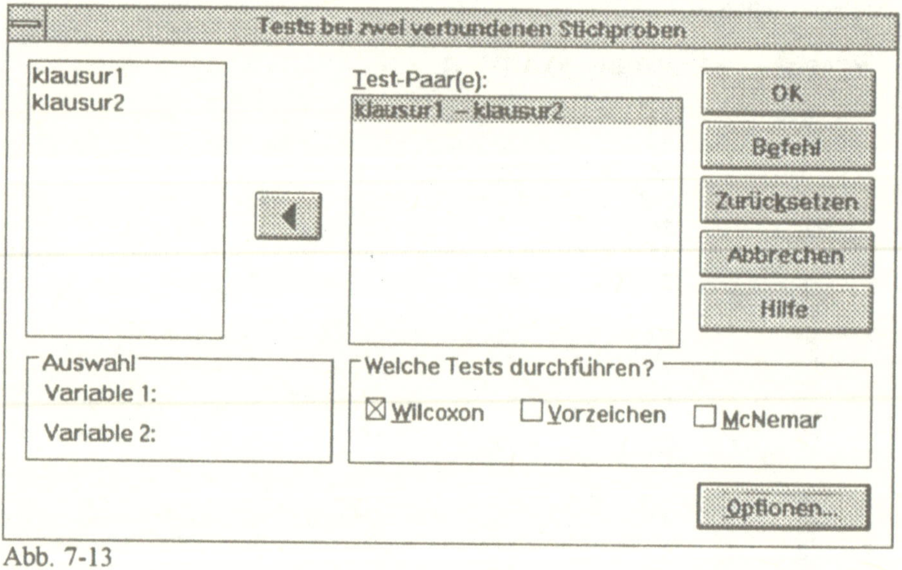

Abb. 7-13

Um zusätzliche deskriptive Statistik zu erhalten, können Sie unter "Optionen..." "Deskr. Statistiken" wählen und danach auf "Weiter" klicken. Wenn Sie nun "OK" wählen, erhalten Sie die folgende Ergebnisausgabe:

```
                N        Mean      Std Dev   Minimum   Maximum

KLAUSUR1       39    30,92308     16,17403      2,00     60,00
KLAUSUR2       39    28,02564     19,55490       ,00     59,00

- - - - - Wilcoxon Matched-Pairs Signed-Ranks Test

     KLAUSUR1
with KLAUSUR2

     Mean Rank    Cases
         16,45       31  - Ranks (KLAUSUR2 LT KLAUSUR1)
         33,00        7  + Ranks (KLAUSUR2 GT KLAUSUR1)
                      1    Ties  (KLAUSUR2 EQ KLAUSUR1)
                     --
                     39    Total

         Z =    -2,0231              2-Tailed P =   ,0431
```

Da der p-Wert von 0,0431 kleiner als 0,05 ist, ist die Nullhypothese, daß keine Unterschiede bestehen, (bei einer Irrtumswahrscheinlichkeit von 0,05 bzw. 5%) zu verwerfen. Somit wurde ein signifikanter Unterschied nachgewiesen.

Wir berechnen nun den von SPSS ausgegebenen p-Wert und die Teststatistik Z. Es gilt:

$$Z = \frac{\min(R_p, R_n) - n \cdot (n+1)/4)}{\sqrt{n \cdot (n+1) \cdot (2n+1)/24}}$$

wobei R_p die Summe der positiven Ränge, R_n die Summe der negativen Ränge und n die Anzahl aller Fälle minus der Anzahl der Fälle mit Differenz Null ist. Die Ränge werden wie bei dem Mann-Whitney-U-Test für den Betrag der Differenz vergeben. Der mittlere Rang ist in der SPSS-Ausgabe unter "Mean Rank" zu finden.

Auf der folgenden Seite ist die Berechnung aufgeführt.

Somit ergibt sich $R_p = 231$, $R_n = 510$ und $n = 39 - 1 = 38$. Daraus folgt

$$Z = \frac{231 - 38 \cdot 39/4}{\sqrt{38 \cdot 39 \cdot (76+1)/24}} = -2{,}0231.$$

Der ermittelte Z-Wert wird mit der Standardnormalverteilung verglichen und ein p-Wert ermittelt. Dies ist jedoch nur sinnvoll, wenn der Stichprobenumfang nicht allzu klein ist, da die Zufallsvariable Z asymptotisch standardnormalverteilt ist. n sollte größer als 25 sein.

Im Beispiel wurde ein signifikanter Unterschied zwischen den beiden Stichproben nachgewiesen (bei einer Irrtumswahrscheinlichkeit von 0,05).

SPSS-Programm:

```
NPAR TESTS
  /WILCOXON=klausur1  WITH klausur2 (PAIRED)
  /STATISTICS DESCRIPTIVES
  /MISSING ANALYSIS.
```

NUMMER	KLAUSUR1	KLAUSUR2	DIFFERENZ	RANG	POSITIV	NEGATIV
1	18	40	22	31	31	
2	37	11	-26	35		35
3	35	30	-5	12		12
4	20	55	35	38	38	
5	26	23	-3	8		8
6	36	59	23	32	32	
7	57	41	-16	25		25
8	55	49	-6	14		14
9	37	35	-2	5		5
10	27	26	-1	2		2
11	19	39	20	29	29	
12	33	30	-3	8		8
13	36	34	-2	5		5
14	28	18	-10	20		20
15	16	13	-3	8		8
16	7	28	21	30	30	
17	17	3	-14	23		23
18	26	11	-15	24		24
19	57	40	-17	26		26
20	58	47	-11	21		21
21	60	56	-4	10,5		10,5
22	21	2	-19	28		28
23	44	31	-13	22		22
24	23	55	32	37	37	
25	17	10	-7	16,5		16,5
26	23	5	-18	27		27
27	57	56	-1	2		2
28	34	59	25	34	34	
29	36	30	-6	14		14
30	26	26	0			
31	60	56	-4	10,5		10,5
32	50	44	-6	14		14
33	2	0	-2	5		5
34	12	5	-7	16,5		16,5
35	10	2	-8	18		18
36	12	11	-1	2		2
37	15	6	-9	19		19
38	29	5	-24	33		33
39	30	2	-28	36		36

	POSITIV	NEGATIV
Summe der Ränge:	231	510
Fallzahl:	7	31
mittlere Rang = Summe/Fallzahl :	33,0000	16,4516

Hinweise:

- Die Prozedur WILCOXON weist einen gravierenden Nachteil auf: Selbst bei sehr kleinen Stichproben wird die Signifikanzprüfung über die Standardnormalverteilung vorgenommen. Es sei auf das SPSS-Modul "Exact Test" verwiesen, mit dem in einem solchen Fall ein exakter Test durchgeführt werden kann. Ansonsten kann es gegenüber dem exakten Test zu unsinnigen Ergebnissen kommen. In der Literatur findet sich meist die Angabe, daß n > 25 sein soll, siehe z.B. Sachs (1992). Bei Stichprobenumfängen unter 10 sollten Sie den p-Wert von SPSS nicht verwenden, sondern stattdessen die von SPSS errechneten Ränge aus der Ergebnisausgabe ablesen und den Signifikanztest mit einem Tabellenwert (für kleine Stichprobenwerte gibt es Tabellen) z.B. in Sachs (1992) oder Siegel (1956) selbst "per Hand" durchführen.

- Wie Sie am obigen Beispiel sehen, werden die Fälle mit einer Differenz von Null nicht in die Berechnungen einbezogen. In unserem Beispiel wird deshalb der Fall 30 weggelassen. Insbesondere, wenn der Anteil der Fälle mit Nulldifferenzen sehr hoch ist, ist diese Vorgehensweise jedoch mathematisch nicht korrekt.

- Für Bindungen gibt es keine Korrekturgröße in SPSS.

Wir haben für das obige Beispiel auch einen t-Test durchgeführt. Dieser darf aber nicht verwendet werden, da die Normalverteilungshypothese (siehe Ergebnisausgabe K-S Statistik - p-Wert von 0,0181) für die Differenz der beiden Variablen mit einem Kolmogorov-Smirnov-Test verworfen werden kann.

```
                   - - - t-tests for paired samples - - -

            Number of             2-tail
Variable      pairs      Corr     Sig        Mean       SD    SE of Mean
-------------------------------------------------------------------------
KLAUSUR1                                   30,9231   16,174      2,590
                39        ,647     ,000
KLAUSUR2                                   28,0256   19,555      3,131
-------------------------------------------------------------------------

        Paired Differences          |
   Mean      SD      SE of Mean     |     t-value      df    2-tail Sig
------------------------------------|------------------------------------
 2,8974   15,328        2,454       |       1,18       38         ,245

 95% CI (-2,072; 7,867)             |
```

```
- - - - - Kolmogorov - Smirnov Goodness of Fit Test

     DIFF
Test distribution - Normal                          Mean:   -2,8974
                                       Standard Deviation:   15,3276

                Cases:   39

            Most extreme differences
Absolute   Positive   Negative      K-S Z        2-Tailed P
 ,24561     ,24561    -,11188      1,5338             ,0181
```

SPSS-Programm:

```
T-TEST
  PAIRS= klausur1  WITH klausur2 (PAIRED)
  /CRITERIA=CIN(.95)
  /FORMAT=LABELS
  /MISSING=ANALYSIS.

NPAR TESTS
  /K-S(NORMAL)= diff
  /MISSING ANALYSIS.
```

7.6.4 Vergleich von mehreren abhängigen Stichproben

Der Friedman-Test führt bei mehreren abhängigen Stichproben eine Rang-Varianzanalyse durch; er dient zum Vergleich von mehr als zwei abhängigen Stichproben. Hat sich mit dem Friedman-Test eine Verwerfung der Hypothese ergeben, sind nicht alle Grundgesamtheiten gleich. Hier genügt es also, daß nur eine Gruppe verschieden von den anderen ist, und der Test führt zum Verwerfen der Gleichheitshypothese. Mit einem multiplen Vergleich (z.B. mit dem Wilcoxon-Wilcox-Test) können Sie prüfen, welche und wie viele der Grundgesamtheiten verschieden sind. Dieser Test, der in SPSS nicht vorhanden ist, finden Sie beispielsweise in Sachs (1992).

Ein Beispiel für eine zusammenhängende Stichprobe sind die Noten von Schülern in 5 verschiedenen Fächern. Da es sich in jeder Datenzeile um die Noten des gleichen Schülers bzw. Schülerin handelt, sind die Stichproben als abhängig anzusehen. Es folgt eine Datenmatrix mit den Noten in den einzelnen Fächern:

ENGLISCH	MATHE	PHYSIK	DEUTSCH	SPORT
2,7	2,3	2,3	2,6	2,2
2,6	2,2	2,4	2,5	2,1
2,0	1,7	1,9	1,8	1,2
2,3	2,0	2,0	2,4	2,8
2,4	2,1	2,1	2,6	2,4
2,5	4,0	4,0	3,6	2,9
1,5	1,1	1,1	1,6	1,0
3,5	3,1	3,1	3,7	2,3

Daten: NOTEN

Diese Datenmatrix muß nun in SPSS erfaßt werden. Anstatt die Daten direkt einzugeben, kann auch das folgende SPSS-Programm eingegeben werden:

```
DATA LIST FREE / ENGLISCH MATHE PHYSIK DEUTSCH SPORT.
BEGIN DATA.
2,7 2,3 2,3 2,6 2,2
2,6 2,2 2,4 2,5 2,1
2,0 1,7 1,9 1,8 1,2
2,3 2,0 2,0 2,4 2,8
2,4 2,1 2,1 2,6 2,4
2,5 4,0 4,0 3,6 2,9
1,5 1,1 1,1 1,6 1,0
3,5 3,1 3,1 3,7 2,3
END DATA.
```

Es soll untersucht werden, ob signifikante Unterschiede in Noten der fünf Fächer bestehen. Wählen Sie nun unter dem Menüpunkt "Statistik" "Nichtparam. Test" und dort "k verb. Stichproben...". Wählen Sie unter "Testvariablen" alle 5 Variablen (ENGLISCH, MATHE,...) aus. Um zusätzliche deskriptive Statistiken zu erhalten, wählen Sie unter "Statistiken..." "Deskr. Statistiken" und danach "Weiter". Nun können Sie auf "OK" klicken, womit Sie die folgende Ergebnisausgabe erhalten:

	N	Mean	Std Dev	Minimum	Maximum
DEUTSCH	8	2,60000	,74642	1,60	3,70
ENGLISCH	8	2,43750	,57554	1,50	3,50
MATHE	8	2,31250	,88388	1,10	4,00
PHYSIK	8	2,36250	,86510	1,10	4,00
SPORT	8	2,11250	,68544	1,00	2,90

```
- - - - - Friedman Two-Way Anova

      Mean Rank   Variable

           4,13   DEUTSCH
           3,81   ENGLISCH
           2,38   MATHE
           2,75   PHYSIK
           1,94   SPORT

Cases          Chi-Square          D.F.       Significance
  8             11,2250             4             ,0241
```

Wir haben g = 5 Gruppen und jeweils n = 8 Beobachtungen. Der Wert Chi-Square stammt aus einer annähernd Chi-Quadrat-verteilten Zufallsvariablen (mit $g-1 = 5 - 1 = 4$ Freiheitsgraden).

Gilt bei einem Experiment $g = 3$ und $n < 11$ bzw. $g = 4$ und $n < 5$ ist, sollten Sie den von SPSS ausgerechneten p-Wert (Significance) nicht verwenden, siehe Siegel (1956). In unserem Beispiel ist $g = 4$ und $n = 8$: Damit ist der Test anwendbar. Es gibt signifikante Unterschiede bei den fünf Fächern, weil $0{,}0241 < 0{,}05$.

Die Ränge werden für jede Zeile vergeben, wobei der kleinste Wert in einer Zeile den Rang 1 bekommt, der nächstgrößere den Rang 2, usw. Kommen innerhalb einer Zeile gleiche Meßwerte vor, so werden den jeweiligen Meßwerten das arithmetische Mittel der normalerweise zugeteilten Ränge vergeben. D.h., wenn zuvor der Rang 4 ergeben wurde, und der nächst größere Wert doppelt vorkommt, bekommen diese beiden Werte den Rang $(5+6)/2 = 5{,}5$ zugeteilt.

Y_{i1}	r_{i1}	Y_{i2}	r_{i2}	Y_{i3}	r_{i3}	Y_{i4}	r_{i4}	Y_{i5}	r_{i5}
2,7	5	2,3	2,5	2,3	2,5	2,6	4	2,2	1
2,6	5	2,2	2	2,4	3	2,5	4	2,1	1
2,0	5	1,7	2	1,9	4	1,8	3	1,2	1
2,3	3	2,0	1,5	2,0	1,5	2,4	4	2,8	5
2,4	3,5	2,1	1,5	2,1	1,5	2,6	5	2,4	3,5
2,5	1	4,0	4,5	4,0	4,5	3,6	3	2,9	2
1,5	4	1,1	2,5	1,1	2,5	1,6	5	1,0	1
3,5	4	3,1	2,5	3,1	2,5	3,7	5	2,3	1
R_j	30,5		19,0		22,0		33,0		15,5
R_j / n	3,81		2,38		2,75		4,13		1,94

In den beiden letzten Zeilen der Tabelle sind die Rangsummen und die mittleren Ränge zu sehen.

Die Teststatistik unter "Chi-Square" berechnet sich wie folgt:

$$V = \frac{12}{n \cdot g \cdot (g+1)} \cdot \sum_{j=1}^{g} R_j^2 \quad - 3n \cdot (g+1)$$

In unserem Beispiel (vgl auch SPSS-Ergebnisausgabe) gilt:

$$V = \frac{12}{8 \cdot 5 \cdot 6} \cdot (30{,}5^2 + 19^2 + 22^2 + 33^2 + 15{,}5^2) - 3 \cdot 8 \cdot 6 = \frac{12}{240} \cdot 3104{,}5 - 144 = 11{,}2250$$

Hinweis:

Für kleine Stichproben wird bei SPSS auch der approximative Test über die Chi-Quadrat-Verteilung verwendet. Dies ist nicht korrekt. Sie sollten stattdessen den von SPSS berechneten Chi-Square-Wert mit einem Tabellenwert aus einem Statistikbuch selbst vergleichen, um einen korrekten Test durchzuführen, siehe z.B. Siegel (1956). Exakte Tests können mit dem SPSS-Modul für exakte Tests durchgeführt werden.

SPSS-Programm:

```
NPAR TESTS
  /FRIEDMAN = deutsch englisch mathe physik sport
  /STATISTICS DESCRIPTIVES
  /MISSING LISTWISE.
```

7.6.5 Beurteilung dichotomer Variablen mit dem Binomialtest

Mit einem Binomialtest kann bei dichotomen oder dichotomisierten Variablen untersucht werden, ob eine Kategorie der Variable mit einer bestimmten Wahrscheinlichkeit auftritt. Dieser Test wird als Binomialtest bezeichnet, da bei dichotomen Variablen von einer Binomialverteilung ausgegangen werden kann. Der einzelne Fall wird also als Ausgang eines Bernoulli-Experiments betrachtet. Dieser Test ist ein sogenannter exakter Test. Es wird also mit diesem Test überprüft, ob eine Stichprobe aus einer binomialverteilten Grundgesamtheit mit dem Parameter p (Kategorie tritt mit Wahrscheinlichkeit von p% auf) stammen könnte. Wir wollen mit einem solchen Binomialtest die Hypothese in unserem Beispiel Fragebogen überprüfen, daß ein Frauenanteil von 70 % vorliegt.

Wählen Sie hierzu unter dem Menüpunkt "Statistik" "Nichtparam. Tests" und dort "Binomial...". Wählen Sie dann als Testvariable die Variable V4 aus und geben Sie neben "Test-Anteil" 0,70 (für 70%) ein (vgl. Abb. 7-14).

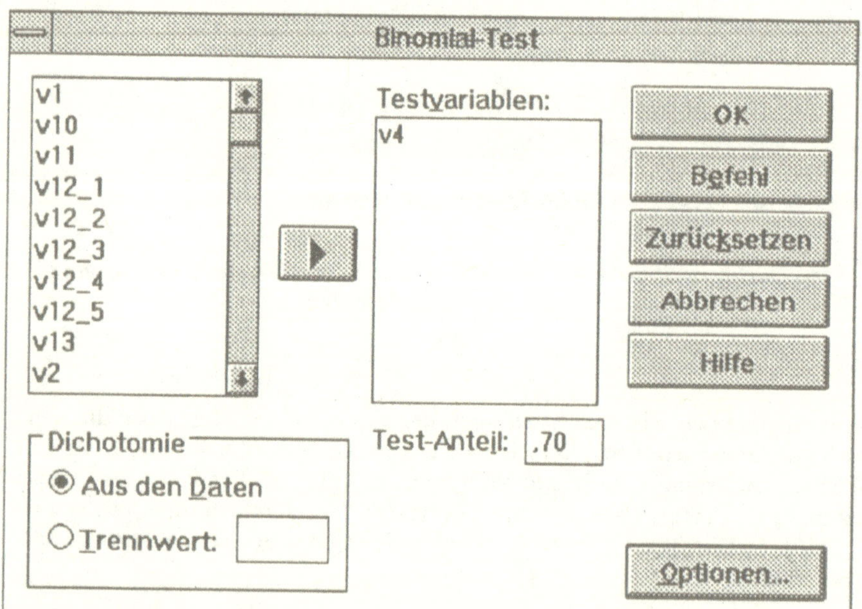

Abb. 7-14

Wie in der Abb. 7-14 zu sehen ist, kann, falls keine dichotomen Variable vorliegt, die Variable mit einem "Trennwert" dichotomisiert werden.

Wählen Sie dann "OK" und Sie erhalten die folgenden Ausgabe:

```
- - - - - Binomial Test

     V4          Geschlecht


      Cases
                                     Test Prop. =    ,7000
          9     = 2                  Obs. Prop. =    ,4500
         11     = 1
         --                          Exact Binomial
         20    Total                 1-Tailed P =    ,0171
```

Wie zu erkennen ist, beträgt der tatsächliche Frauenanteil in der Stichprobe 45%. Ob diese Stichprobe nun aus einer binomialverteilten Grundgesamtheit mit dem Parameter p = 0,70 stammen könnte, wird nun mit einem Test überprüft. Diese Hypothese ist aber aufgrund des p-Werts von 0,0171 zu verwerfen. Somit weicht der Frauenanteil signifikant von 70% ab.

SPSS-Programm:

```
NPAR TESTS
  /BINOMIAL (.70)= v4
  /MISSING ANALYSIS.
```

8 Komplexere Methoden der schließenden Statistik

8.1 Regressionsanalyse

8.1.1 Lineare Regression

Bei der Regressionsanalyse wird der Einfluß einer oder mehreren unabhängigen Variablen (Regressoren) auf eine abhängige Variable (Regressand) untersucht. Hierbei wird vorausgesetzt, daß die unabhängigen und die abhängige Variablen metrisch-skalierte Variablen sind. Wir beziehen uns zuerst auf den Fall einer unabhängigen Variablen. Bei der Regressionsanalyse wird zunächst eine Funktion f definiert, von der vermutet wird, daß sie den funktionalen Zusammenhang zwischen dem Regressor x und dem Regressanden y in der Form y = f(x) beschreibt. Da wir uns nur auf den linearen Fall beschränken, hat die Funktion f die spezielle Form $f(x) = \beta_0 + \beta_1 x$. Ziel der Regressionsanalyse ist es nun die Parameter β_0 und β_1 zu schätzen, Hypothesentests für die Parameter herzuleiten und zu untersuchen, inwieweit unsere gewählte Funktion f auf das Datenmaterial paßt, daß heißt, ob der Zusammenhang womöglich nichtlinear ist. Die Variable x wird als nichtstochastische bzw. voreingestellte Variable angesehen. In der Praxis liegen uns also n Wertepaare $(x_1, y_1), (x_2, y_2), ..., (x_n, y_n)$. Hierbei können z.B. die Variablen x_i die Körpergröße der Mütter und die Variablen y_i die Körpergrößen der Töchter sein. In diesem Fall würden wir den Einfluß der Körpergröße der Mutter auf die Körpergröße der Tochter untersuchen.

Betrachten wir nun die **theoretische Modellgleichung** unter Berücksichtigung der zufälligen Abweichungen von der Regressionsgeraden, so ergibt sich folgende Gleichung:

$$Y_i = \beta_0 + \beta_1 x_i + E_i \qquad i = 1,2,...,n$$

E_i ist dabei die theoretische zufällige Abweichung der i-ten Beobachtung von der Regressionsgeraden. Diese Abweichungen werden im konkreten Fall als Residuen bezeichnet. Diese Residuen müssen normalverteilt sein.

Wir werden nun in unserem Beispiel Fragebogen eine Regressionsanalyse mit der Variablen V6 (Körpergröße) als unabhängige und der Variablen V5 (Körpergewicht) als abhängige Variable durchführen.

Wählen Sie unter dem Menüpunkt "Statistik" "Regression" und dort "Linear...". Wählen Sie dann als "Abh. Variable" die Variable V5 und unter "Unabh. Variable(n)" die Variable V6. Klicken Sie danach auf "Statistiken..." und dort auf "Durbin-Watson" (Abb. 8-1).

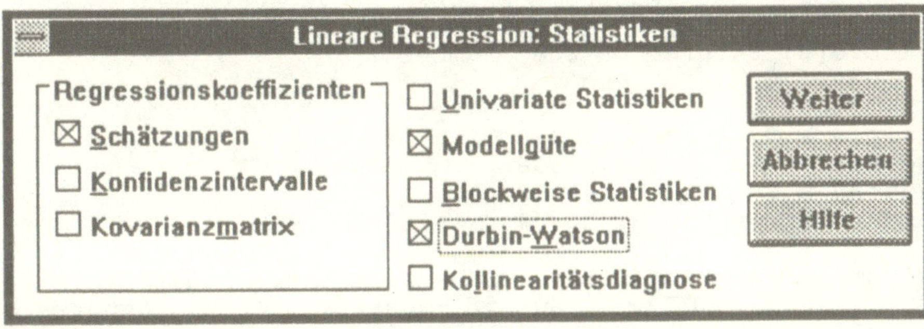

Abb. 8-1

Wählen Sie dann "Weiter" und klicken Sie auf den Button "Grafiken". Da nach einer Voraussetzung für die Regressionsanalyse die Residuen normalverteilt sein müssen, wollen wir dies mit einem P-P-Plot überprüfen. Wählen Sie aus diesem Grund in Ihrem Fenster (Abb. 8-2) "Vergleich mit Normalverteilung" unter "Darstellung der standardisierten Residuen" und danach "Weiter".

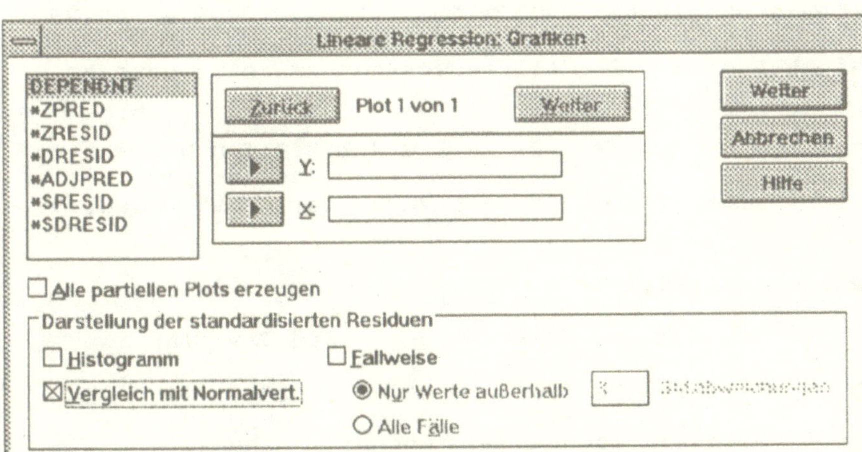

Abb. 8-2

Wählen Sie dann "OK", womit Sie die folgende Ergebnisausgabe erhalten:

```
* * * *   M U L T I P L E    R E G R E S S I O N   * * * *

Listwise Deletion of Missing Data

Equation Number 1    Dependent Variable..   V5   Gewicht

Block Number  1.  Method:  Enter      V6

Variable(s) Entered on Step Number
   1..    V6         Größe

Multiple R             ,70928
R Square               ,50308
Adjusted R Square      ,47693
Standard Error        7,24854

Analysis of Variance
                DF      Sum of Squares      Mean Square
Regression       1          1010,66843       1010,66843
Residual        19           998,28395         52,54126

F =      19,23571       Signif F =   ,0003

------------ Variables in the Equation --------------

Variable             B        SE B      Beta       T     Sig T

V6             ,934568     ,213087   ,709283   4,386   ,0003
(Constant) -94,166667   37,019606             -2,544   ,0198

End Block Number   1   All requested variables entered.

* * * *   M U L T I P L E    R E G R E S S I O N    * * * *

Equation Number 1    Dependent Variable..   V5   Gewicht


Residuals Statistics:

              Min        Max      Mean   Std Dev    N

*PRED     54,4296    82,4667   68,0476    7,1087   21
*RESID   -18,2519    11,8790     ,0000    7,0650   21
*ZPRED    -1,9157     2,0284     ,0000    1,0000   21
*ZRESID   -2,5180     1,6388     ,0000     ,9747   21

Durbin-Watson Test =    2,14395

Total Cases =        21
```

Eine wichtige Größe in der oberen SPSS-Ausgabe ist zunächst der Wert 0,50308, der als "R Square" bezeichnet wird. Anhand dieses Wertes kann die Güte unseres Regressionsmodells beurteilt werden. Diese Größe gibt den vom gewählten Regressionsmodell erklärten Varianzanteil an. Das gewählte einfache lineare Regressionsmodell erklärt demnach 50,308% der Gesamtvarianz. Die genauere Erklärung zur Berechnung des "R Square" finden auf den nächsten Seiten.

Im Grafik-Fenster erhalten Sie die Grafik aus Abb. 8.3.

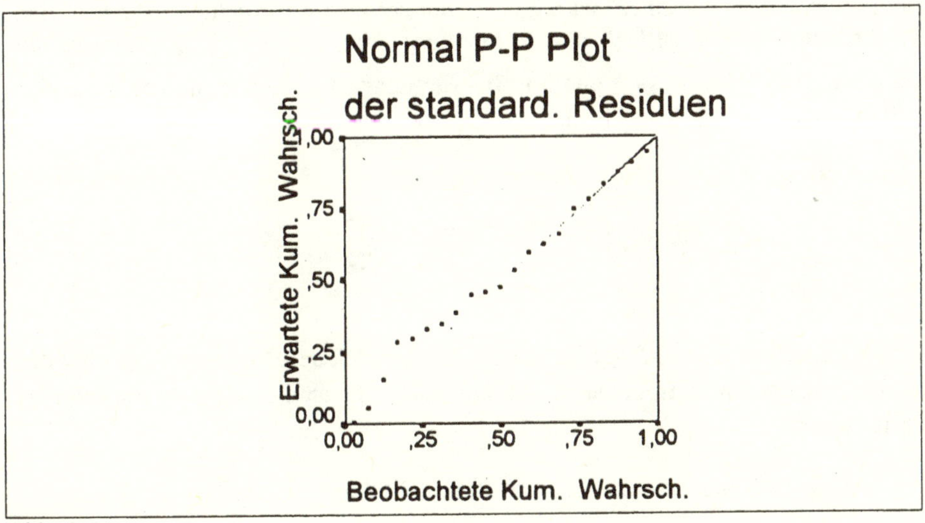

Abb. 8-3

Da die Residuen in etwa auf der Geraden liegen, spricht nichts gegen eine Normalverteilung. Die P-P-Plots werden im Kapitel 6-3 erklärt.

Unter der Überschrift "Variables in the Equation" finden Sie unter "B" die von SPSS berechneten Schätzer $\hat{\beta}_0$ und $\hat{\beta}_1$ für die Modellparameter β_0 und β_1. Es gilt somit:

$\hat{\beta}_0$ = -94,166667 (in SPSS-Ausgabe "(Constant)" genannt)

$\hat{\beta}_1$ = 0,934568 (SPSS-Ausgabe: "V6")

womit sich die folgende Regressionsgleichung ergibt:

$$y = 0{,}934568 \cdot x - 94{,}166667$$

In der gleichen Zeile, in der die jeweiligen Parameterschätzungen stehen, wird ein Test mit der Hypothese durchgeführt, daß der jeweilige Parameter gleich 0 ist. Diese Hypothese kann für den Achsenabschnitt β_0 aufgrund des p-Werts von 0,0198, sowie für die Steigung β_1 aufgrund des p-Werts von 0,0003, verworfen werden. Die beiden Koeffizienten sind also signifikant von Null verschieden.

Es folgt eine genauere Beschreibung der Ergebnisse:

Unter "Analysis of Variance" wird eine Varianzanalyse durchgeführt. Hierbei wird die Streuung der y_i zerlegt in die Streuung der, über die Regressionsgerade bestimmten, $\hat{y}_i = \hat{\beta}_0 + \hat{\beta}_1 x_i$ und in die Streuung der Abweichungen von der Regressionsgeraden, d.h. der Fehler:

$$\sum_{i=1}^{n}(y_i - \bar{y})^2 = \sum_{i=1}^{n}(\hat{y}_i - \bar{y})^2 + \sum_{i=1}^{n}(\hat{y}_i - y_i)^2$$

Hierbei ist zu beachten, daß der Mittelwert der y_i gleich dem Mittelwert der über die Regressionsgeraden bestimmten $\hat{y}_i$ ist. Die obige Gleichung läßt sich wie folgt in Worte fassen:

Sum of Squares Total = Sum of Squares **R**esidual + Sum of Squares **E**rror

Oder abgekürzt: **SST = SSR + SSE**

In der Ergebnisausgabe finden Sie unter "Sum of Squares" SSR = 1010,66843 und SSE = 998,28395. Hierbei hat SSR r - 1 = 2 - 1 = 1 Freiheitsgrad (r ist Anzahl der Parameter im Regressionsmodell und hat somit im einfachen linearen Modell den Wert 2) und SSE hat n - r = 21 -2 = 19 Freiheitsgrade (D.F.).

Somit gilt für SST = SSR + SSE = 1010,66843 + 998,28395 = 2008,95238.

Unter "Mean Square" finden Sie SSR/(r-1) und SSE/(n-r), d.h. die Quadratsummen durch die Freiheitsgrade (D.F.) geteilt. Die Teststatistik F berechnet sich dann aus dem Quotient der beiden mittleren Quadratsummen:

$$F = \frac{SSR/(r-1)}{SSE/(n-r)} = \frac{1010{,}66843}{52{,}54126} = 19{,}23571\,.$$

Hier wird die Nullhypothese getestet, daß alle Steigungsparameter, d.h. alle β_i ; $i \geq 1$ gleich Null sind. Da es im einfachen linearen Modell nur einen Steigungsparameter, nämlich β_1 gibt, wird hier die Nullhypothese getestet, daß dieser gleich Null ist. Diese kann verworfen werden, da der p-Wert 0,0003 < 0,05 ist. Somit ist die Steigung signifikant von Null verschieden. Kommen Sie im multiplen Fall zum Verwerfen der Hypothese, so ist mindestens ein Parameter β_i ; $i \geq 1$ ungleich Null.

Teilen Sie die Gleichung der Varianzzerlegung durch die Gesamtstreuung, so ergibt sich:

$$1 = \frac{SSR}{SST} + \frac{SSE}{SST}$$

Da die einzelnen Quadratsummen immer größer oder gleich Null sind, gilt somit folgendes:

$$0 \leq \frac{SSR}{SST} \leq 1 \qquad \text{und} \qquad 0 \leq \frac{SSE}{SST} \leq 1$$

Hierbei wird der Quotient aus SSR und SST als Bestimmtheitsmaß der Regression bezeichnet und der Quotient aus SSE und SST als Unbestimmtheitsmaß. Da sich beide Quotienten in der Summe zu eins ergänzen, nimmt automatisch der Wert des einen zu, wenn der andere Wert abnimmt und umgekehrt. Das Bestimmtheitsmaß SSR/SST wird zur Beurteilung der Güte eines Regressionsmodells verwendet. Liegt dieses Bestimmtheitsmaß in der Nähe von 1 (z.B. 0,8), paßt das gewählte Regressionsmodell gut. Nimmt dieses Maß jedoch kleine Werte an, so eignet sich das gewählte Modell schlecht, um einen Zusammenhang zwischen den Daten zu zeigen. In diesem Fall müßte ein anderes Regressionsmodell gewählt werden. Das Bestimmtheitsmaß gibt den Anteil der Varianz an, die durch das gewählte Regressionsmodell erklärt wird. In der angelsächsischen Literatur wird das Bestimmtheitsmaß auch mit R-Square bezeichnet. Dies ist damit zu erklären, da im Falle der einfachen linearen Regression folgendes gilt:

$$\frac{SSR}{SST} = \left(r_{xy}\right)^2$$

Hierbei bezeichnet r_{xy} den Pearson'sche Korrelationskoeffizient (s. Kapitel 7.3) zwischen den x-Werten x_i und den y-Werten y_i .

In unserem Beispiel läßt sich in der Ergebnisausgabe ein Bestimmtheitsmaß bzw. "R-Square" von 0,50308 (= 1010,66843 / 2008,95238) ablesen. Somit erklärt unser gewähltes Regressionsmodell 50,308% der Varianz, was eine mittelmäßige Modellanpassung ist.

Die Regressionsparameter im linearen Modell lassen sich wie folgt berechnen:

$$\hat{\beta}_1 = \frac{s_{xy}}{s_x^2}$$

$$\hat{\beta}_0 = \bar{y} - \hat{\beta}_1 \bar{x}$$

Hierbei gilt:

$$\bar{x} = \frac{1}{n}\sum_{i=1}^{n} x_i \quad ; \qquad \bar{y} = \frac{1}{n}\sum_{i=1}^{n} y_i$$

$$s_x^2 = \frac{1}{n-1}\left(\sum_{i=1}^{n} x_i^2 - n\bar{x}^2\right) \quad ; \qquad s_{xy} = \frac{1}{n-1}\left(\sum_{i=1}^{n} x_i y_i - n\overline{xy}\right)$$

Die Regressionsparameter sind in der Ergebnisausgabe unter "Variables in the Equation" und dort unter "B" zu finden. Hier gilt:

$\hat{\beta}_0$ = -94,166667 (Ergebnisausgabe: "V6")
$\hat{\beta}_1$ = 0,934568 (Ergebnisausgabe "(Constant)")

In der Ergebnisausgabe wird für jeden Regressionsparameter ein Test durchgeführt mit

$$H_0: \ \beta_i = 0$$

gegen die Alternativhypothese:

$$H_A: \ \beta_i \neq 0$$

Unter "Sig T" stehen die entsprechenden p-Wert zu für Parameter. Hier ist die Steigung signifikant von Null verschieden (p-Wert von 0,0003) und auch der Achsenabschnitt (p-Wert von 0,01983)

In der vorletzten Zeile der Ergebnisausgabe befindet sich die Teststatistik zum Durbin-Watson-Test. Dies ist ein Test zum Überprüfen der Autokorrelation der

Residuen, welche nach einer Voraussetzung nicht autokorrelieren dürfen. Liegt diese Teststatistik in etwa bei 2, so sind nach einer Faustregel die Residuen nicht autokorreliert. Nähert sich dieser Wert der 0 bzw. 4, so liegt eine positive bzw. negative Autokorrelation vor. In unserem Beispiel liegt der Wert bei 2,14395, es kann somit davon ausgegangen werden, daß keine Autokorrelation vorliegt.

Ein x-y-Plot mit den Variablen V5 und V6 finden Sie im Kapitel 5.3.1.

SPSS-Programm:

```
REGRESSION
  /MISSING LISTWISE
  /STATISTICS COEFF OUTS R ANOVA
  /CRITERIA=PIN(.05) POUT(.10)
  /NOORIGIN
  /DEPENDENT v5
  /METHOD=ENTER v6
  /RESIDUALS NORM(ZRESID) .
```

Im nächsten Beispiel führen wir eine multiple Regressionsanalyse mit zwei unabhängigen Variablen durch. Hier dienen die Variable V6 (Körpergröße) und V7 (Alter) als unabhängige Variablen und die Variable V5 (Körpergewicht) als abhängige Variable.

Gehen Sie in Analogie zur einfachen linearen Regressionsanalyse vor, nur wählen Sie diesmal zusätzlich die Variable V7 unter "Unabh. Variable(n)" aus. Sie erhalten dann die folgende Ergebnisausgabe:

```
* * * *   M U L T I P L E   R E G R E S S I O N   * * * *

Listwise Deletion of Missing Data

Equation Number 1    Dependent Variable..   V5   Gewicht

Block Number  1.  Method:  Enter      V6        V7

Variable(s) Entered on Step Number
   1..    V7          Alter
   2..    V6          Größe

Multiple R           ,70936
R Square             ,50319      <---- R-Square
Adjusted R Square    ,44799
Standard Error      7,44633
```

```
Analysis of Variance
                   DF     Sum of Squares    Mean Square
Regression          2      1010,89198        505,44599
Residual           18       998,06041         55,44780

F =        9,11571        Signif F =  ,0018

------------ Variables in the Equation ------------

Variable            B          SE B          Beta          T    Sig T

V6              ,935044     ,219030      ,709644      4,269   ,0005
V7             -,020727     ,326436     -,010555      -,063   ,9501
(Constant) -93,711361   38,699902                   -2,421   ,0262

End Block Number   1   All requested variables entered.

* * * *   M U L T I P L E   R E G R E S S I O N   * * * *

Equation Number 1   Dependent Variable..   V5   Gewicht

Residuals Statistics:

              Min        Max       Mean    Std Dev    N

*PRED      54,4839    82,3901    68,0476    7,1095   21
*RESID    -18,3147    11,8981      ,0000    7,0642   21
*ZPRED     -1,9078     2,0174      ,0000    1,0000   21
*ZRESID    -2,4596     1,5979      ,0000     ,9487   21

Total Cases =        21

Durbin-Watson Test =    2,14725
```

Wie anhand des Bestimmtheitsmaßes "R-Square" zu erkennen ist, erklärt das gewählte Modell 50,319% der Varianz. Von den Regressionskoeffizienten ist der Steigungsfaktor vor der Körpergröße (V6) β_2 aufgrund des p-Wertes von 0,0005 signifikant von Null verschieden. β_1 als Faktor vor der Variablen Alter (V7) ist nicht signifikant von Null verschieden (p-Wert von 0,9501). Somit hat das Alter keinen signifikanten Einfluß auf das Körpergewicht. Der Achsenabschnitt β_0 ist signifikant von Null verschieden (p-Wert von 0,0262). Anhand der Durbin-Watson-Teststatistik mit einem Wert von 2,14725 sind die Residuen nicht autokorreliert.

Unsere Regressionsgleichung sieht nun wie folgt aus:

$$y = V6 \cdot 0{,}935044 - V7 \cdot 0{,}020727 - 93{,}711361$$

SPSS-Programm:

```
REGRESSION
  /MISSING LISTWISE
  /STATISTICS COEFF OUTS R ANOVA
  /CRITERIA=PIN(.05) POUT(.10)
  /NOORIGIN
  /DEPENDENT v5
  /METHOD=ENTER v6 v7
  /RESIDUALS DURBIN .
```

8.1.2 Nichtlineare Regression

Gegeben ist die folgende Tabelle, in der die Zahlen der Aidserkrankungen in der Bundesrepublik Deutschland von 1982 bis 1988 aufgelistet sind (Quelle: Bundesgesundheitsamt):

JAHR	ANZAHL
1982	17
1983	60
1984	185
1985	486
1986	1019
1987	1958
1988	2779

Daten: AIDS

Wir wollen nun mit Hilfe von mehreren u.a. auch nichtlinearen Regressionsmodellen einen Zusammenhang zwischen der Jahreszahl und der Zahl der Aidserkrankungen nachweisen. Damit bei der Berechnung der diversen Regressionsparameter keine numerischen Probleme entstehen, kodieren wir das Jahr 1982 vor der Eingabe in SPSS mit einer 1, das Jahr 1983 mit einer 2, usw.

Mit Hilfe der Kurvenanpassung wollen wir zunächst feststellen, welches von vier Regressionsmodell am besten den funktionalen Zusammenhang erklärt.

Im folgenden sehen Sie die zu verwendenden Regressionsmodelle und die Modellgleichungen:

Einfache lineare Regression : $\beta_0 + \beta_1 x$

Quadratische Regression: $\beta_0 + \beta_1 x + \beta_2 x^2$

Kubische Regression: $\beta_0 + \beta_1 x + \beta_2 x^2 + \beta_3 x^3$

Exponentielle Regression: $\beta_0 \cdot e^{\beta_1 x}$

Wählen Sie unter dem Menüpunkt "Statistik" "Regression" und dort "Kurvenanpassung...". Wählen Sie als abhängige Variable die ANZAHL und als unabhängige Variable das JAHR aus. Klicken Sie dann unter "Modelle" auf "Quadratisch", "Kubisch" und auf "Exponentiell" (Abb. 8-4).

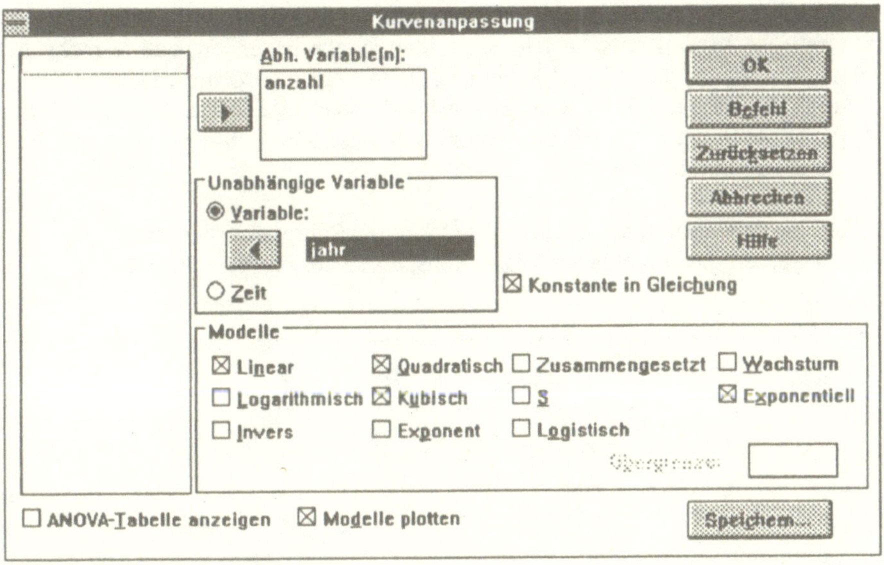

Abb. 8-4

Wählen Sie danach "OK", womit Sie die folgende Ergebnisausgabe erhalten:

```
Independent:  JAHR

Dependent Mth   Rsq  d.f.    F      Sigf

ANZAHL    LIN  ,873   5    34,31    ,002
ANZAHL    QUA  ,997   4   582,49    ,000
ANZAHL    CUB  ,997   3   293,13    ,000
ANZAHL    EXP  ,969   5   157,75    ,000


     b0           b1           b2           b3
 -916,00       461,286
  287,429     -341,00       100,286
  257,429     -306,83        90,2857     ,8333
   11,0286        ,8560

Hi-Res Chart # 1:Kurvenanpassung für Anzahl
Aidserkrankungen in der brd
```

In der Ergebnisausgabe stehen unter "Mth" die jeweiligen Modell und daneben unter "Rsq" das Bestimmtheitsmaß R-Square. Das quadratische sowie das kubische

Modell haben beide die beste Modellanpassung von 99,7%. Da das einfachste Modell für die Erklärung der Daten herangezogen werden sollte, sollten Sie sich für das quadratische Modell entscheiden. Sie sollten jedoch bedenken, daß je mehr zu schätzende Parameter das Modell bekommt, desto besser wird die mathematische Anpassung. Ein Regressionsgleichung vom Grad 5 paßt die Daten so an, daß die Kurve genau durch die Datenpunkte verläuft. Ob diese Kurve in der Praxis optimal ist, ist damit jedoch nicht ausgesagt.

Unter "b0" bis "b3" stehen die jeweiligen geschätzten Regressionsparameter. Zusätzlich werden die berechneten Regressionskurven ausgegeben (Abb. 8-5).

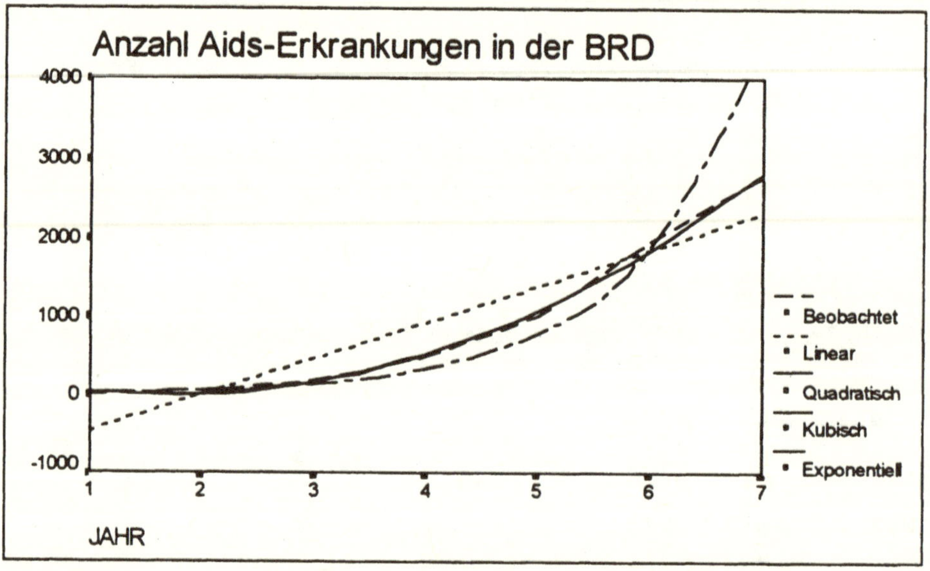

Abb. 8-5

Die Linien dieser Grafik wurden mit dem Grafikeditor von SPSS bearbeitet. Bei der Legende wird nicht deutlich, welche Kurve gemeint ist. Sie sollten deshalb nicht so viele Kurven in ein Schaubild bringen.

SPSS-Programm:

```
TSET NEWVAR=NONE .
CURVEFIT /VARIABLES=anzahl  WITH jahr
   /CONSTANT
   /MODEL=LINEAR QUADRATIC CUBIC EXPONENTIAL
   /PLOT FIT.
```

Regressionsgleichung selbst definieren

Im nächsten Beispiel führen wir eine weitere nichtlineare Regression durch, wobei wir aber die Regressionsgleichung selbst definieren. Gegeben ist hierzu die folgende Datenmatrix:

ZEIT	ATMUNG
1	84,4
1	89,9
1	102,2
2	71,1
2	75,1
2	79,9
3	48,8
3	41,8
3	50,8
7	0
7	20,1
7	5,3
14	3,4
14	3,4
14	5,3
21	8
21	5,3
21	6,5
28	9,1
28	16,4
28	16,4
35	16,8
35	18,8
35	18,8
42	23,9
42	20,9
42	29,3

Daten: BODENAT

In der oberen Datenmatrix stellt die Variable ZEIT den Tag dar und die Variable ATMUNG die Bodenatmung gemessen in CO_2 pro 100g Boden.

Wir wollen nun eine Regressionsanalyse mit der Variablen ATMUNG als abhängige Variable in der folgenden Modellgleichung durchführen:

$$\text{ATMUNG} = \beta_0 \cdot e^{\beta_1 \cdot \text{ZEIT}} + \beta_2 \cdot \text{ZEIT} + \beta_3$$

Wählen Sie nun im Menüpunkt "Statistik" "Regression" und dort "Nichtlinear...". Wählen Sie zunächst die Variable ATMUNG als abhängige Variable und klicken Sie dann auf "Parameter..." um die Regressionsparameter zu definieren. Geben Sie neben "Name" den ersten Regressionsparameter b0 an und als "Anfangswert" 200 ein. Wählen Sie dann "Hinzufügen", womit wir den ersten Parameter definiert hätten. Die Regressionsparameter werden von SPSS näherungsweise mit einem Iterationsverfahren bestimmt, weshalb SPSS für jeden Parameter einen Anfangswert bzw. Startwert für die Iteration benötigt (wurde bereits eine nichtlineare Regression durchgeführt, so können auch die Anfangswerte aus der vorhergehenden Regression verwendet werden, wenn Sie auf das Kästchen links unten in der Abb. 8-6 klicken). Definieren Sie analog zum Parameter b0 die Parameter b1 bis b3, wobei Sie als Startwert für b1 -0,5, für b2 0,5 und für b3 -1,0 wählen. Ihr Fenster sieht danach wie in Abb. 8-6 aus.

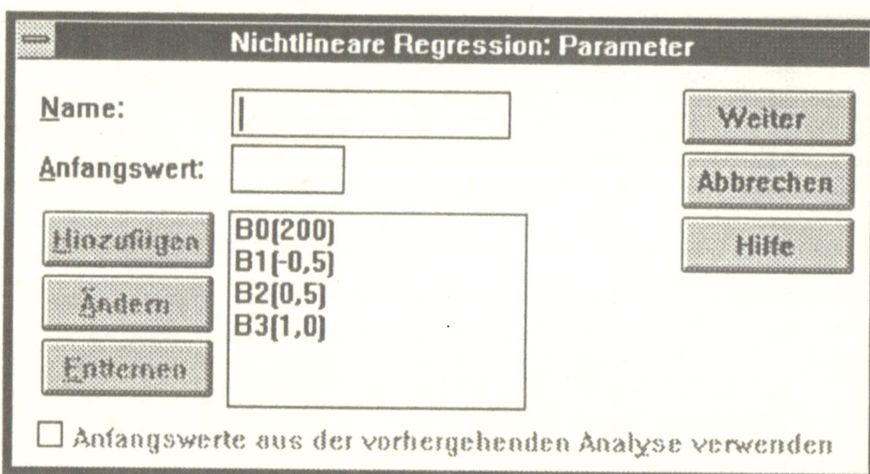

Abb. 8-6

Wählen Sie nun "Weiter". Geben Sie nun unter "Modellausdruck" das Regressionsmodell an (Abb. 8-7). Wenn Sie anschließend "Weiter" wählen, erhalten die Ergebnisausgabe.

Es ergibt sich (in Abb. 8-9 sehen Sie die Regressionskurve und die x-y-Punkte):

$$\text{ATMUNG} = 144{,}242 \cdot e^{-0{,}299 \cdot \text{ZEIT}} + 0{,}892 \cdot \text{ZEIT} - 12{,}360$$

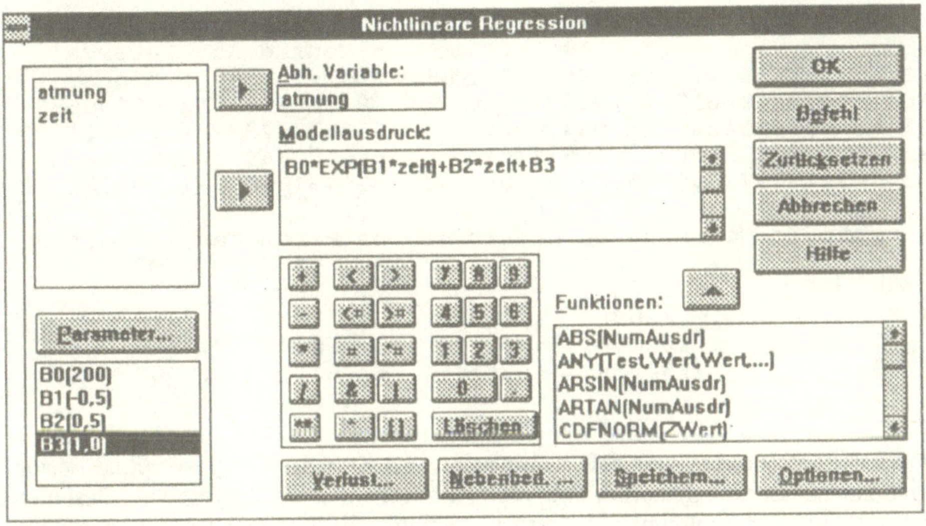

Abb.8-7

In der Ergebnisausgabe finden Sie zuerst die Dokumentation der Interation. Hierbei werden der jeweilige Iterationsschritt ("Iteration"), die Fehlerquadratsumme ("Residual SS") und die im jeweiligen Iterationsschritt berechneten Schätzer ("B0" bis "B3") ausgegeben. Dann erhalten Sie:

```
Run stopped after 14 model evaluations and 7 derivative
evaluations.
Iterations have been stopped because the relative
reduction between successive
residual sums of squares is at most SSCON = 1,000E-08


Nonlinear Regression Summary Statistics
Dependent Variable ATMUNG

  Source                     DF   Sum of Squares  Mean Square

  Regression                  4     52761,83204    13190,45801
  Residual                   23       770,93796       33,51904
  Uncorrected Total          27     53532,77000

  (Corrected Total)          26     25389,77407

  R squared = 1 - Residual SS / Corrected SS =      ,96964
```

```
                                            Asymptotic 95 %
                           Asymptotic     Confidence Interval
Parameter   Estimate     Std. Error       Lower          Upper
B0   144,24196655   6,845038016  130,08192656   158,40200653
B1     -,299048690   ,034188832    -,369773678    -,228323703
B2      ,891765082   ,165122170     ,550183849    1,233346315
B3   -12,35979056   5,051927083  -22,81049796    -1,909083148

Asymptotic Correlation Matrix of the Parameter Estimates
                   B0          B1          B2          B3
   B0           1,0000      -,3209       ,3208      -,3095
   B1           -,3209      1,0000       ,6770      -,7414
   B2            ,3208       ,6770      1,0000      -,9519
   B3           -,3095      -,7414      -,9519      1,0000
```

Wie anhand des "R-Square" zu erkennen ist, erklärt unser gewähltes Modell 96,964% der Varianz und paßt somit recht gut. Zu jedem Regressionsparameter wird zusätzlich ein asymptotisches 95% Konfidenzintervall ausgegeben. Darunter befindet sich eine asymptotische Korrelationsmatrix der Parameterschätzungen.

SPSS-Programm:

```
MODEL PROGRAM B0=200 B1=-0.5 B2=0.5 B3=1.0 .
COMPUTE PRED_ = B0*EXP(B1*zeit)+B2*zeit+B3.
NLR atmung
  /OUTFILE='C:\WINDOWS\TEMP\SPSSFNLR.TMP'
  /PRED PRED_
  /CRITERIA SSCONVERGENCE 1E-8 PCON 1E-8 .
```

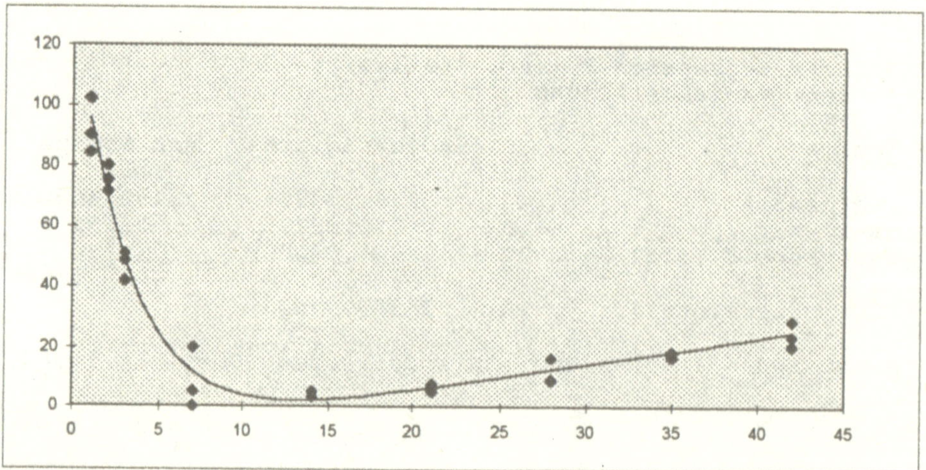

Abb. 8-9

Wir werden nun mit einem weiteren Beispiel eine nichtlineare Regression durchführen. Hierzu wurde in einem See der Sauerstoffgehalt in verschiedenen Tiefen gemessen. Die Meßergebnisse werden in der folgenden Tabelle dargestellt:

Tiefe [m]	Sauerstoffgehalt [mg/l]
10	7,0
15	6,6
25	5,6
30	5,3
40	6,0
50	4,7
60	1,5
70	0,1
75	0,1

Daten: SEEDATEN

Diese Datenmatrix muß in SPSS erfaßt werden, wobei die Tiefe als Variable TIEFE und der Sauerstoffgehalt als Variable SGEHALT kodiert werden.

Wir wollen nun den Einfluß der Tiefe auf den Sauerstoffgehalt untersuchen. Mit dem Punkt "Kurvenanpassung..." soll nun das Regressionsmodell mit der besten Kurvenanpassung aus vier Modellen ausgewählt werde. Wir untersuchen im folgenden ein lineares, quadratisches, kubisches und ein exponentielles Regressionsmodell. Die Vorgehensweise ist hierbei die gleiche wie im Beispiel zu den Aidserkrankungen, wobei der Sauerstoffgehalt die abhängige und die Tiefe die unabhängige Variable darstellt. Wählen Sie zusätzlich unter "Speichern" "Schätzwerte" "Residuen" und "Vorhersageintervall" (Abb. 8-10) und danach "Weiter". Hierbei wird unter "Schätzwerte" die über das Modell berechneten Prognosewerte, unter "Residuen" die Abweichung der tatsächlichen y-Werte von den Prognosewerten und unter "Vorhersageintervalle" ein 95%-iges Konfidenzintervall für Prognosen ausgegeben. In diesem Intervall befinden sich mit einer Wahrscheinlichkeit von 95% (sofern die Modellvoraussetzungen erfüllt sind) zukünftige y-Werte.

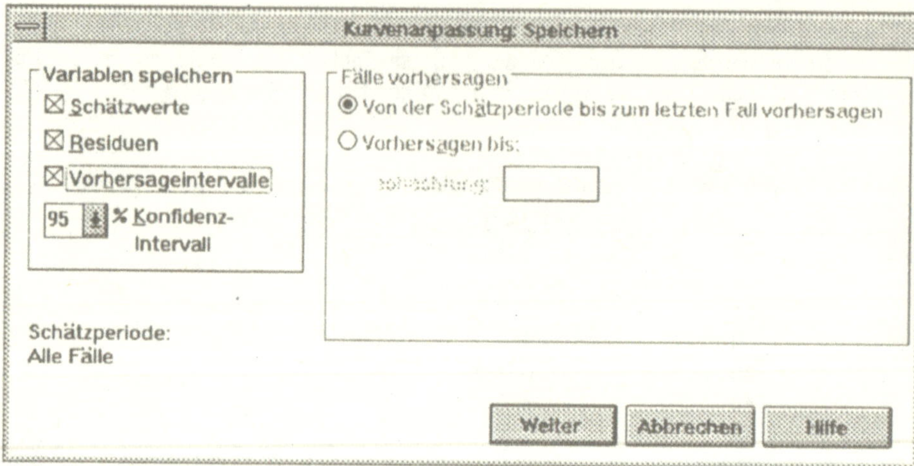

Abb. 8-10

Sie erhalten dann (nachdem Sie "OK" gewählt haben) die folgende Ergebnisausgabe:

```
Independent:  TIEFE

Dependent Mth Rsq d.f. F    Sigf      b0      b1       b2       b3

SGEHALT LIN ,883  7  53,01 ,000  8,6880 -,1101
SGEHALT QUA ,939  6  45,91 ,000  6,6070  ,0235 -,0016
SGEHALT CUB ,939  5  25,66 ,002  6,9211 -,0106 -,0006 -8,E-06
SGEHALT EXP ,730  7  18,90 ,003 29,1749 -,0640
```

Wie zu sehen ist, paßt das quadratische und kubische Regressionsmodell am besten. Da Sie sich aber bei gleichem Bestimmtheitsmaß (R-Square) für das einfachere Modell entscheiden sollten, würden wir dem quadratischen Modell den Vorzug geben. Dies ist auch deshalb gerechtfertigt, da der Faktor vor der dritten Potenz im kubischen Modell (b3) mit einem Wert von -0,000008 zu vernachlässigen ist.

Durch die Optionen, die wir unter "Speichern..." gewählt haben, erhalten wir eine Reihe neuer Variablen. Diese werden in der Ergebnisausgabe wie folgt beschrieben:

```
The following new variables are being created:

  Name              Label

  FIT_1  Fit for SGEHALT with TIEFE from CURVEFIT, MOD_1 LINEAR
  ERR_1  Error for SGEHALT with TIEFE from CURVEFIT, MOD_1 LINEAR
  LCL_1  95% LCL for SGEHALT with TIEFE from CURVEFIT, MOD_1 LINEAR
  UCL_1  95% UCL for SGEHALT with TIEFE from CURVEFIT, MOD_1 LINEAR
```

```
FIT_2  Fit for SGEHALT with TIEFE from CURVEFIT, MOD_1 QUADRATIC
ERR_2  Error for SGEHALT with TIEFE from CURVEFIT, MOD_1 QUADRATIC
LCL_2  95% LCL for SGEHALT with TIEFE from CURVEFIT, MOD_1 QUADRATI
UCL_2  95% UCL for SGEHALT with TIEFE from CURVEFIT, MOD_1 QUADRATI
FIT_3  Fit for SGEHALT with TIEFE from CURVEFIT, MOD_1 CUBIC
ERR_3  Error for SGEHALT with TIEFE from CURVEFIT, MOD_1 CUBIC
LCL_3  95% LCL for SGEHALT with TIEFE from CURVEFIT, MOD_1 CUBIC
UCL_3  95% UCL for SGEHALT with TIEFE from CURVEFIT, MOD_1 CUBIC
FIT_4  Fit for SGEHALT with TIEFE from CURVEFIT, MOD_1 EXPONENTIAL
ERR_4  Error for SGEHALT with TIEFE from CURVEFIT, MOD_1 EXPONENTIA
LCL_4  95% LCL for SGEHALT with TIEFE from CURVEFIT, MOD_1 EXPONENT
UCL_4  95% UCL for SGEHALT with TIEFE from CURVEFIT, MOD_1 EXPONENT
```

Die neuen Variablen können weiterverarbeitet oder nur ausgegeben werden. Wir geben nun in der folgenden Tabelle die entsprechenden Variablen für das Modell Nr. 2, für das wir uns entschieden haben, aus:

TIEFE	SGEHALT	ERR_2	FIT_2	LCL_2	UCL_2
10,00	7,00	,31425	6,68575	4,25775	9,11376
15,00	6,60	-,00791	6,60791	4,38201	8,83381
25,00	5,60	-,61776	6,21776	4,10215	8,33337
30,00	5,30	-,60546	5,90546	3,76803	8,04289
40,00	6,00	,95360	5,04640	2,85541	7,23740
50,00	4,70	,82526	3,87474	1,69692	6,05256
60,00	1,50	-,89047	2,39047	,25921	4,52172
70,00	,10	-,49359	,59359	-1,64112	2,82829
75,00	,10	,52208	-,42208	-2,84907	2,00491

Bei "FIT_2" sind die geschätzten Werte angegeben. Bei einer Tiefe von 10 m wird der Sauerstoffgehalt auf 6,68575 geschätzt. Bei 75 m erhalten Sie einen negativen Wert, was aber von der Problemstellung nicht sein darf.

Unter "ERR_2" sind die Residuen (absolute Abweichungen von der Regressionskurve) zu sehen. Unter "FIT_2" befinden sich die mit dem Regressionsmodell prognostizierten Werte und unter "LCL_2" bzw. "UCL_2" befindet sich die untere bzw. obere Grenze des 95%-gen Prognoseintervalls. Je enger das Prognoseintervall ist, umso besser eignet sich das gewählte Modell für Prognosen. Zukünftige Werte befinden sich mit einer Sicherheit von 95% innerhalb dieses Intervalls.

SPSS-Programm:

```
* Curve Estimation.
TSET NEWVAR=NONE .
CURVEFIT /VARIABLES=sgehalt  WITH tiefe
  /CONSTANT
```

```
/MODEL=LINEAR QUADRATIC CUBIC EXPONENTIAL
/PLOT NONE
/CIN=95
/SAVE=PRED RESID CIN.
```

Im Rahmen des Punktes Modellanpassung bietet SPSS zusätzlich die folgenden Regressionsmodelle zur Auswahl:

S-Modell : $e^{\beta_0+\beta_1/x}$

Inverses Modell: $\beta_0+\beta_1/x$

Zusammengesetztes Modell: $\beta_0 \cdot \beta_1{}^x$

Wachstumsmodell: $e^{\beta_0+\beta_1 x}$

Logarithmisches Modell : $\beta_0+\beta_1 \cdot \ln(x)$

Logistik-Modell: $\dfrac{1}{1/u+\beta_0 x+\beta_1{}^x}$

Der Parameter u im Logistik-Modell ist die Obergrenze für die y-Werte (upper bound), die im Fenster der Abb. 8-4 neben "Obergrenze" eingegeben werden kann.

8.1.3 Logistische Regression

Mit der logistischen Regressionsanalyse kann der Einfluß einer oder mehrerer Variablen auf eine abhängige dichotome Variable nachgewiesen werden. Dies werden wir anhand des folgenden Beispiels verdeutlichen. Hierzu wurden Personen verschiedenen Alters gefragt, ob Sie klassische Musik hören. Sie konnten daraufhin die Antworten "ja" oder "nein" geben (bei mehreren Antwortkategorien, hätten Sie diese Variable zur Durchführung einer logistischen Regressionsanalyse dichotomisieren müssen). Es ergab sich die folgende Datenmatrix:

ALTER	KLASSIK
18	2
18	1
18	1
18	1
25	1
25	1
25	2
38	1
38	2
38	2
55	2
55	2
55	2
55	1
70	2
70	2
70	2
70	2
70	1

Daten: LOGIT

Hierbei bedeutet eine "1" bei der Variablen KLASSIK nein und einen "2" ja. Es ist zu bemerken, daß eine Durchführung der logistischen Regressionsanalyse nur sinnvoll ist, wenn bei der unabhängigen Variablen ALTER gleiche Werte häufiger vorkommen. Warum dies so ist, zeigt die spätere mathematische Herleitung.

Wählen Sie nun unter dem Menüpunkt "Statistik" "Regression" und dort "Logistisch...". Wählen Sie danach unter "Abh. Variable" die Variable KLASSIK und unter "Kovariaten" die Variable ALTER (siehe Abb. 8-11).

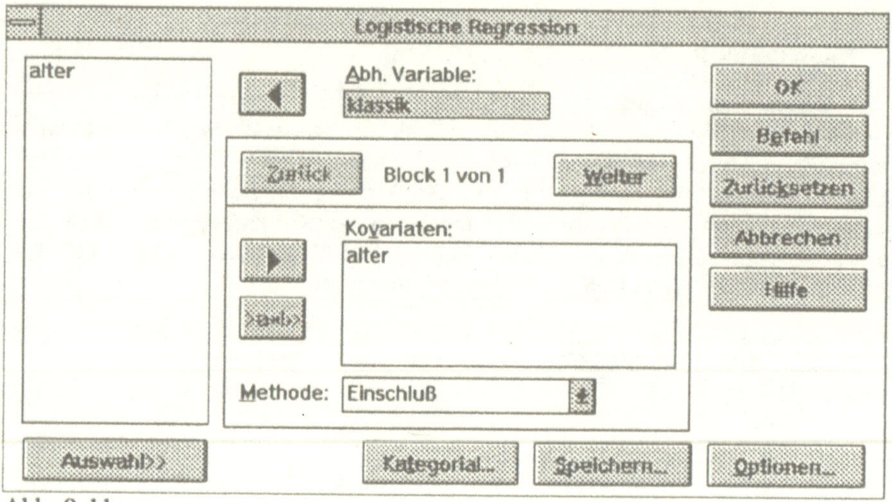

Abb. 8-11

Wenn Sie nun "OK" wählen, so erhalten Sie die folgende Ergebnisausgabe:

```
      Total number of cases:        19 (Unweighted)
      Number of selected cases:     19
      Number of unselected cases: 0

      Number of selected cases:                    19
      Number rejected because of missing data:    0
      Number of cases included in the analysis: 19


Dependent Variable Encoding:

Original        Internal
Value           Value
    1,00        0
    2,00        1

Dependent Variable..   KLASSIK

Beginning Block Number 0. Initial Log Likelihood Function

-2 Log Likelihood   25,863921

* Constant is included in the model.

Beginning Block Number  1.  Method: Enter

Variable(s) Entered on Step Number
1..         ALTER
```

```
Estimation terminated at iteration number 3 because
Log Likelihood decreased by less than ,01 percent.

 -2 Log Likelihood         22,020
 Goodness of Fit           19,333

                        Chi-Square    df Significance

 Model Chi-Square           3,844     1         ,0499
 Improvement                3,844     1         ,0499

Classification Table for KLASSIK
                      Predicted
                    nein     ja       Percent Correct
                       n  |    j
Observed              +-------+-------+
   nein       n       |  5    |   3   |    62,50%
                      +-------+-------+
   ja         j       |  2    |   9   |    81,82%
                      +-------+-------+
                              Overall     73,68%

---------- Variables in the Equation -------------------

Variable         B       S.E.     Wald    df   Sig       R    Exp(B)
ALTER          ,0492    ,0274   3,2317    1  ,0722   ,2182   1,0504
Constant    -1,7516   1,2197   2,0622    1  ,1510
```

Wie zu sehen ist, hat das Alter auf einem Signifikanzniveau von 5% keinen Einfluß (p-Wert von 0,0722 > 0,05) auf die Variable KLASSIK. Mit der logistischen Regressionsanalyse kann außerdem die Wahrscheinlichkeit dafür geschätzt werden, daß eine Person klassische Musik hört, unter der Bedingung, daß Sie ein bestimmtes Alter x hat:

$$y = P(\text{KLASSIK} = 2 \mid \text{ALTER} = x) = \frac{e^{-1{,}7516+0{,}0492\cdot x}}{1+e^{-1{,}7516+0{,}0492\cdot x}}$$

Die Parameter -1,7516 und 0,0492 können Sie der SPSS-Ergebnisausgabe entnehmen.

Mit dieser Funktion, die in Abb. 8-12 dargestellt ist, kann nun für jedes Alter die Wahrscheinlichkeit dafür berechnet werden, daß Personen mit diesem Alter klassische Musik hören. Da der Parameter, der für den Anstieg der Wahrscheinlichkeit verantwortlich ist, positiv ist, steigt dies Wahrscheinlichkeit mit dem Alter. Nur ist diese Steigung, wie oben erwähnt, nicht signifikant von Null verschieden. Wir haben somit keinen Nachweis (mit unseren Daten) dafür erbracht, das ältere Menschen häufiger klassische Musik hören.

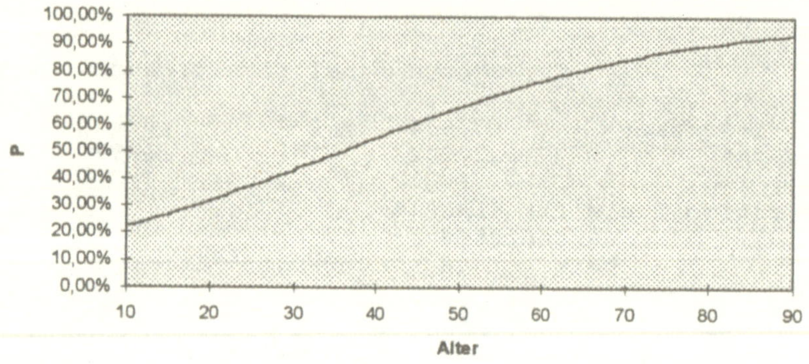

Abb. 8-12

Wenn wir nun wissen wollen, wie wahrscheinlich es ist, daß eine 30jährige Person klassische Musik hört, so gilt:

$$y = P(KLASSIK = 2 | ALTER = 30) = \frac{e^{-1,7516+0,0492\cdot 30}}{1+e^{-1,7516+0,0492\cdot 30}} \approx 43,2\%$$

Dies kann auch in der Grafik abgelesen werden.

Grundlage für die Parameterschätzung in der logistischen Regression ist die folgende Kontingenztabelle:

	KLASSIK			
ALTER	**Ja**	**Nein**	**Relativ Ja**	**Logit**
18	1	3	0,25	-1,0986
25	1	2	0,333	-0,6931
38	2	1	0,666	0,6931
55	3	1	0,75	1,0986
70	4	1	0,80	1,3863

Hier wird zu jedem Alter der relative Anteil der Personen berechnet, die "Ja" gewählt haben. Aus diesem Grund müssen zu jedem Alter genügend viele Beobachtungen vorhanden sein, da sonst der relative Anteil nicht berechnet werden kann. Bei der (einfachen) logistischen Regressionsanalyse wird von der folgenden Funktion ausgegangen, mit der für jeden x-Wert ein entsprechender Prozentwert berechnet werden kann (y bzw. P):

$$P = y = \frac{e^{\beta_0+\beta_1 x}}{1+e^{\beta_0+\beta_1 x}}$$

In den folgenden Abbildungen sind die Fälle $\beta_1 > 0$ (Wahrscheinlichkeit steigt mit steigenden x-Werten; Abb. 8-13) und $\beta_1 < 0$ (Wahrscheinlichkeit fällt mit steigenden x-Werten; Abb. 8-14) dargestellt:

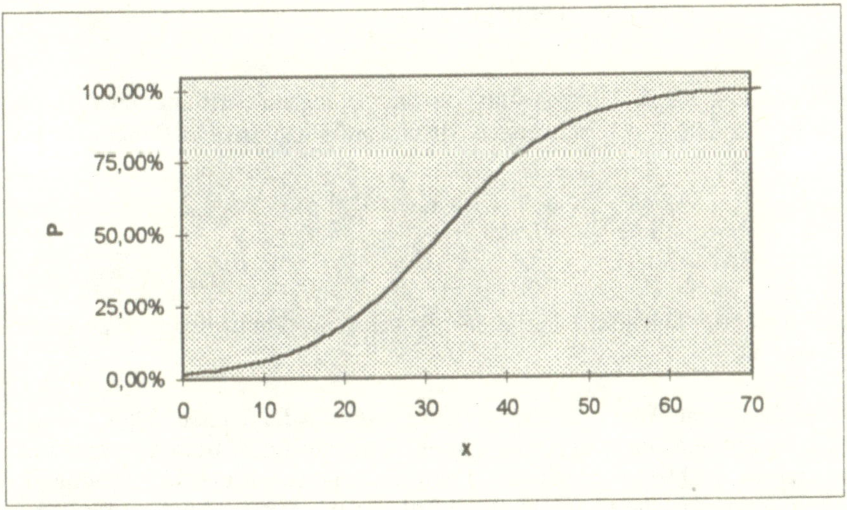

Abb. 8-13

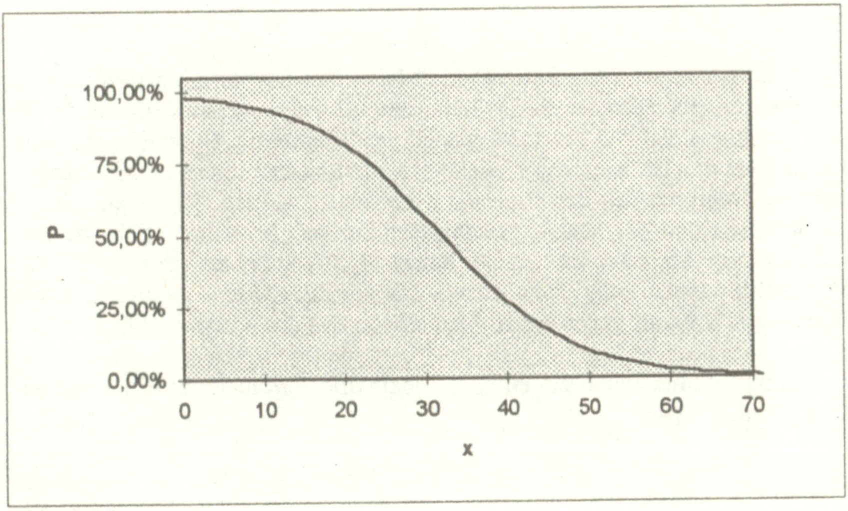

Abb. 8-14

Wie zu sehen ist, nähern sich die Kurven immer asymptotisch für kleiner werdende x-Werte der 0%- bzw. 100%-Marke und für größer werdende x-Werte asymptotische der 100%- bzw. 0%-Marke. Hier tritt also jeweils eine "Sättigung" ein, was in praktischen Beispielen mit Prozentwerten oft der Fall ist.

Auf diese Funktion, die ein Spezialfall der allgemeinen sigmoiden Funktion ist, wird im nächsten Schritt die Logit-Funktion angewendet, die wie folgt definiert ist:

$$\text{Logit}(x) = \ln\left(\frac{x}{1-x}\right)$$

Die Logit-Funktion, die die Umkehrfunktion für die logistische Funktion für den Spezialfall $\beta_0 = 0$ und $\beta_1 = 1$ ist, wenden wir nun auf die logistische Funktion y an und erhalten:

$$\text{Logit}(y) = \text{Logit}\left(\frac{e^{\beta_0+\beta_1 x}}{1+e^{\beta_0+\beta_1 x}}\right) = \beta_0 + \beta_1 x$$

Somit wird also eine logistische Funktion mit der Logit-Transformation zu einer linearen Funktion.

Da wir zwischen dem Alter und dem relativen Anteil der Klassik Hörer einen logistischen Zusammenhang untersuchen, können wir auch eine lineare Regression mit dem Alter als unabhängige und dem Logit des relativen Anteils als abhängige Variable durchführen (siehe obige Tabelle, Spalte Logit). Danach können die Parameterschätzungen direkt auf das logistische Modell übertragen werden. Somit würden Sie keine komplizierten numerischen Verfahren zur Berechnung der Parameterschätzer benötigen.

In der Ergebnisausgabe ist zusätzlich neben "Model Chi-Square" ein p-Wert von 0,0499 zu sehen. SPSS führt an dieser Stelle einen Modell-Anpassungstest durch mit der Nullhypothese, daß das gewählte Modell paßt, gegen die Alternative, es paßt nicht. Wie zu erkennen ist, kann das Modell verworfen werden. Es sollte aus diesem Grund auf eine Interpretation der Ergebnisse verzichtet werden. Weiterhin ist zu bemerken, daß bei einem solchen Anpassungstest eine möglichst hohe Fehlerwahrscheinlichkeit erster Art bzw. ein relative hohes Signifikanzniveau von z.B. 20% oder 25% gewählt werden sollte. Falls danach das gewählte Modell nicht verworfen werden kann, spricht nichts gegen die Nullhypothese, daß das Modell paßt.

Die Gegenwahrscheinlichkeit erhalten Sie, indem die Parameterschätzer mit -1 multipliziert werden, denn:

$$P(KLASSIK = 1 | ALTER = x) = 1 - P(KLASSIK = 2 | ALTER = x)$$

$$P(KLASSIK = 1 | ALTER = x) = 1 - \frac{e^{-1,7516+0,0492 \cdot x}}{1 + e^{-1,7516+0,0492 \cdot x}}$$

$$P(KLASSIK = 1 | ALTER = x) = \frac{1 + e^{-1,7516+0,0492 \cdot x}}{1 + e^{-1,7516+0,0492 \cdot x}} - \frac{e^{-1,7516+0,0492 \cdot x}}{1 + e^{-1,7516+0,0492 \cdot x}}$$

$$P(KLASSIK = 1 | ALTER = x) = \frac{1}{1 + e^{-1,7516+0,0492 \cdot x}} = \frac{e^{-(-1,7516+0,0492 \cdot x)}}{1 + e^{-(-1,7516+0,0492 \cdot x)}}$$

$$P(KLASSIK = 1 | ALTER = x) = \frac{e^{1,7516-0,0492 \cdot x}}{1 + e^{1,7516-0,0492 \cdot x}}$$

SPSS-Programm:

```
LOGISTIC REGRESSION klassik
  /METHOD=ENTER alter
  /CRITERIA PIN(.05) POUT(.10) ITERATE(20) .
```

Wir führen nun eine weitere logistische Regression durch, nur diesmal betrachten wir den multiplen Fall und betrachten zusätzlich einen Wechselwirkungsterm. Wir untersuchen hierbei im Beispiel der Fragebogenauswertung den Einfluß verschiedener Variablen auf das Lesen einer bestimmten Zeitung (hier: der Zeitung "Die Welt"). Als unabhängige Variablen wählen wir V2 (Wievieltes Semester), V5 (Körpergröße), V6 (Körpergewicht), V7 (Alter) sowie die Wechselwirkung V5*V6. Als abhängige Variable wird die Variable V12_4 gewählt. Die Auswahl der Variablen erfolgt in SPSS in Analogie zum vorhergehenden Beispiel. Den Wechselwirkungsterm V5*V6 können Sie definieren, indem Sie die Variablen V5 und V6 im Fenster der Abb. 8-15 anklicken (so daß diese blau hinterlegt sind) und danach auf den Button mit der Kennzeichnung ">a*b>" klicken.

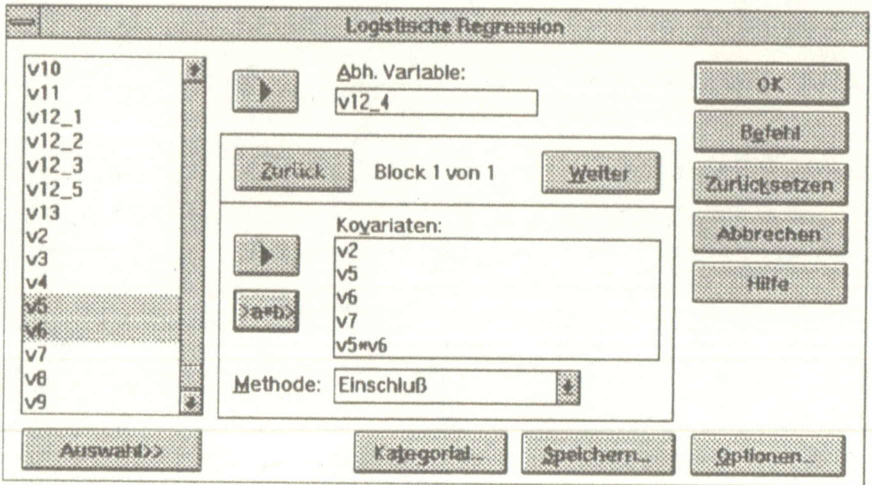

Abb. 8-15

Wählen Sie dann "OK", womit Sie die folgende Ergebnisausgabe erhalten:

```
      Total number of cases:       21 (Unweighted)
      Number of selected cases:    21
      Number of unselected cases: 0

      Number of selected cases:                   21
      Number rejected because of missing data:   7
      Number of cases included in the analysis: 14

Dependent Variable Encoding:

Original        Internal
Value           Value
   1            0
   2            1

      Interactions:
INT_1    V5 by V6

Dependent Variable..   V12_4      Die Welt

Beginning Block Number 0. Initial Log Likelihood Function
-2 Log Likelihood   19,121427

* Constant is included in the model.

Beginning Block Number  1.  Method: Enter
```

```
Variable(s) Entered on Step Number
1..        V5          Gewicht
           V6          Größe
           V7          Alter
           V5 * V6
           V2          Wievieltes Semester ?

Estimation terminated at iteration number 7 because
Log Likelihood decreased by less than ,01 percent.

 -2 Log Likelihood          9,491
 Goodness of Fit           10,799

                        Chi-Square      df Significance
 Model Chi-Square           9,631       5         ,0864
 Improvement                9,631       5         ,0864


Classification Table for V12_4
                      Predicted
                     ja      nein      Percent Correct
                      j   |    n
Observed          +-------+-------+
   ja         j   |   7   |   1   |     87,50%
                  +-------+-------+
   nein       n   |   1   |   5   |     83,33%
                  +-------+-------+
                          Overall      85,71%

-------------- Variables in the Equation ----------------

Variable        B        S.E.     Wald  df   Sig      R    Exp(B)

V5         -14,0568    9,0797 2,3968 1   ,1216 -,1441     ,0000
V6          -4,5862    3,1974 2,0575 1   ,1515 -,0548     ,0102
V7           -,4726     ,5360  ,7775 1   ,3779  ,0000     ,6234
V5 by V6      ,0750     ,0499 2,2610 1   ,1327  ,1168    1,0779
V2           1,4488    1,1566 1,5691 1   ,2103  ,0000    4,2580
Constant   863,8990  582,3943 2,2003 1   ,1380
```

Auf dem für Anpassungstests üblichen Signifikanzniveau von 20% kann das gewählte Modell verworfen werden (Significance: 0,0864). Außerdem hätten weder die unabhängigen Variablen noch der Wechselwirkungsterm einen signifikanten Einfluß gehabt, denn alle p-Werte (Sig in der SPSS-Ergebnisausgabe) sind größer als 0,05.

SPSS-Programm:

```
LOGISTIC REGRESSION v12_4
  /METHOD=ENTER v5 v6 v7 v5*v6 v2
  /CRITERIA PIN(.05) POUT(.10) ITERATE(20) .
```

8.2 Varianz- und Kovarianzanalyse

Im Kapitel 7 wurde bereits die einfaktorielle Varianzanalyse (also mit einer unabhängigen Variablen) untersucht. Nun folgt die mehrfaktorielle Varianzanalyse. Mit der mehrfaktoriellen Varianzanalyse wird der Einfluß mehrerer unabhängiger kategorieller Variablen auf eine metrisch-skalierte Variable untersucht. Hierbei muß jede Gruppe bezüglich der abhängigen Variable aus einer normalverteilten Grundgesamtheit stammen. Es ist zu beachten, daß sich für jede Kombination der Ausprägungen der Faktorvariablen eine Gruppen ergibt (vgl. "Einfaktorielle ANOVA", Kapitel 7.2).

Die grundlegende Hypothese der Varianzanalyse ist nun:

$$H_0: \mu_1 = \mu_2 = ... = \mu_k \text{ bzw. } \mu = \mu_j \text{, für } j = 1, 2, ..., k$$

gegen

H_A : Es existiert mindestens ein Erwartungswert μ_j, der von den anderen verschieden ist, bzw. vom gesamten Erwartungswert μ abweicht.

Wichtige Voraussetzungen bei der Varianzanalyse:

- Metrische Skalierung der abhängigen Variablen
- Gleichheit der Varianzen der abhängigen Variablen in den einzelnen Gruppen (Zellen)
- Stichproben stammen bezüglich der abhängigen Variablen aus normalverteilten Grundgesamtheiten, d.h., jede Gruppe stammt aus einer normalverteilten Grundgesamtheit.
- Fallzahlen (Zellenbesetzungen) je Gruppe sollten annähernd gleich sein; diese Voraussetzung kann abgeschwächt werden, siehe dazu Statistikbücher zur Varianzanalyse, z.B. Glaser (1978).

Beispiel:

In einem Experiment werden drei Getreidesorten mit drei verschiedenen Düngern behandelt, um herauszufinden, ob der Dünger bzw. die Sorte einen Einfluß auf den Ertrag haben. Faktor 1 ist die Düngung und liegt in m = 3 Ausprägungen (Faktorstufen, Behandlungsstufen) vor. Der Versuch mit den verschiedenen Düngern wird an drei verschiedenen Sorten durchgeführt. Faktor 2 hat also n = 3 Faktorstufen. Für jede der $m \cdot n = 9$ Kombinationen werden vier Erträge unabhängig voneinander festgestellt. Die Werte sind in Abb. 8-15 aufgeführt.

Dünger	Sorte 1	2	3
1	23,3 20,3 21,6 18,1	19,3 21,6 21,0 23,9	23,8 19,7 22,3 25,7
2	12,6 15,9 13,9 10,1	11,0 9,1 12,1 15,1	14,5 19,7 13,1 16,0
3	12,6 10,6 15,6 14,4	18,1 16,9 13,1 16,2	8,1 11,1 13,5 16,1

Abb. 8-15

Bei der Varianzanalyse wird ein sogenanntes lineares Modell erstellt. Es wird angenommen, daß sich die abhängige Variable, also im Beispiel der Ertrag, als Summe von Einflüssen darstellt: Einfluß des Düngers, Einfluß der Sorte, Einfluß aus einer Kombination von Dünger und Sorte (bezeichnet als Wechselwirkung). Im einzelnen wird folgendes Modell aufgestellt: Wenn der (feste) Effekt der i-ten Faktorstufe des ersten Faktors (Düngung) mit α_i und der (feste) Effekt der j-ten Faktorstufe des zweiten Faktors (Sorte) mit $ß_j$ und der Effekt der Wechselwirkung zwischen i-ter Düngerfaktorstufe und j-ter Sortenfaktorstufe mit $(\alpha ß)_{ij}$ bezeichnet wird, gilt im zweifaktoriellen Modell:

$$y_{ijk} = \mu + \alpha_i + ß_j + (\alpha ß)_{ij} + e_{ijk} \quad \text{(lineares Modell)}$$

wobei y_{ijk} der Meßwert der k-ten Messung bei der i-ten Faktorstufe des ersten und bei der j-ten Faktorstufe des zweiten Faktors ist. μ ist der wahre Gesamtmittelwert und e_{ijk} der Restfehler. Übertragen Sie die Nullhypothese auf dieses Modell, so lautet die Hypothese: Alle Effekte sind gleich Null.

Es ist bei der Durchführung der Varianzanalyse zu überdenken, ob sich die Gültigkeit der unterstellten Modellgleichung auch fachwissenschaftlich begründen läßt. Beispielsweise kann es durchaus möglich sein, daß zwischen zwei Faktoren eine multiplikative Beziehung besteht. Die in der Varianzanalyse eventuell auftretenden "Wechselwirkungen" könnten dann in Wahrheit nur von der Anwendung der nicht geeigneten linearen Modellgleichung stammen. Im folgenden soll angenommen werden, daß für unser Beispiel ein solches lineares Modell sinnvoll ist.

Aufgrund der Daten ergibt sich die folgende Datenmatrix, die in SPSS erfaßt werden muß:

DUENGER	SORTE	ERTRAG
1	1	23,3
1	1	20,3
1	1	21,6
1	1	18,1
2	1	12,6
2	1	15,9
2	1	13,9
2	1	10,1
3	1	12,6
3	1	10,6
3	1	15,6
3	1	14,4
1	2	19,3
1	2	21,6
1	2	21,0
1	2	23,9
2	2	11,0
2	2	9,1
2	2	12,1
2	2	15,1
3	2	18,1
3	2	16,9
3	2	13,1
3	2	16,2
1	3	23,8
1	3	19,7
1	3	22,3
1	3	25,7
2	3	14,5
2	3	19,7
2	3	13,1
2	3	16,0
3	3	8,1
3	3	11,1
3	3	13,5
3	3	16,1

Daten: ANOVA

Wählen Sie nun unter dem Menüpunkt "Statistik" "ANOVA Modelle" und dort "Einfach Mehrfaktoriell...". Wählen Sie dann unter "Abh. Variable" die Variable ERTRAG und unter "Faktor(en)" die Variablen SORTE und DUENGER. Klicken Sie auf die Variable SORTE unter "Faktor(en)" , so daß diese blau unterlegt ist, und danach auf "Bereich def. ...". Geben Sie hier neben "Minimum" eine 1 und neben "Maximum" eine 3 ein (vgl. Abb. 8-16), da diese Variable 3 Ausprägungen besitzt.

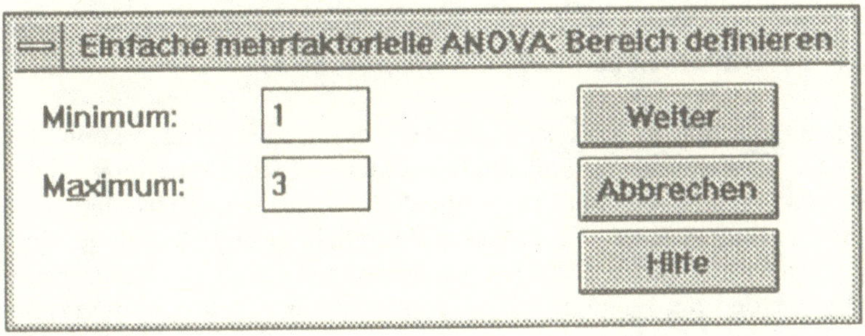

Abb. 8-16

Wählen Sie "Weiter" und definieren Sie analog hierzu den Bereich für die Variable DUENGER. Ihr Fenster sieht danach wie in Abb. 8-17 aus.

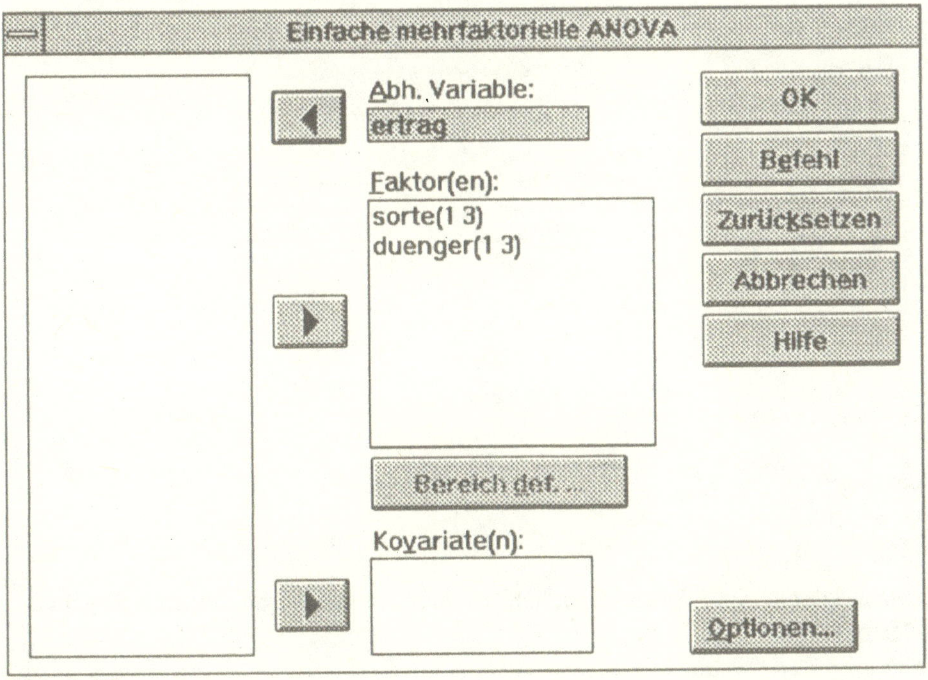

Abb. 8-17

Unter "Kovariate(n)" können weitere unabhängige quantitative (metrisch skalierte) Variablen ausgewählt werden. Somit könnte eine Kovarianzanalyse durchgeführt werden (siehe nächstes Beispiel).

Klicken Sie auf "Optionen..." und dort unter "Methoden" auf "Hierarchisch" und unter "Statistiken" auf "Mittelwert und Anzahl" (vgl. Abb. 8-18) .

Bei der Wahl von Regression als Methode wird der Beitrag aller Effekte simultan geschätzt, d.h., jeder Effekt wird bezüglich aller anderen Effekte korrigiert. Die hierarchische Methode, die wir gewählt haben, ähnelt der experimentellen Methode, nur werden hier die Haupteffekte der Faktoren lediglich bezüglich der in der Faktor(en)-Liste vorher angeführten Faktoren korrigiert. Bei der Wahl der experimentellen Methode werden die Haupteffekte der Faktoren vor den Wechselwirkungen berücksichtigt, wobei Effekte innerhalb jeden Typs bezüglich aller anderen Faktoren dieses Typs und bezüglich der Effekte vorher einbezogener Typen korrigiert werden.

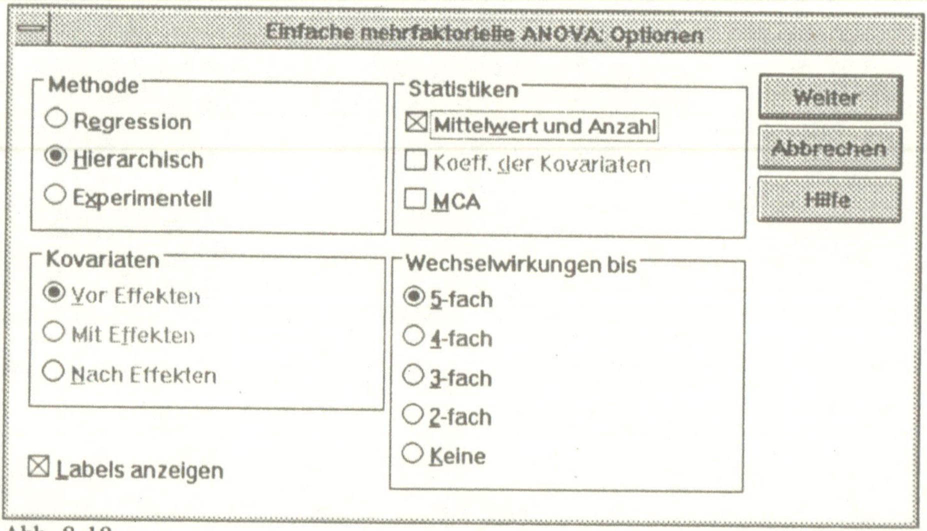

Abb. 8-18

Danach können Sie "Weiter" und "OK" wählen, womit Sie die folgende Ergebnisausgabe erhalten:

```
                    * * *  C E L L   M E A N S  * * *

               ERTRAG
            by SORTE
               DUENGER

Total Population

    16,39    Mittelwert über alle Fälle
(      36)   Anzahl aller Fälle


SORTE
        1          2          3

    15,75      16,45      16,97    Mittlerer Ertrag für jede Sorte
(      12)  (     12)  (     12)   Anzahl der Fälle

DUENGER
        1          2          3

    21,72      13,59      13,86    Mittlerer Ertrag für jeden Dünger
(      12)  (     12)  (     12)   Anzahl der Fälle
```

In der nächsten Tabelle stehen die mittleren Erträge für jede Kombination der Ausprägungen der Variablen SORTE und DUENGER und darunter, in Klammern, die Anzahl der Fälle. Z.B. hat die Sorte 1 beim Dünger 1 einen mittleren Ertrag von 20,83.

```
           DUENGER
                   1          2          3
SORTE
        1      20,83      13,12      13,30
            (      4)  (      4)  (      4)

        2      21,45      11,83      16,08
            (      4)  (      4)  (      4)

        3      22,87      15,83      12,20
            (      4)  (      4)  (      4)
```

```
* * *  A N A L Y S I S   O F   V A R I A N C E  * * *

                    ERTRAG
                by  SORTE
                    DUENGER

                    HIERARCHICAL sums of squares
                    Covariates entered FIRST

                            Sum of            Mean               Sig
Source of Variation        Squares   DF     Square        F     of F

Main Effects               520,309    4    130,077   20,876     ,000
   SORTE                     8,949    2      4,474     ,718     ,497
   DUENGER                 511,361    2    255,680   41,034     ,000

2-Way Interactions          65,091    4     16,273    2,612     ,058
   SORTE   DUENGER          65,091    4     16,273    2,612     ,058

Explained                  585,401    8     73,175   11,744     ,000

Residual                   168,235   27      6,231

Total                      753,636   35     21,532

36 cases were processed.
0 cases (,0 pct) were missing.
```

Die Einflüsse der Haupteffekte insgesamt ("Main Effects") sind signifikant (p-Wert von 0,000 < 0,05). Hierbei hat die Sorte keinen signifikanten Einfluß (p-Wert von 0,497 > 0,05) und der Dünger hat einen nachweisbaren Einfluß (p-Wert von 0,000 < 0,05). Wegen des p-Werts von 0,058 > 0,05 besteht keine signifikante Wechselwirkung. Diese Aussagen sind korrekt, wenn die Voraussetzungen der Varianzanalyse erfüllt sind.

SPSS-Programm:

```
ANOVA
  VARIABLES=ertrag
  BY sorte(1 3) duenger(1 3)
  /MAXORDERS ALL
  /STATISTICS MEAN
  /METHOD HIERARCHICAL
  /FORMAT LABELS .
```

Nun zu den Voraussetzungen der Varianzanalyse:

Der Stichprobenumfang in jeder einzelnen Gruppe ist 4 und somit, wie vorausgesetzt, überall gleich groß.

Für jede Gruppe wird zusätzlich die Normalverteilungsannahme mit dem Kolmogorov-Smirnov-Test überprüft. Es folgen die p-Werte:

DUENGER = 1 und SORTE = 1: 1,0000
DUENGER = 2 und SORTE = 1: 0,9999
DUENGER = 3 und SORTE = 1: 0,9984
DUENGER = 1 und SORTE = 2: 0,9910
DUENGER = 2 und SORTE = 2: 0,9956
DUENGER = 3 und SORTE = 2: 0,9561
DUENGER = 1 und SORTE = 3: 1,0000
DUENGER = 2 und SORTE = 3: 0,9871
DUENGER = 3 und SORTE = 3: 1,0000

Da alle p-Werte größer als 0,25 sind, können die Normalverteilungshypothesen nicht verworfen werden, womit nichts gegen eine Normalverteilung der Daten spricht.

Eine weitere Voraussetzung für die Varianzanalyse ist die Varianzhomogenität. Diese haben wir mit SPSS ("Statistik" / "ANOVA Modelle" / "Allgemeine mehrfaktorielle..." / "Optionen..." und dort unter "Diagnostik" "Varianzhomogenität") durchgeführt und die folgende Ergebnisausgabe erhalten:

```
 Univariate Homogeneity of Variance Tests

 Variable .. ERTRAG

Cochrans C(3;9) =          ,20757, P = 1,000 (approx.)
Bartlett-Box F(8;656) =   ,17019, P =  ,995
```

Wie zu sehen ist, können bei beiden Tests (Cochrans C und Barlett-Box F) die Hypothesen der Varianzgleichheit zwischen den Gruppen nicht verworfen werden (p-Werte von 1,000 und 0,995 sind viel größer als 0,05).

SPSS-Programm:

```
USE ALL.
COMPUTE filter_$=((duenger = 1)  &  (sorte = 1)).
FORMAT filter_$ (f1.0).
```

```
FILTER BY filter_$.
EXECUTE .

NPAR TESTS
  /K-S(NORMAL)= ertrag
  /MISSING ANALYSIS.


USE ALL.
COMPUTE filter_$=((duenger = 2)  &  (sorte = 1)).
FORMAT filter_$ (f1.0).
FILTER BY filter_$.
EXECUTE .

NPAR TESTS
  /K-S(NORMAL)= ertrag
  /MISSING ANALYSIS.
.
.
.

USE ALL.
COMPUTE filter_$=((duenger = 3)  &  (sorte = 3)).
FORMAT filter_$ (f1.0).
FILTER BY filter_$.
EXECUTE .

NPAR TESTS
  /K-S(NORMAL)= ertrag
  /MISSING ANALYSIS.
```

Wir führen nun eine weitere Varianzanalyse durch, indem wir zusätzlich eine sogenannte Kovariable als quantitative Faktorvariable verwenden. Diese spezielle Art der Varianzanalyse wird als **Kovarianzanalyse** bezeichnet. Als Beispiel dient wieder unsere Datei Fragebogen. Hier wollen wir nun den Einfluß der Variablen V4 (Geschlecht) auf die Variable V5 (Körpergewicht) untersuchen. Zusätzlich verwenden wir die Variable V6 (Körpergröße), die einen quantitative Variable darstellt, als Kovariable.

Wählen Sie nun, wie im vorhergehenden Beispiel, unter dem Menüpunkt "Statistik" "ANOVA Modelle" und dort "Einfach Mehrfaktoriell...". Wählen Sie dann unter "Abh. Variable" die Variable V5 und unter "Faktor(en)" die Variablen V4 aus. Klicken Sie dann auf "Bereich def. ...". Geben Sie hier neben "Minimum" eine 1 und neben "Maximum" eine 2 ein (Abb. 8-16), da diese Variable 2 Ausprägungen besitzt. Wählen Sie dann die Variable V6 unter "Kovariate(n)" aus und klicken Sie danach auf "Optionen...", womit Sie das Fenster aus Abb. 8-18 erhalten. Dort wählen Sie wieder die hierarchische Methode und klicken Sie unter "Kovariaten" auf "Nach Effekten", womit die Kovariaten erst nach den Faktorvariablen, bei der Durchführung der Varianzanalyse, verarbeitet werden.

Wählen Sie danach "Weiter" und "OK", womit Sie die folgende Ergebnisausgabe erhalten:

```
      * * *  A N A L Y S I S   O F   V A R I A N C E  * * *

                    V5       Gewicht
                by  V4       Geschlecht
              with  V6       Größe

                    HIERARCHICAL sums of squares
                    Covariates entered AFTER main effects

                         Sum of          Mean                Sig
Source of Variation     Squares   DF    Square        F      of F

Main Effects            927,285    1   927,285   20,142      ,000
   V4                   927,285    1   927,285   20,142      ,000

Covariates              261,821    1   261,821    5,687      ,029
   V6                   261,821    1   261,821    5,687      ,029

Explained              1189,107    2   594,553   12,914      ,000

Residual                782,643   17    46,038

Total                  1971,750   19   103,776

21 cases were processed.
1 cases (4,8 pct) were missing
```

Wie zu sehen ist, hat die Variable V4 (Geschlecht) einen signifikanten (p-Wert von 0,000 < 0,05) Einfluß auf die Variable V5 (Körpergewicht). Zusätzlich hat die Variable V6, die wir als Kovariate ausgewählt haben, einen signifikanten Einfluß (p-Wert von 0,029 < 0,05).

Da die abhängige Variable bezüglich jeder Ausprägung der Faktorvariable aus einer normalverteilten Grundgesamtheit stammen muß (sonst dürften die Testergebnisse nicht interpretiert werden), haben wir dies noch mit dem Kolmogorov-Smirnov-Test überprüft. Aufgrund der unten angegebenen p-Werte, kann die Hypothese der Normalverteilung für keine Gruppe verworfen werden.

p-Wert (V4 = 1): 0,9179
p-Wert (V4 = 2): 0,9761

SPSS-Programm:

```
ANOVA
  VARIABLES=v5
  BY v4(1 2)
  WITH  v6
  /COVARIATES AFTER
  /MAXORDERS ALL
  /METHOD HIERARCHICAL
  /FORMAT LABELS .
```

8.3 Multivariate Varianzanalyse

Wir führen nun eine multivariate Varianzanalyse durch. Bei dieser gelten die gleichen Voraussetzungen wie bei der mehrfaktoriellen Varianzanalyse, nur hier können mehrere abhängige Variablen definiert werden. Als Beispiel dienen folgende Daten: Zur Vermeidung allergischer Reaktionen in der Narkose wird Patienten häufig Theophyllin verabreicht. Bei der Behandlung mit Theophyllin konnte des öfteren eine Veränderung einiger hämodynamischer Parameter beobachtet werden. Daher sollte in einer kleinen Studie der Einfluß auf die adrenerge Stoffwechsellage mit Hilfe der Herzfrequenz und des Adrenalin-Spiegels im Blut beurteilt werden. Von 60 Personen wurden folgende Variablen erfaßt:

- Probanden-Nummer: NR
- Art der Narkose (0=Vollnarkose; 1= Spinalnarkose; 2 = Periduralnarkose): NK
- Medikament (0 = Placebo; 1 = Verum (Theophyllin)): MED
- Geschlecht (1 = männlich; 2 = weiblich): G
- Alter: ALT
- Größe: GR
- Gewicht: GEW
- Noradrenalinspiegel (zu vier Zeitpunkten): N1 bis N4
- Herzfrequenz (zu vier Zeitpunkte): HF1 bis HF4

NR	NK	MED	G	ALT	GR	GEW	N1	N2	N3	N4	HF1	HF2	HF3	HF4
1	1	0	1	62	178	70	544	292	352	323	92	76	92	71
2	1	0	1	34	190	76	359	327	206	272	83	94	80	91
3	1	0	1	47	159	68	126	168	176	205	80	74	76	78
4	1	0	1	20	184	70	472	235	183	156	92	93	92	84
5	1	0	1	19	198	113	450	147	137	123	81	75	66	79
6	1	0	1	24	178	91	394	159	133	133	90	91	85	98
7	1	0	2	29	157	69	222	283	251	286	110	106	109	99
8	1	0	1	20	178	78	237	402	267	173	80	85	70	63
9	1	0	1	26	168	59	318	277	179	125	94	116	102	92
10	1	0	1	29	172	77	221	254	230	217	80	90	75	72
11	2	0	1	62	171	63	314	209	168	146	59	65	60	58
12	2	0	1	48	176	96	302	248	313	144	75	84	89	56
13	2	0	1	49	176	84	484	207	205	172	94	90	83	79
14	2	0	2	18	176	72	228	102	98	96	92	95	84	98
15	2	0	1	22	186	84	175	100	82	80	66	75	68	65
16	2	0	2	20	174	87	108	41	21	9	73	89	68	62
17	2	0	2	38	167	60	294	211	169	125	90	99	93	72
18	2	0	1	21	189	85	182	119	120	88	67	72	69	71
19	2	0	1	28	176	70	130	144	104	74	60	62	53	63
20	2	0	1	27	182	78	204	109	88	85	84	88	73	68

21	3	0	1	43	180	76	395	429	405	337	87	100	108	105
22	3	0	2	25	161	54	595	606	508	469	83	88	88	73
23	3	0	1	40	174	75	254	458	352	366	100	99	92	75
24	3	0	1	19	183	65	177	70	80	117	50	70	82	86
25	3	0	1	56	143	50	455	484	397	368	99	108	128	94
26	3	0	1	54	176	82	307	411	539	305	69	87	88	75
27	3	0	1	20	182	70	248	270	563	192	92	60	60	60
28	3	0	1	46	180	81	195	212	301	448	85	80	70	70
29	3	0	1	25	182	68	276	150	138	115	57	69	70	70
30	3	0	1	44	175	70	209	252	249	251	68	60	72	58
31	1	1	1	25	174	74	84	94	117	401	54	67	58	58
32	1	1	1	22	183	76	133	229	281	206	78	89	79	78
33	1	1	1	30	178	76	102	169	530	260	58	116	90	85
34	1	1	1	44	173	76	295	217	326	232	77	82	76	59
35	1	1	2	23	168	72	178	333	462	350	70	102	108	83
36	1	1	2	35	152	50	101	85	336	287	69	105	89	73
37	1	1	1	32	180	80	244	222	187	183	72	110	89	85
38	1	1	1	54	178	92	359	312	582	277	54	64	58	56
39	1	1	1	39	180	90	295	187	645	284	69	80	79	65
40	1	1	1	18	182	75	226	131	723	193	59	96	84	80
41	2	1	1	28	167	55	234	190	359	291	59	82	81	67
42	2	1	1	27	186	100	323	332	313	297	103	108	109	100
43	2	1	1	28	173	83	223	149	319	126	67	63	66	60
44	2	1	1	19	187	98	335	80	334	149	70	60	54	57
45	2	1	1	20	180	75	462	279	396	258	67	88	88	74
46	2	1	1	18	191	96	190	120	478	271	76	64	58	65
47	2	1	1	27	180	73	449	145	128	139	75	92	85	75
48	2	1	1	26	182	75	143	86	138	115	55	71	62	53
49	2	1	1	23	178	63	460	87	117	85	53	78	64	54
50	2	1	1	29	182	59	281	227	427	281	84	87	79	64
51	3	1	1	20	170	64	347	541	584	499	85	104	100	95
52	3	1	2	46	165	63	106	106	192	157	89	85	89	89
53	3	1	1	25	176	68	19	63	250	163	63	68	57	48
54	3	1	2	54	168	79	278	289	138	93	60	60	65	56
55	3	1	1	20	180	77	132	136	325	248	76	68	60	62
56	3	1	1	18	182	80	98	101	185	129	58	50	50	50
57	3	1	1	26	181	87	151	119	244	260	71	60	58	59
58	3	1	2	18	171	55	98	105	278	246	74	73	67	71
59	3	1	1	46	170	67	213	277	493	546	57	61	63	52
60	3	1	2	36	165	64	325	293	379	289	87	84	112	86

Daten: PROBAND

Es soll nun der Einfluß der Narkose (NK), des Medikaments (MED), des Geschlechts (G) sowie der Kovariaten Alter (ALT) und Gewicht (GEW) auf die abhängigen Variablen der Herzfrequenzen zu vier Zeitpunkten (HF1 bis HF4) untersucht werden. Es liegen somit vier abhängige Variablen vor.

Wählen Sie unter dem Menüpunkt "Statistik" "ANOVA Modelle" und dort "Multivariate...". Wählen Sie danach wie gewohnt unter "Abhängige Variablen die Variablen HF1 bis HF4 aus, unter "Kovariate(n)" die Variablen ALT und GEW sowie unter "Faktor(en)" die Variablen G, MED und NK. Definieren Sie danach wie üblich die Bereiche in Analogie zur Abb. 8-19.

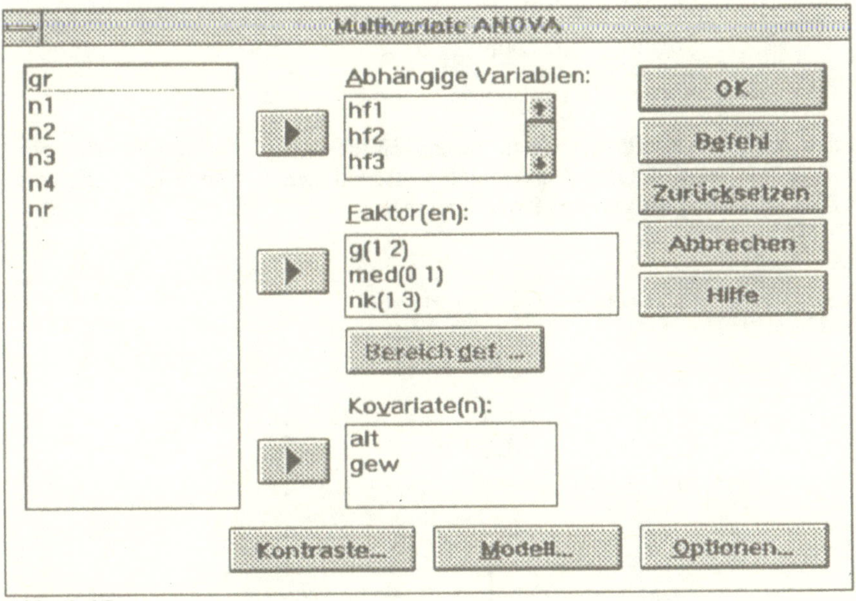

Abb. 8-19

Wenn Sie nun "OK" wählen, so erhalten Sie die folgende Ergebnisausgabe:

```
* * * * * A n a l y s i s   o f   V a r i a n c e * * * * * *

        60 cases accepted.
         0 cases rejected because of out-of-range factor values.
         0 cases rejected because of missing data.
        11 non-empty cells.

         1 design will be processed.

- - - - - - - - - - - - - - - - - - - - - - - - - - - - - - - - - - - - -
```

```
Redundancies in Design Matrix
   Column     Effect

       12    G BY MED BY NK
```

Hier ist zu erkennen, daß die Zweifachwechselwirkung G * MED * NK überflüssig ist.

```
* * * * * A n a l y s i s   o f   V a r i a n c e -- design   1 * * * *

 EFFECT .. WITHIN+RESIDUAL Regression
 Multivariate Tests of Significance (S = 2, M = 1/2, N = 21 )

Test Name          Value   Approx. F Hypoth. DF   Error DF  Sig. of F

 Pillais          ,42804    3,06332        8,00      90,00       ,004
 Hotellings       ,57332    3,08162        8,00      86,00       ,004
 Wilks            ,61087    3,07404        8,00      88,00       ,004
 Roys             ,29707
 Note.. F statistic for WILKS' Lambda is exact.
```

Wie an den oben durchgeführten Tests (Pillais, Hotellings und Wilks) zu erkennen ist, gibt es einen signifikanten Unterschied zwischen den Gruppen (p-Werte von 0,004 < 0,05) bei der multivariaten Kovarianzanalyse.

```
- - - - - - - - - - - - - - - - - - - - - - - - - - - - - - - - - - - - -
 EFFECT .. WITHIN+RESIDUAL Regression (Cont.)
 Univariate F-tests with (2;47) D. F.

 Variable     Hypoth. SS    Error SS  Hypoth. MS    Error MS          F

 HF1          128,68972  7892,55353    64,34486   167,92667     ,38317
 HF2          621,30897 10801,94976   310,65448   229,82872    1,35168
 HF3          994,90924 11936,26656   497,45462   253,96312    1,95877
 HF4          230,87783  8877,50630   115,43891   188,88311     ,61117

 Variable     Sig. of F

 HF1               ,684
 HF2               ,269
 HF3               ,152
 HF4               ,547
```

Bei den univariaten Tests, bei denen jeweils ein F-Test für jede abhängigen Variable durchgeführt wird, kann kein Unterschied zwischen den Gruppen nachgewiesen werden (alle p-Werte sind größer als 0,05).

```
- - - - - - - - - - - - - - - - - - - - - - - - - - - - - - - - - - - - -
 Regression analysis for WITHIN+RESIDUAL error term
 --- Individual Univariate ,9500 confidence intervals
 Dependent variable .. HF1

 COVARIATE            B         Beta   Std. Err.     t-Value   Sig. of t

 ALT            ,11389       ,09955        ,150         ,759        ,452
 GEW            ,07817       ,06898        ,151         ,519        ,606

 COVARIATE   Lower -95%  CL- Upper

 ALT             -,188         ,416
 GEW             -,225         ,381
```

Bei der univariaten Kovarianzanalyse haben die Kovariablen ALT (p-Wert von 0,452 > 0,05) und GEW (p-Wert von 0,606 > 0,05) keinen signifikanten Einfluß auf die abhängige Variable HF1. Dies gilt, wie unten zu sehen ist, auch für die abhängigen Variablen HF2 bis HF4.

```
 * * * * A n a l y s i s   o f   V a r i a n c e -- design   1 * * * *

 Regression analysis for WITHIN+RESIDUAL error term  (Cont.)
 Dependent variable .. HF2

 COVARIATE            B         Beta   Std. Err.     t-Value   Sig. of t

 ALT           -,02079      -,01603        ,176        -,118        ,906
 GEW           -,28953      -,22539        ,176       -1,643        ,107

 COVARIATE   Lower -95%  CL- Upper

 ALT             -,374         ,332
 GEW             -,644         ,065

 Dependent variable .. HF3

 COVARIATE            B         Beta   Std. Err.     t-Value   Sig. of t

 ALT            ,22590       ,16584        ,185        1,224        ,227
 GEW           -,26095      -,19341        ,185       -1,409        ,166

 COVARIATE   Lower -95%  CL- Upper

 ALT             -,145         ,597
 GEW             -,634         ,112
 Dependent variable .. HF4

 COVARIATE            B         Beta   Std. Err.     t-Value   Sig. of t

 ALT           -,16821      -,14626        ,159       -1,057        ,296
 GEW           -,07057      -,06195        ,160        -,442        ,661

 COVARIATE   Lower -95%  CL- Upper

 ALT             -,488         ,152
 GEW             -,392         ,251
```

```
* * * A n a l y s i s   o f   V a r i a n c e -- design  1 * * * * *

EFFECT .. G BY MED BY NK
Multivariate Tests of Significance (S = 1, M = 1 , N = 21 )

Test Name          Value     Exact F Hypoth. DF   Error DF  Sig. of F

Pillais           ,07482     ,88964       4,00      44,00       ,478
Hotellings        ,08088     ,88964       4,00      44,00       ,478
Wilks             ,92518     ,88964       4,00      44,00       ,478
Roys              ,07482
Note.. F statistics are exact.

- - - - - - - - - - - - - - - - - - - - - - - - - - - - - - - - - - - -
EFFECT .. G BY MED BY NK (Cont.)
Univariate F-tests with (1;47) D. F.

Variable Hypoth. SS Error SS Hypoth. MS  Error MS          F   Sig. of F

HF1    116,29740 7892,55353 116,29740 167,92667     ,69255      ,410
HF2     21,25229 10801,9498  21,25229 229,82872     ,09247      ,762
HF3    112,66684 11936,2666 112,66684 253,96312     ,44363      ,509
HF4    364,40398 8877,50630 364,40398 188,88311    1,92926      ,171
```

Die Zweifachwechselwirkung G * MED * NK hat keinen signifikanten Einfluß auf die Abhängigen Variablen HF1 bis HF4 (multivariat). In den univariaten Fällen hat diese Wechselwirkung auch keinen nachweisbaren Einfluß auf die jeweiligen abhängigen Variablen HF1 bis HF4.

```
* * * * A n a l y s i s   o f   V a r i a n c e -- design  1 * * * * *

EFFECT .. MED BY NK
Multivariate Tests of Significance (S = 2, M = 1/2, N = 21 )

Test Name          Value  Approx. F Hypoth. DF   Error DF  Sig. of F

Pillais           ,30992   2,06296       8,00      90,00       ,048
Hotellings        ,39510   2,12364       8,00      86,00       ,042
Wilks             ,70564   2,09484       8,00      88,00       ,045
Roys              ,24689
Note.. F statistic for WILKS' Lambda is exact.

- - - - - - - - - - - - - - - - - - - - - - - - - - - - - - - - - - - -
EFFECT .. MED BY NK (Cont.)
Univariate F-tests with (2;47) D. F.

Variable Hypoth. SS Error SS Hypoth. MS  Error MS          F   Sig. of F

HF1   1236,79498 7892,55353 618,39749 167,92667    3,68254      ,033
HF2    237,42763 10801,9498 118,71381 229,82872     ,51653      ,600
HF3    786,38574 11936,2666 393,19287 253,96312    1,54823      ,223
HF4    550,15736 8877,50630 275,07868 188,88311    1,45634      ,243
```

Die Einfachwechselwirkung MED * NK hat im multivariaten Fall bei allen drei Testverfahren einen signifikanten Einfluß auf die abhängigen Variablen (p-Werte zwischen 0,042 und 0,048 sind kleiner als 0,05). In den univariaten Fällen kann nur ein Einfluß auf die Variable HF1 nachgewiesen werden (p-Wert von 0,033 < 0,05).

```
* * * * A n a l y s i s   o f   V a r i a n c e -- design   1 * * * * *

 EFFECT .. G BY NK
 Multivariate Tests of Significance (S = 2, M = 1/2, N = 21 )

 Test Name          Value  Approx. F Hypoth. DF   Error DF  Sig. of F

 Pillais           ,05512     ,31886       8,00      90,00       ,957
 Hotellings        ,05705     ,30666       8,00      86,00       ,962
 Wilks             ,94547     ,31279       8,00      88,00       ,959
 Roys              ,04054

 Note.. F statistic for WILKS' Lambda is exact.

- - - - - - - - - - - - - - - - - - - - - - - - - - - - - - - - - - - -
 EFFECT .. G BY NK (Cont.)
 Univariate F-tests with (2;47) D. F.

Variable Hypoth. SS Error SS Hypoth. MS   Error MS          F   Sig. of F

 HF1  78,55508 7892,55353   39,27754  167,92667     ,23390       ,792
 HF2 159,42261 10801,9498   79,71130  229,82872     ,34683       ,709
 HF3 248,67802 11936,2666  124,33901  253,96312     ,48959       ,616
 HF4  76,72886 8877,50630   38,36443  188,88311     ,20311       ,817
```

Die Einfachwechselwirkung G * NK hat weder im multivariaten, noch in den univariaten Fällen einen signifikanten Einfluß.

```
* * * * A n a l y s i s   o f   V a r i a n c e -- design   1 * * * * *

 EFFECT .. G BY MED
 Multivariate Tests of Significance (S = 1, M = 1 , N = 21 )

 Test Name          Value    Exact F Hypoth. DF   Error DF  Sig. of F

 Pillais           ,03743     ,42770       4,00      44,00       ,788
 Hotellings        ,03888     ,42770       4,00      44,00       ,788
 Wilks             ,96257     ,42770       4,00      44,00       ,788
 Roys              ,03743
 Note.. F statistics are exact.

- - - - - - - - - - - - - - - - - - - - - - - - - - - - - - - - - - - -
 EFFECT .. G BY MED (Cont.)
 Univariate F-tests with (1;47) D. F.

Variable Hypoth. SS Error SS Hypoth. MS   Error MS          F   Sig. of F

 HF1      94,53392 7892,55353   94,53392  167,92667     ,56295       ,457
 HF2        ,98171 10801,9498     ,98171  229,82872     ,00427       ,948
 HF3       7,63814 11936,2666    7,63814  253,96312     ,03008       ,863
 HF4      40,47172 8877,50630   40,47172  188,88311     ,21427       ,646
```

Die Einfachwechselwirkung G * MED hat ebenfalls weder im multivariaten, noch in den univariaten Fällen einen signifikanten Einfluß.

```
* * * A n a l y s i s   o f   V a r i a n c e -- design  1 * * * * *

EFFECT .. NK
Multivariate Tests of Significance (S = 2, M = 1/2, N = 21 )

Test Name          Value   Approx. F Hypoth. DF  Error DF  Sig. of F

Pillais           ,21851    1,37985       8,00     90,00      ,216
Hotellings        ,26379    1,41789       8,00     86,00      ,201
Wilks             ,78695    1,39992       8,00     88,00      ,208
Roys              ,18975
Note.. F statistic for WILKS' Lambda is exact.

- - - - - - - - - - - - - - - - - - - - - - - - - - - - - - - - - - -
EFFECT .. NK (Cont.)
Univariate F-tests with (2;47) D. F.

Variable Hypoth. SS Error SS Hypoth. MS  Error MS         F   Sig. of F

HF1   203,41141 7892,55353  101,70571  167,92667    ,60566       ,550
HF2  1872,87562 10801,9498  936,43781  229,82872   4,07450       ,023
HF3   896,59404 11936,2666  448,29702  253,96312   1,76521       ,182
HF4   623,38700 8877,50630  311,69350  188,88311   1,65019       ,203
```

Der Faktor NK hat im multivariaten Fall keinen nachweisbaren Einfluß auf die abhängigen Variablen HF1 bis HF4. In den univariaten Fällen hat die Faktorvariable NK nur auf die abhängige Variable HF2 (p-Wert von 0,023 < 0,05) einen signifikanten Einfluß.

```
* * * * * A n a l y s i s   o f   V a r i a n c e -- design  1 * * * *

EFFECT .. MED
Multivariate Tests of Significance (S = 1, M = 1 , N = 21 )

Test Name          Value    Exact F Hypoth. DF  Error DF  Sig. of F

Pillais           ,15334    1,99216       4,00     44,00      ,112
Hotellings        ,18111    1,99216       4,00     44,00      ,112
Wilks             ,84666    1,99216       4,00     44,00      ,112
Roys              ,15334
Note.. F statistics are exact.

- - - - - - - - - - - - - - - - - - - - - - - - - - - - - - - - - - -
EFFECT .. MED (Cont.)
Univariate F-tests with (1;47) D. F.

Variable Hypoth. SS Error SS Hypoth. MS  Error MS         F   Sig. of F

HF1  1014,03658 7892,55353 1014,03658  167,92667  6,03857       ,018
HF2    72,67569 10801,9498   72,67569  229,82872   ,31622       ,577
HF3    87,96179 11936,2666   87,96179  253,96312   ,34636       ,559
HF4   217,83960 8877,50630  217,83960  188,88311  1,15330       ,288
```

Der Faktor MED hat im multivariaten Fall ebenfalls keinen nachweisbaren Einfluß auf die abhängigen Variablen HF1 bis HF4. In den univariaten Fällen hat die Faktorvariable MED nur auf die abhängige Variable HF1 (p-Wert von 0,018 < 0,05) einen signifikanten Einfluß.

```
* * * * * A n a l y s i s   o f   V a r i a n c e -- design   1 * * * *

 EFFECT .. G
 Multivariate Tests of Significance (S = 1, M = 1 , N = 21 )

 Test Name           Value      Exact F Hypoth. DF   Error DF  Sig. of F

 Pillais            ,12236     1,53361        4,00      44,00        ,209
 Hotellings         ,13942     1,53361        4,00      44,00        ,209
 Wilks              ,87764     1,53361        4,00      44,00        ,209
 Roys               ,12236
 Note.. F statistics are exact.

 - - - - - - - - - - - - - - - - - - - - - - - - - - - - - - - - - - - -
 EFFECT .. G (Cont.)
 Univariate F-tests with (1;47) D. F.

Variable Hypoth. SS Error SS Hypoth. MS   Error MS          F   Sig. of F

 HF1    831,84849 7892,55353  831,84849  167,92667    4,95364        ,031
 HF2    683,58914 10801,9498  683,58914  229,82872    2,97434        ,091
 HF3   1266,87385 11936,2666 1266,87385  253,96312    4,98842        ,030
 HF4    552,06889 8877,50630  552,06889  188,88311    2,92281        ,094
```

Der Faktor G hat im multivariaten Fall keinen nachweisbaren Einfluß auf die abhängigen Variablen HF1 bis HF4 (alle p-Werte sind mit 0,209 > 0,05). In den univariaten Fällen hat die Faktorvariable G auf die abhängige Variable HF1 (p-Wert von 0,031 < 0,05) und auf die abhängige Variable HF3 (p-Wert von 0,030 < 0,05) einen signifikanten Einfluß.

SPSS-Programm:

```
MANOVA
hf1 hf2 hf3 hf4  BY g(1 2) med(0 1) nk(1 3)  WITH alt gew
  /PRINT SIGNIF(MULT UNIV )
  /NOPRINT PARAM(ESTIM)
  /METHOD=UNIQUE
  /ERROR WITHIN+RESIDUAL
  /DESIGN  .
```

8.4 Faktorenanalyse als Mittel zur Datenreduktion

Haben Sie im Rahmen einer Studie bestimmte Merkmale von Personen wie z.B. Körpergröße oder Körpergewicht oder auch die Leistungen in bestimmten Fächern erfaßt, so gibt es i.A. Abhängigkeiten zwischen den Variablen. Diese Korrelationen können, wie wir bereits im Kapitel 7.3 gezeigt haben, statistisch nachgewiesen werden. Die Korrelationen können dadurch erklärt werden, daß latente, i.A. nicht direkt meßbare Variablen, die gemessenen Variablen beeinflussen. Diese latenten Variablen werden als Faktoren bezeichnet. Z.B. könnte die Körpergröße und das Körpergewicht durch eine latente Variable genannt Statur beeinflußt werden. Oder die Leistungen von Schülern in diversen Fächern als Intelligenz oder kognitive Leistungsfähigkeit.

Diese Problematik tritt auch in den Sozialwissenschaften auf, wo z.B. menschliche Verhaltensweisen oder soziale Phänomene erklärt werden sollen. Hierbei werden oftmals eine Menge von Variablen benötigt. Aber je mehr Variablen erfaßt werden, umso weniger ist gesichert, daß diese unabhängig sind. Nun wäre es sinnvoll, wenn Sie aus den vielen Variablen wenige voneinander unabhängige Faktorvariablen herauskristallisieren könnten. Weiterhin sollte geklärt werden, welche Variablen überhaupt erklärungsrelevant sind.

Das Ziel der Faktorenanalyse ist es nun, diese latente Variablen bzw. Faktoren zu bestimmen und zu untersuchen, wie viele Faktoren den Zusammenhang zwischen den Variablen gut erklären. Dabei ist zu beachten, daß bei einer Reduzierung der Ausgangsvariablen auf wenige Variablen immer ein Informationsverlust bzw. Varianzverlust in Kauf genommen werden muß. Der Anwender muß also zuvor festlegen, wie groß das Ausmaß dieses Erklärungsverlustes (Varianzverlustes) maximal sein darf. Es ist aus diesem Grund auch ratsam, daß sich der Anwender die Korrelationsmatrix (vgl. Kapitel 7.3 Bivariate Korrelation) betrachtet. Korrelieren die Ausgangsvariablen hoch, können Sie die Daten bzw. Variablen reduzieren, ohne das nennenswerte Information verloren gehen würde. Liegen die bivariaten Korrelationen nahe bei Null, kann trotzdem eine Faktorenanalyse sinnvoll sein, da diese auch Wechselwirkungen höheren Grades erfaßt.

Wir gehen von p Variablen $V_1, V_2, \ldots, V_p$ aus. Sind nun mit Hilfe der Faktorenanalyse die sogenannten Faktorwerte $\alpha_1, \alpha_2, \ldots, \alpha_p$ für einen Faktor bestimmt worden, so kann mit der folgenden Linearkombination aus den p Variablen ein Faktor berechnet werden:

$$\text{FAKTOR} = \alpha_1 \cdot V_1 + \alpha_2 \cdot V_2 + \ldots + \alpha_p \cdot V_p$$

Da es zu jedem Faktor Faktorwerte gibt, wird auch von der Faktorenmatrix gesprochen.

Die Frage ist nun, wie groß der Anteil der Varianz an der Gesamtvarianz der Ausgangsvariablen ist, den dieser Faktor erklärt. Es werden dann so viele Faktoren extrahiert, so daß diese einen möglichst großen Anteil der Gesamtvarianz erklären. Das Ziel der Faktorenanalyse ist es, weniger Faktoren als Ausgansvariablen zu erhalten. Es ist zu beachten, das die Ausgangsvariablen $V_1, V_2, \ldots, V_p$ einer metrischen Skala genügen müssen. Verteilungsvoraussetzungen sind zunächst keine nötig, da keine Parameter- und Modellanpassungstest durchgeführt werden.

Wir werden nun an einem Beispiel eine Faktorenanalyse durchführen. Hierzu werden die Punktzahlen von 25 Studenten und Studentinnen in 5 Fächern erfaßt. Zu diesen Fächern gehören Analysis 1 bis Analysis 3 (AN1 bis AN3), Lineare Algebra 1 und 2 (LA1 und LA2), Wahrscheinlichkeitstheorie (WA), Physik (PH), Funktionalanalysis (FA) sowie die Sozialwissenschaften (SOWI). Die Punktzahlen, die sich im Intervall von 0 bis 100 bewegen können, sind in der folgenden Datenmatrix, die in SPSS erfaßt werden muß, dargestellt:

LA1	LA2	AN1	AN2	AN3	WA	PH	FA	SOWI
34	30	66	70	34	34	75	45	45
16	32	61	25	5	12	45	8	56
77	88	51	85	14	39	5	18	75
12	10	66	40	60	10	30	67	60
16	17	40	52	24	20	69	4	88
38	45	49	60	46	42	44	6	31
95	80	77	72	34	88	75	38	32
15	16	12	9	7	5	28	1	41
4	13	3	5	4	27	14	6	39
72	67	45	55	42	26	68	69	60
3	10	15	27	22	34	25	24	36
23	0	43	39	9	28	30	14	48
38	42	62	55	28	34	62	37	45
88	76	96	99	78	70	55	82	99
19	28	22	13	16	20	33	19	49
52	34	41	20	62	78	8	38	45
45	48	29	70	27	50	39	0	69
88	79	74	60	68	59	70	58	56
43	49	80	90	62	46	84	25	34
24	27	21	25	21	7	41	18	55
58	44	45	50	12	44	73	6	56
63	37	53	52	15	16	45	12	66
4	16	9	0	2	3	20	2	62
20	18	9	5	29	8	33	18	74
66	39	56	71	20	70	12	5	76

Daten: PUNKTE

Wählen Sie zur Durchführung der Faktorenanalyse mit SPSS unter dem Menüpunkt "Statistik" "Datenreduktion" und dort "Faktorenanalyse...". Wählen Sie dort alle Variablen aus und klicken Sie danach auf "Deskr. Statistiken...". Klicken Sie dort unter "Korrelationsmatrix" auf "Koeffizienten", "Signifikanzniveaus" und auf "Invers", womit zusätzlich die inverse der Korrelationsmatrix ausgegeben wird. (Abb. 8-20).

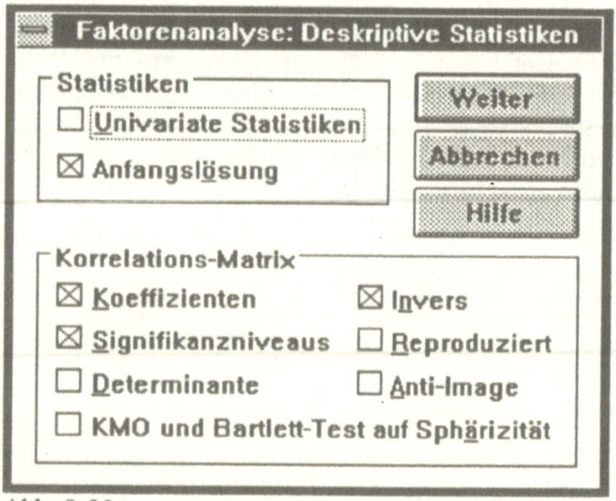

Abb. 8-20

Klicken Sie danach auf "Weiter" und auf "Werte...", womit Sie das Fenster aus Abb. 8-21 erhalten.

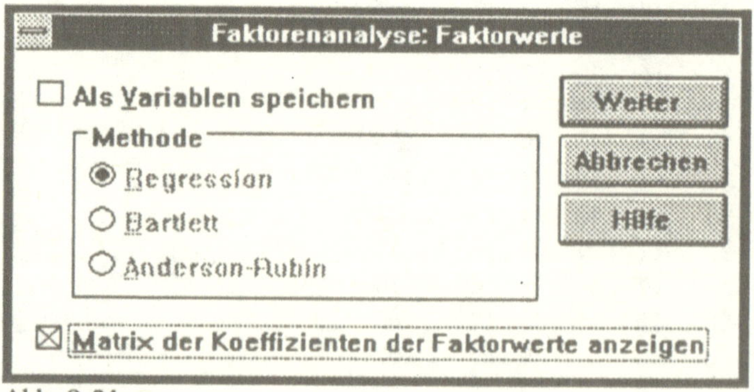

Abb. 8-21

Klicken Sie nun, wie in Abb. 8-21, auf "Matrix der Koeffizieten der Faktorwerte anzeigen. Dann können Sie "Weiter" und "OK" wählen, womit Sie die folgende Ergebnisausgabe erhalten:

```
- - - - - -   F A C T O R   A N A L Y S I S - - - - - -

Analysis number 1 Listwise deletion of cases with missing
values
```

Hier wird die Matrix mit den Korrelationskoeffizienten (Pearson, vgl. Kapitel 7.3) ausgegeben. Da diese Matrix symmetrisch ist, werden keine Werte oberhalb der Hauptdiagonalen ausgegeben:

Correlation Matrix:

	AN1	AN2	AN3	FA	LA1	LA2	PH
AN1	1,00000						
AN2	,81411	1,00000					
AN3	,64414	,50815	1,00000				
FA	,60260	,38058	,77231	1,00000			
LA1	,67356	,73086	,47664	,45684	1,00000		
LA2	,61579	,71550	,44815	,42822	,90477	1,00000	
PH	,55627	,48264	,35831	,33785	,34155	,35847	1,00000
SOWI	,13808	,25177	,08785	,13903	,24093	,18740	-,09219
WA	,56085	,60980	,52092	,31454	,73639	,62247	,16783

	SOWI	WA
SOWI	1,00000	
WA	-,03509	1,00000

1-tailed Significance of Correlation Matrix:

' . ' is printed for diagonal elements.

Es folgt nun die Inverse der Korrelationsmatrix. Bei dieser sollten im Idealfall die Hauptdiagonalelement groß und die Nebendiagonalelemente nahe bei Null liegen:

Inverse of Correlation Matrix:

	AN1	AN2	AN3	FA	LA1
AN1	4,87103				
AN2	-2,93310	4,88225			
AN3	-,33543	-,31124	3,57166		
FA	-1,27896	1,18493	-2,32435	3,31317	
LA1	-1,13976	,47599	1,41527	-1,00556	9,59765
LA2	1,06455	-1,62155	-,36792	-,15948	-6,04738
PH	-,69750	-,53504	-,27297	,08211	-,42978
SOWI	,28174	-,85061	-,21669	-,06381	-1,28313
WA	-,06266	-,82398	-1,52648	,98713	-3,34822

	LA2	PH	SOWI	WA
LA2	6,38011			
PH	,02141	1,76041		
SOWI	,61882	,53560	1,48135	
WA	1,13356	,86034	1,01543	3,67352

```
1-tailed Significance of Correlation Matrix:
' . ' is printed for diagonal elements.
```

Hier stehen die jeweiligen p-Werte in einer Matrix. Da einige p-Werte kleiner als 0,05 sind, sind einige bivariaten Korrelationen signifikant von Null verschieden:

	AN1	AN2	AN3	FA	LA1
AN1	,				
AN2	,00000	,			
AN3	,00026	,00475	,		
FA	,00072	,03027	,00000	,	
LA1	,00011	,00002	,00800	,01085	,
LA2	,00052	,00003	,01233	,01636	,00000
PH	,00194	,00727	,03931	,04930	,04736
SOWI	,25520	,11236	,33814	,25373	,12299
WA	,00177	,00061	,00379	,06284	,00001

	LA2	PH	SOWI	WA
LA2	,			
PH	,03924	,		
SOWI	,18485	,33058	,	
WA	,00045	,21131	,43387	,

```
Extraction 1 for analysis 1, Principal Components Analysis (PC)
```

In der folgenden Tabelle sind unter "Eigenvalue" die Eigenwerte der Korrelationsmatrix zu sehen. Daneben steht unter "Pct of Var" der Anteil der Varianz, der durch den jeweiligen Faktor erklärt wird, und unter "Cum Pct" der kumulierte Anteil. Somit hat der erste Faktor einen Eigenwert von 4,90021 und erklärt 54,4% der Gesamtvarianz. Der Anteil der Varianz, die vom jeweiligen Faktor erklärt wird, erhalten Sie, wenn Sie den Eigenwert durch die Anzahl der Variablen ($p = 9$) teilen und mit 100 multiplizieren.

Initial Statistics:

Variable	Communality	*	Factor	Eigenvalue	Pct of Var	Cum Pct
		*				
AN1	1,00000	*	1	4,90021	54,4	54,4
AN2	1,00000	*	2	1,15736	12,9	67,3
AN3	1,00000	*	3	1,02280	11,4	78,7
FA	1,00000	*	4	,84597	9,4	88,1
LA1	1,00000	*	5	,43453	4,8	92,9
LA2	1,00000	*	6	,27532	3,1	96,0
PH	1,00000	*	7	,18809	2,1	98,0
SOWI	1,00000	*	8	,11442	1,3	99,3
WA	1,00000	*	9	,06130	,7	100,0

```
PC    extracted   3 factors.
```

- - - - - - F A C T O R   A N A L Y S I S - - - - - -

Es existieren zunächst so viele Faktoren, wie es Variablen bzw. Eigenwerte gibt. Später werden aber nur die Faktoren ausgewählt, deren Eigenwerte größer 1 sind. In unserem Fall gibt es drei Eigenwert größer 1, womit drei Faktoren extrahiert werden (Sie können auch im Fenster der Faktorenanalyse auf "Extraktion..." klicken und dort eine andere Bedingung für die Extraktion von Faktoren definieren, z.B. alle Eigenwerte größer 1,5). Die Faktoren, deren Eigenwerte kleiner als 1 sind, erklären weniger Varianz als eine einzige Ausgangsvariable. Dieses Kriterium zur Auswahl von Faktoren wird Kaiser-Kriterium genannt.

Die Faktorladungen (Korrelation zwischen Faktoren und Ausgangsvariable) können unten abgelesen werden. Wie zu sehen ist, laden alle Variablen auf dem ersten Faktor positiv.

Factor Matrix:

	Factor 1	Factor 2	Factor 3
AN1	,88326	-,14067	,05085
AN2	,86228	,15364	-,10092
AN3	,74915	-,33286	,32543
FA	,67771	-,34278	,49554
LA1	,87904	,30522	-,18973
LA2	,83934	,27187	-,20600
PH	,54128	-,48751	-,06462
SOWI	,20316	,67935	,64587
WA	,73793	,13931	-,39852

Unter "Cummunality" finden Sie die Kummunalitäten. Darunter ist der Anteil der Varianz zu verstehen, den die Faktoren gemeinsam für die jeweilige Variable erklären. Wie zu erkennen ist, erklären die extrahierten Faktoren 80,252% der Varianz der Variable AN1. Die drei extrahierten Faktoren erklären außerdem 78,7% der Gesamtvarianz ("Cum Pct").

Final Statistics:

Variable	Communality	*	Factor	Eigenvalue	Pct of Var	Cum Pct
		*				
AN1	,80252	*	1	4,90021	54,4	54,4
AN2	,77731	*	2	1,15736	12,9	67,3
AN3	,77793	*	3	1,02280	11,4	78,7
FA	,82235	*				
LA1	,90187	*				
LA2	,82084	*				
PH	,53483	*				
SOWI	,91994	*				
WA	,72277	*				

- - - - - - F A C T O R   A N A L Y S I S - - - - - -

Skipping rotation 1 for extraction 1 in analysis 1

Es folgen die Faktorwerte, die durch die Wahl der Option "Matrix der Koeffizienten der Faktorwerte erzeugen" (vgl. Abb. 8-21) zusätzlich ausgegeben werden:

```
Factor Score Coefficient Matrix:
                     Factor  1      Factor  2      Factor  3
AN1                     ,18025        -,12154          ,04972
AN2                     ,17597         ,13275        -,09867
AN3                     ,15288        -,28760          ,31818
FA                      ,13830        -,29618          ,48449
LA1                     ,17939         ,26372        -,18550
LA2                     ,17129         ,23491        -,20141
PH                      ,11046        -,42123        -,06318
SOWI                    ,04146         ,58699          ,63147
WA                      ,15059         ,12037        -,38963
```

Unten ist die Varianz-Kovarianzmatrix der Faktoren zu sehen. Da die Faktoren voneinander unabhängig sind stehen neben der Hauptdiagonalen nur Nullen und auf der Hauptdiagonalen die Varianzen der Faktoren, die alle auf Eins normiert sind. Hierbei ist zu beachten, daß i.A. die Faktoren unabhängige sind (Orthogonalität).

```
Covariance Matrix for Estimated Regression Factor Scores:

                    Factor  1     Factor  2     Factor  3
Factor  1            1,00000
Factor  2             ,00000       1,00000
Factor  3             ,00000        ,00000       1,00000
```

Wie schon erwähnt, ergeben sich drei Faktor, die 78,7% der Gesamtvarianz erklärt. Es gilt für den ersten Faktor:

$$\begin{aligned}FAKTOR1 &= 0{,}18025 \cdot AN1 + 0{,}17597 \cdot AN2 + 0{,}15288 \cdot AN3 + 0{,}13830 \cdot FA \\ &+ 0{,}17939 \cdot LA1 + 0{,}17129 \cdot LA2 + 0{,}21887 \cdot PH + 0{,}04146 \cdot SOWI + 0{,}15059 \cdot WA\end{aligned}$$

Für die beiden anderen Faktoren können Sie die Gleichungen leicht selbst aufstellen. Wir haben nun die neun Variablen zu drei Variablen (Faktoren) reduziert und 78,7% der Information erhalten.

SPSS-Programm:

```
FACTOR
  /VARIABLES an1 an2 an3 fa la1 la2 ph sowi wa
  /MISSING LISTWISE
  /ANALYSIS an1 an2 an3 fa la1 la2 ph sowi wa
  /PRINT INITIAL CORRELATION SIG INV EXTRACTION FSCORE
  /CRITERIA MINEIGEN(1) ITERATE(25)
  /EXTRACTION PC
  /ROTATION NOROTATE .
```

Wenn Sie in dem Fenster der Faktorenanalyse auf "Rotation..." klicken und dann zusätzlich "Variamax" (Abb. 8-22) wählen, wird eine Varimax-Rotation durchgeführt. Somit können die Faktoren eventuell besser interpretiert werden. Sie würden dann die folgenden Faktorladungen und Faktorwerte erhalten:

```
VARIMAX  rotation  1 for extraction  1 in analysis  1
- Kaiser Normalization.

VARIMAX converged in 5 iterations.
Rotated Factor Matrix:

             Factor  1      Factor  2      Factor  3
AN1            ,61547         ,65092         ,00421
AN2            ,78707         ,38411         ,10148
AN3            ,30385         ,82626         ,05386
FA             ,16302         ,87722         ,16205
LA1            ,90219         ,25803         ,14612
LA2            ,86551         ,24501         ,10819
PH             ,26431         ,58712        -,34679
SOWI           ,12147         ,05833         ,94962
WA             ,82474         ,16109        -,12890


Factor Transformation Matrix:

             Factor  1      Factor  2      Factor  3
Factor  1      ,78696         ,61235         ,07566
Factor  2      ,39449        -,59364         ,70140
Factor  3     -,47442         ,52213         ,70874

Factor Score Coefficient Matrix:

             Factor  1      Factor  2      Factor  3
AN1            ,07031         ,20849        -,03637
AN2            ,23766        -,02257         ,03650
AN3           -,14409         ,43048         ,03535
FA            -,23785         ,51348         ,14610
LA1            ,33321        -,14356         ,06708
LA2            ,32302        -,13973         ,03497
PH            -,04927         ,28471        -,33187
SOWI          -,03539         ,00663         ,86240
WA             ,35084        -,18268        -,18033
```

Für den ersten Faktor gilt dann:

$$\text{FAKTOR1} = 0{,}07031 \cdot \text{AN1} + 0{,}23766 \cdot \text{AN2} - 0{,}14409 \cdot \text{AN3} - 0{,}23785 \cdot \text{FA}$$
$$+0{,}33321 \cdot \text{LA1} + 0{,}32302 \cdot \text{LA2} - 0{,}04927 \cdot \text{PH} - 0{,}03539 \cdot \text{SOWI} + 0{,}35084 \cdot \text{WA}$$

FAKTOR2 setzt sich hauptsächlich aus den Variablen FA und AN3, FAKTOR3 hauptsächlich aus PH und SOWI zusammen.

Nun führen wir eine weitere Faktorenanalyse mit den Variablen V2 (Semester), V5 (Körpergewicht), V6 (Körpergröße) und V7 (Alter) aus dem Beispiel Fragebogen durch. Gehen Sie in Analogie zum ersten Beispiel vor und wählen Sie die oben angegebenen Variablen aus. Klicken Sie danach auf die Option "Rotation..." und dort unter "Anzeigen" auf "Ladungsplot(s)" (Abb. 8-22).

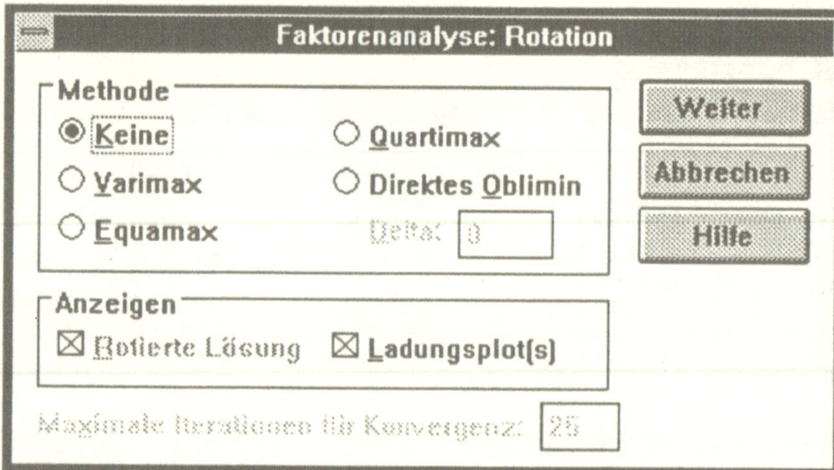

Abb. 8-22

Wählen Sie danach "Weiter" und analog zu ersten Faktorenanalyse unter "Werte" "Matrix der Koeffizieten der Faktorwerte anzeigen" aus. Klicken Sie nun auf "Weiter" und auf "Extraktion...". Geben Sie dort wie in Abb. 8-23 unter dem Punkt "Extrahieren" neben "Anzahl Faktoren" eine 2 ein. Somit werden unabhängig von der Größe der Eigenwerte immer zwei Faktoren extrahiert.

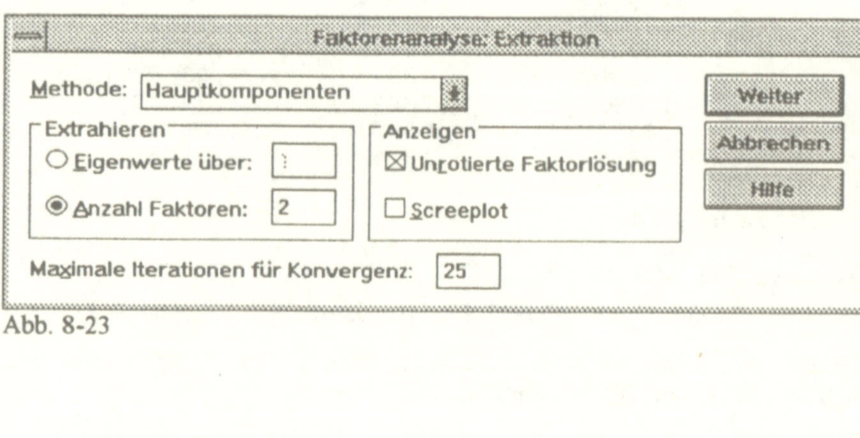

Abb. 8-23

Nun können Sie "Weiter" und "OK" wählen, womit Sie die folgende Ergebnisausgabe erhalten:

```
- -- - - -    F A C T O R   A N A L Y S I S   - -- - - -

Analysis number 1 Listwise deletion of cases with missing
values

Extraction 1 for analysis 1,Principal Components
Analysis (PC)


Initial Statistics:

Variable Commu.  * Factor Eigenvalue  Pct of Var  Cum Pct
                 *
V5      1,00000  *   1     2,49001       62,3       62,3
V6      1,00000  *   2      ,76132       19,0       81,3
V7      1,00000  *   3      ,60075       15,0       96,3
V2      1,00000  *   4      ,14791        3,7      100,0

PC    extracted   2 factors.


Factor Matrix:
                Factor  1     Factor  2

V5                ,91926       -,16561
V6                ,74272        ,51833
V7                ,70583        ,32543
V2                ,77146       -,59943


Final Statistics:

Variable Commu.  * Factor Eigenvalue  Pct of Var  Cum Pct
                 *
V5       ,87246  *   1     2,49001       62,3       62,3
V6       ,82030  *   2      ,76132       19,0       81,3
V7       ,60411  *
V2       ,95446  *

- -- - - -    F A C T O R   A N A L Y S I S   - -- - - -

Skipping  rotation   1 for extraction   1 in analysis  1

Hi-Res Chart  # 2:Factor-plot von faktoren 1, 2

Factor Score Coefficient Matrix:
```

```
                     Factor  1     Factor  2

V5                    ,36918       -,21753
V6                    ,29828        ,68083
V7                    ,28347        ,42746
V2                    ,30982       -,78736

Covariance Matrix for Estimated Regression Factor Scores:

                     Factor  1    Factor  2

Factor  1            1,00000
Factor  2             ,00000       1,00000
```

Wir haben also zwei Faktoren extrahiert, welche insgesamt 81,3% der Varianz der Ausgangsvariablen erklären. In der unteren Kovarianzmatrix ist zu erkennen, daß die Faktoren unabhängig sind. Der zweite Faktor wäre nach dem Kaiser-Kriterium nicht ausgewählt worden, da er einen Eigenwert, der kleiner als 1 ist, besitzt. Weiterhin ist zu bemerken, daß der zweite Faktor negativ mit den Variablen V5 und V2 korreliert.

Die Faktoren ergeben sich also durch die folgenden Linearkombinationen:

$$\text{FAKTOR1} = 0{,}36918 \cdot V5 + 0{,}29828 \cdot V6 + 0{,}28347 \cdot V7 - 0{,}30982 \cdot V2$$

$$\text{FAKTOR2} = -0{,}21753 \cdot V5 + 0{,}68083 \cdot V6 + 0{,}42746 \cdot V7 - 0{,}78736 \cdot V2$$

Im Grafik-Fenster erhalten Sie einen Faktor-Plot (Abb. 8-24). Hierbei wird auf der x-Achse für jede Variable die jeweilige Ladung des ersten Faktors und auf der y-Achse die des zweiten Faktors abgetragen.

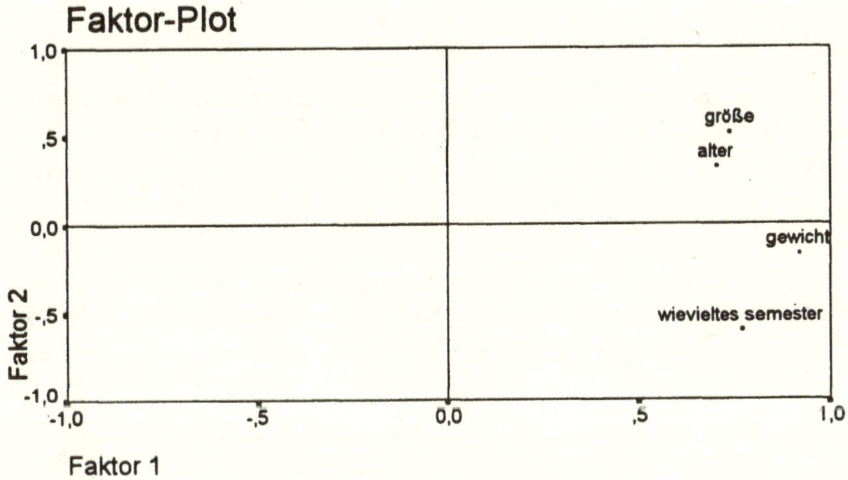

Abb. 8-24

SPSS-Programm:

```
FACTOR
  /VARIABLES v5 v6 v7 v2
  /MISSING LISTWISE /ANALYSIS v5 v6 v7 v2
  /PRINT INITIAL EXTRACTION FSCORE
  /PLOT ROTATION
  /CRITERIA FACTORS(2) ITERATE(25)
  /EXTRACTION PC
  /ROTATION NOROTATE .
```

8.5 Clusteranalyse

Mit SPSS können Sie eine hierarchische Clusteranalysen durchführen. Die Clusteranalyse ist ein Verfahren zur Gruppenbildung. Die Fälle werden dabei in "ähnliche" Gruppen eingeteilt.

Für die Clusteranalyse dient das folgende Beispiel:

An 17 Regionen in der Bundesrepublik wurden mehrere Merkmale gemessen. Anhand von sieben ausgewählten Merkmalen (M1 bis M7) sollen diese 17 Regionen in Gruppen eingeteilt werden. Folgende Datenmatrix liegt vor:

REGION	M1	M2	M3	M4	M5	M6	M7
R01	2,30	2,49	8,01	10,5	190	12,8	31950
R02	2,39	2,56	6,94	11,5	174	9,1	19490
R03	2,23	2,43	7,08	8,3	205	10,8	31950
R04	2,24	2,43	6,25	12,0	167	8,8	13990
R05	2,14	2,43	6,47	10,4	175	9,1	18490
R06	2,24	2,43	6,35	11,0	176	9,0	16990
R07	2,34	2,53	7,19	11,4	175	9,3	20490
R08	2,76	2,88	8,69	14,9	165	7,9	21600
R09	2,49	2,62	7,37	15,5	150	6,7	14845
R10	2,40	2,52	7,37	19,8	144	6,2	16415
R11	2,49	2,62	7,37	10,3	181	8,7	21975
R12	2,49		7,37	13,8	160	8,8	16360
R13	2,49	2,62	7,37	12,1	165	8,5	17900
R14	2,40	2,52	7,37	9,8	191	10,0	31850
R15	2,78	2,88	8,69	10,3	200	8,8	21600
R16	2,46	2,62	7,31	13,8	160	8,1	19560
R17	2,46	2,62	7,31	9,1	196	9,4	27370

Daten: REGIONEN

Die Variable REGION ist eine Zeichenkettenvariable. Sie dient in der Clusteranalyse dazu, die Fälle zu kennzeichnen. Für die Region R12 fehlt der Datenwert für die Variable M2.

Wählen Sie nun unter dem Menüpunkt "Statistik" "Klassifizieren" und dort "Hierarchische Cluster...". Wählen Sie dann neben "Variablen" die Variablen M1 bis M7 und unter "Fallbeschriftung" dir Variable REGION (Abb. 8-25)

9 Anhang

Anhang A: Auswahl englischer Ausdrücke und Bezeichnungen

Above	oberhalb
absolute frequency	absolute Häufigkeit
accept	annehmen, nicht verwerfen
accuracy	Genauigkeit, Exaktheit
active file	Arbeitsdatei, aktive Datei
adjusted mean	korrigierter Mittelwert
agglomeration	Anhäufung, Zusammenballung, Zusammenfassung
alphanumeric variable	Zeichenkettenvariable (alphanumerische Variable)
analysis of variance	Varianzanalyse
angle	Winkel
ANOVA	Varianzanalyse (ANalysis Of VAriance)
approach	Näherung, Zugang
approximative	annähernd, ungefähr, approximativ
artificial	künstlich
ascending	aufsteigend, steigend
assign	anweisen, zuweisen
assignment	Anweisung, Zuordnung
assumption	Voraussetzung
asterisk	Sternchen (*)
average	Durchschnitt
Bar chart	Stabdiagramm, Säulendiagramm
beep	Piepton, kurzes Summerzeichen
bell-shaped curve	Glockenkurve
between groups	zwischen den Gruppen
bias	Bias (verzerrender systematischer Fehler)
bimodal distribution	zweigipflige Verteilung
bivariate distribution	zweidimensionale Verteilung
blank	Leerstelle, Leerzeichen
blank line	Leerzeile
block	Block
boundary of cluster	Clustergrenze

branching process	Verzweigungsprozeß
Case	Fall
cell	Zelle, Klasse
cell frequency	Klassenhäufigkeit
censoration	Zensorierung
census	Totalerhebung, Volkszählung
character	Zeichen, Buchstabe, Kennziffer
chi-square	Chi-Quadrat
codebook	Schlüsselliste, Variablenbeschreibungsliste
coding	Verschlüsselung
coefficient of determination	Bestimmtheitsmaß
coefficient of variation	Variationskoeffizient
column	Spalte
command	Befehl, Kommando
comparison	Vergleich
compress	komprimieren
conditional probability	bedingte Wahrscheinlichkeit
confidence belt	Konfidenzbereich. Vertrauensbereich
confidence interval	Vertrauensbereich, Konfidenzintervall
constraint	Nebenbedingung, Restriktion
contingency table	Kontingenztafel, Kreuztabelle
continuity	Stetigkeit
continuous variable	stetige Variable
control parameter	Steuerparameter
convergence	Konvergenz
convolution	Faltung
correction	Korrektur
correlation	Korrelation
count	Anzahl
covariance	Kovarianz
critical value	kritischer Wert
cross correlation	Kreuzkorrelation
cross validation	Kreuzvalidierung
cumulative frequency	Summenhäufigkeit
curvilinear regression	nichtlineare Regression

Database	Datenbank
decision	Entscheidung
default	Voreinstellung
degrees of freedom	Freiheitsgrade
delimiter	Begrenzer, Trennungszeichen
density	Dichte
dependent	abhängig
derivative	Ableitung
descending	absteigend, fallend
determinant	Determinante
D.F.	Freiheitsgrade (degrees of freedom)
direction	Richtung
directory	Verzeichnis
dispersion	Streuung, Dispersion
display	Darstellung, Vorstellung
distribution	Verteilung
dot	Punkt, Pünktchen
dot frequency plot	Punktdiagramm
drawing (with replacement)	Ziehen (mit Zurücklegen)
drive	Laufwerk
drop	verzichten, weglassen, fallen lassen
Effect	Effekt, Einfluß
efficiency	Effizienz, Wirksamkeit
eigenvalue	Eigenwert
empty	leer
enter	einbeziehen, eintreten
equal	gleich
equation	Gleichung
error	Fehler
error of observation	Meßfehler, Beobachtungsfehler
estimate	Schätzung
event	Ereignis
expectation	Erwartungswert
explained	erklärt
expression	Ausdruck
Failure	Mißerfolg

file	Datei, File
finite population	endliche Grundgesamtheit
fitted values	geschätzte Werte
fixed effects model	Modell mit festen Effekten
floppy disk	Diskette
frequency	Häufigkeit
Goodness of fit	Güte der Anpassung
group	Gruppe
grouping	klassifizieren, gruppieren
Hard disk	Festplatte
homogeneity of variances	Varianzhomogenität
Icicle	Eiszapfen
illusory correlation	Scheinkorrelation
increment	Zunahme, Zuwachs, Intervallbreite, Schrittweite
independence	Unabhängigkeit
independent	unabhängig
infinite	unendlich
inquiry	Erhebung
integer	ganze Zahl
interaction	Wechselwirkung, Interaktion
intercept	Achsenabschnitt, Schnittpunkt mit der y-Achse
Joint distribution	mehrdimensionale Verteilung
Keyword	Schlüsselwort
kurtosis	Kurtosis, Exzeß
Large	umfangreich, groß
latin square	Lateinisches Quadrat
leaf	Blatt, Bogen
least square method	Methode der kleinsten Quadrate
level	Niveau
level of error	Irrtumswahrscheinlichkeit
life table	Sterbetafel
life time	Lebensdauer

limit theorem	Grenzwertsatz
listwise	fallweise, listenweise
loop	Schleife
longitudinal analysis	Längsschnittanalyse
Main effect	Haupteffekt
MANOVA	multivariate Varianzanalyse (Multivariate ANalysis Of VAriance)
mapping	Abbildung
marginal distribution	Randverteilung
marginals	Randsummen
maverick	Ausreißer
measurable	meßbar
measure	Maß
median	Median
mean (value)	Mittelwert
mean square deviation	mittlere quadratische Abweichung
missing	fehlend
missing case	fehlender Fall
missing value	fehlender Wert
mode	häufigster Wert, Modus, Dichtemittel
moving average	gleitendes Mittel
multiple	mehrfache, vielfache, multiple
Narrow	eng, schmal
nonparametric methods	nichtparametrische (verteilungsunabhängige) Methoden
normal distribution	Normalverteilung
normed	normiert
null hypothesis	Nullhypothese
number	Zahl, Anzahl
Objective function	Zielfunktion
observation	Beobachtung
omitte	weglassen
one-sided test	einseitiger Test
one-tailed test	einseitiger Test
open-ended question	Frage ohne vorgegebene Antwortmöglichkeiten

order statistics	Rangzahlen
ordered sample	geordnete Stichprobe
outlier	Ausreißer
Pairwise deletion	paarweiser Ausschluß
parenthesis	(runde) Klammer
percent	Prozent
percentile	Perzentile
pie chart	Kreisdiagramm
plot	Zeichnung, Diagramm
plotter	Zeichengerät, Plotter
pooling of classes	Zusammenfassung von Klassen
population	Grundgesamtheit
power	Macht
power function	Gütefunktion, Machtfunktion
powerful test	trennscharfer Test
precision	Genauigkeit
predicted	vorausgesagt
previous	vorangehend, verhergehend
printer	Drucker
PROB.	Wahrscheinlichkeit (probability)
probability	Wahrscheinlichkeit
Queueing theory	Warteschlangentheorie
questionaire	Fragebogen
Random number	Zufallszahl
random variable	Zufallsvariable, Zufallsgröße, zufällige Veränderliche
randomisation	Zufallseinteilung, Randomisierung
range	Spannweite, Variationsbreite
rank	Rang, Rangzahl
rank correlation	Rangkorrelation
ratio	Verhältnis, Wert
record	Datensatz, Record
rectangular distribution	Rechteckverteilung
reject	verwerfen
rejection region	Ablehnungsbereich

reliability	Zuverlässigkeit
replacement	Zurücklegen (beim Ziehen)
reserved keyword	reserviertes Schlüsselwort
residual	Restgröße, Residuum
residual variance	Restvarianz
residuum	Rest, Residuum
row	Zeile
run test	Iterationstest
Sample	Stichprobe
sampling	Stichprobenentnahme, Stichprobenverfahren
scale	Skala
scrolling	durchlaufen
season	Saison
select	auswählen, selektieren
separate	separat, getrennt
sequence	Folge
series	Reihe, Serie, Folge
sign test	Vorzeichentest
significance level	Signifikanzniveau
size of a sample	Stichprobenumfang
skewness	Schiefe
slash	Schrägstrich /
slope	Steigung
space	Raum
specify	bezeichnen, genau beschreiben
square	Quadrat
stage	Stufe
standard deviation	Standardabweichung
standard error (of mean)	mittlerer Fehler, Standardfehler (Standardabweichung des Mittelwerts)
standard scores	z-Werte
standardized	standardisiert
statistic	Maßzahl
statistics	Statistik
statistical error	zufälliger Fehler, statistischer Fehler

statistical inference	Schluß von der Stichprobe auf die Grundgesamtheit
stratified sample	geschichtete Stichprobe
stem	Stamm, Stengel, Stiel, Halm
step	Schritt, Stufe
stepwise	schrittweise
stochastic variable	Zufallsvariable
stratified sample	geschichtete Stichprobe
string	Zeichenkette, String
subcommand	Unterbefehl
subset	Teilmenge, Untermenge
successive	aufeinanderfolgend, schrittweise
succeed	nachfolgend
sum	Summe
suppress	unterdrücken
survival	Überleben
survival probability	Überlebenswahrscheinlichkeit
symmetric	symmetrisch
system-missing value	systemdefinierter fehlender Wert
Tally chart	Strichliste
target	Ziel
test statistic	Prüfgröße, Teststatistik
tie	Bindung
time series	Zeitreihe
trial	Zufallsexperiment, Versuch
two-sample problem	Zweistichprobenproblem
two-sided test	zweiseitiger Test
two-tailed test	zweiseitiger Test
type I error	Fehler erster Art
type II error	Fehler zweiter Art
Unbiased	frei von systematischen Fehlern, erwartungstreu
user	Benutzer, Anwender
user-missing value	benutzerdefinierter fehlender Wert
Valid	gültig
value	Wert

variance	Varianz
variate	Zufallsvariable
vector	Vektor
Weight	Gewicht, Gewichtung
weight function	Gewichtsfunktion
wide	breit
width	Breite, Weite
within groups	innerhalb der Gruppen
Z-score	Z-Wert

Anhang B: Mathematische Zeichen und Abkürzungen

Abb.	Abbildung
Abk.	Abkürzung
bzgl.	bezüglich
bzw.	beziehungsweise
d.h.	das heißt
f.	folgende
Kap.	Kapitel
Tab.	Tabelle
usw.	und so weiter
vgl.	vergleiche
z.B.	zum Beispiel
$=$	gleich; z.B. $4 = 2+2$
$\neq$	ungleich; z.B. $4 \neq 5$
$<$	kleiner als; z.B. $5 < 6$
$\leq$	kleiner oder gleich; z.B. $x \leq 0$ d.h. x nicht positiv
$>$	größer als; z.B. $6 > 5$
$\geq$	größer oder gleich; z.B. $x \geq 0$ d.h. x nicht negativ
$\approx$	annähernd gleich; z.B. $\sqrt{3} \approx 1{,}732$
$\mathbf{N}$	Menge der natürlichen Zahlen 1, 2, 3 ...
$\mathbf{Z}$	Menge der ganzen Zahlen ... -2, -1, 0, 1, 2, ...
$\mathbf{R}$	Menge der reellen Zahlen
$\in$	Element von; z.B. $8 \in \mathbf{N}$
$\sqrt{}$	Quadratwurzel; z.B. $\sqrt{4} = 2$
$\sqrt[n]{}$	n-te Wurzel; z.B. $\sqrt[3]{8} = 2$
$+$	plus; z.B. $8 + 2 = 10$

$\cdot$	mal; z.B. $5 \cdot 2 = 10$
$-$	minus; z.B. $8 - 2 = 6$
/	dividiert durch bzw. Bruchstrich; z.B.: $10/5 = 10:5 = \frac{10}{5}$
a^n	n-te Potenz von a; z.B. $5^3 = 5 * 5 * 5 = 125$
n!	n-Fakultät, $n! = 1 \cdot 2 \cdot 3 \cdot \ldots \cdot (n-1) \cdot n$ für $n \in \mathbf{N}$, $0! = 1$; z.B. $5! = 120$
$\|a\|$	Betrag von a. Der Betrag von a ist gleich a für $a \geq 0$ und ist -a für $a < 0$; z.B. $\|-9\| = 9$
exp	Exponentialfunktion; z.B. $\exp(2) = e^2$
$\log_b$	Logarithmus zur Basis b
ln	natürlicher Logarithmus, b = e; z.B. ln(e) = 1
lg	dekadischer Logarithmus oder Zehnerlogarithmus, b = 10; z.B. lg(100) = 2
ld	dyadischer Logarithmus oder Zweierlogarithmus, b = 2; z.B. ld(8) = 3
Σ	Summe; z.B. $\sum_{i=1}^{4} a_i = a_1 + a_2 + a_3 + a_4$
Π	Produkt; z.B. $\prod_{i=1}^{4} a_i = a_1 \cdot a_2 \cdot a_3 \cdot a_4$
[a,b]	abgeschlossenes Intervall; $a \leq x \leq b$
(a,b)	offenes Intervall; $a < x < b$
(a,b]	links offenes Intervall; $a < x \leq b$
[a,b)	rechts offenes Intervall; $a \leq x < b$
$x \to a$	x konvergiert gegen a; x geht gegen a
∞	unendlich

$$\binom{n}{k} = \frac{n!}{(n-k)! \cdot n!} \quad ; \; n, k \in \mathbf{N}, n \geq k$$ Binomialkoeffizient

Anhang C: Literatur

Aldrich, J.H.; Nelson, F.D.: Linear Probability, Logit, and Probit Models: Beverly Hills: Sage; 1984

Backhaus, K.; Erichson, B.; Plinke, W.; Weiber, R.: Multivariate Analysemethoden; Berlin: Springer, 7., vollständig überarb. u. erw. Aufl. 1994

Benninghaus, H.: Einführung in die sozialwissenschaftliche Datenanalyse; München: Oldenbourg, 3., überarb. Aufl. 1994

Bleymüller, J.; Gehlert, G.; Gülicher, H.: Statistik für Wirtschaftswissenschaftler; München: Vahlen, 9., überarb. Aufl. 1994

Bortz, J.: Lehrbuch der Statistik; Berlin/ Heidelberg/New York: Springer, 4. Aufl. 1993

Finney, D.J.: Probit analysis; Cambridge: Cambridge University Press; 1971

Flury, B.; Riedwyl, H.: Angewandte multivariate Statistik; Stuttgart: Fischer, 1983

Glaser, W.R.: Varianzanalyse; Stuttgart: Fischer (UTB), 1978

Hartung, J.: Statistik; München: Oldenbourg, 10., durchges. Aufl. 1995

Hartung, J.; Elpelt, B.: Multivariate Statistik; München: Oldenbourg, 4. durchges. Aufl. 1992

Köhler, W.; Schachtel, G.; Voleske, P.: Biometrie; Berlin: Springer, 1984

Lienert, G.A.: Verteilungsfreie Methoden in der Biostatistik, Band II; Meisenheim am Glan: Anton Hain, 2. Aufl. 1978

Lienert, G.A.: Verteilungsfreie Methoden in der Biostatistik, Band I; Meisenheim am Glan: Anton Hain, 3. um einen Nachtrag erw. Aufl. 1986

Pruscha, H.: Angewandte Methoden der Mathematischen Statistik; Stuttgart: Teubner, 1989

Sachs, L.: Angewandte Statistik. Statistische Methoden. Anwendung statistischer Methoden; Berlin: Springer, 7., völlig neubearb. Aufl. 1992

Siegel, S.: Nonparametric statistics for the behavioral sciences; New York: McGraw-Hill, 1956; deutsche Übersetzung: Siegel, S.: Nichtparametrische statistische Methoden; Frankfurt, 1985

Tukey, J.W.: Exploratory Data Analysis; Reading, Mass. (USA): Addison-Wesley, 1977

Urban, D.: Logit-Analyse; Stuttgart: Fischer, 1993

Zöfel, P.: Statistik in der Praxis; Stuttgart: Fischer (UTB), 3. Aufl. 1992

Zöfel, P.: Univariate Varianzanalysen; Stuttgart: Fischer (UTB), 1992

Das folgende Buch dient zwar nicht zum Lernen von SPSS, ist aber ganz nützlich und interessant für das Erkennen von Fehlern und Fallen bei der Anwendung von Statistik:

Krämer, W.: So lügt man mit Statistik; Frankfurt: Campus, 6., überarb. u. erw. Aufl. 1995

Register

www.ingramcontent.com/pod-product-compliance
Lightning Source LLC
LaVergne TN
LVHW042238300926
849161LV00003B/396